복 있는 사람

오직 여호와의 율법을 즐거워하여 그 율법을 주야로 묵상하는 자로다.
저는 시냇가에 심은 나무가 시절을 좇아 과실을 맺으며 그 잎사귀가 마르지 아니함 같으니
그 행사가 다 형통하리로다. (시편 1:2-3)

룻기는 성경의 오래된 사랑 이야기입니다. 그러나 폴 밀러는 이런 이야기를 우리 시대의 사랑 이야기로 다시 태어나게 하였습니다. 가장 소외되고 상처받은 사람들이 어떻게 다시 사랑을 시작할 수 있는지를 들려주고 있습니다. 이런 사랑의 근원은 하나님의 헤세드 사랑이었습니다. 이 헤세드 사랑이 우리 시대의 일그러진 사랑의 유일한 치유책이요 해답임을 이 책은 너무나 설득력 있게 펼쳐 보이고 있습니다. 특히 사랑에 관해 설교하는 모든 사람들, 사랑을 찾아 방황하는 모든 이들에게 소개하고 싶은 책입니다. 헤세드의 사랑, 구속자의 사랑 안에 우리가 찾고 있는 사랑의 대답이 들어 있음을 소리 높여 말해 주고 싶습니다.

이동원 | 지구촌교회 원로목사

저는 이 책을 읽는 동안 참으로 행복했습니다. 우리 사회의 얕은 삶에 대한 관점들, 특히 사랑에 대한 안타까움이 많았는데, '참 시의적절한 책이 나왔구나' 생각하게 되었습니다. 아내와 일구어 가는 가정에서, 목회하는 교회에서, 이웃들을 만나고 섬겨야 하는 삶의 자리에서 사랑은 단순히 감정이나 행복한 느낌이 아닌, 인내와 자기희생을 필요로 하는 것임을 절감하게 됩니다. 사랑을 목말라하면서도 상처받는 것을 두려워하며, 자기연민과 자기보호에 익숙한 이 시대에, 인내와 자기희생을 통해 사랑을 배우고 완성시켜 가야 한다는 이 책의 가르침이 많은 성도들을 룻처럼 사랑하는 자들로 길러 내는 복된 도구가 되기를 기대합니다.

화종부 | 남서울교회 담임목사

사랑이라는 단어가 더 이상 우리 가슴을 뛰게 하지 않을 때, 조락의 계절이 시작됩니다. 이 책의 저자 폴 밀러는 인생이란 사랑을 배우는 순례의 여정이라고 말합니다. 그는 그 사랑의 모험으로 독자들을 초대하며 룻과 나오미와 보아스를 길 안내자로 삼습니다. 그들과 함께 덧거친 길을 차분히 걷노라면, 문득 그 행로를 이끌고 있는 또 다른 이가 있음을 알게 될 것입니다.

김기석 | 청파교회 담임목사

깨어지고 일그러진 세상 속에서 누군가를 향해 사랑의 헌신을 한다는 것은 무슨 의미일까? 실패하지 않는 사랑, 출구 전략 없는 무모한 헌신, 되돌아올 것을 계산하지 않는 사랑, 궁극적으로 모든 관계를 회복하고 세워 가는 사랑, 히브리인들은 그런 사랑을 "헤세드"라 불렀습니다. 폴 밀러는 룻기의 중심 주제인 헤세드의 내러티브를 통해 우리 시대의 상처를 회복하고 승리하는 길을 그림처럼 그려 내고 있습니다. 『사랑하다, 살아가다』는 마음의 기쁨과 평화를 선물하는 아름다운 책이며, 감동적인 안내서입니다.

류호준 | 백석대학교 신학대학원 구약학 교수

롯기의 주제는 헤세드 곧 충실한 사랑이다. 롯이 나오미에게, 보아스가 롯에게 그 사랑을 베풀고 막후에서 하나님이 자기 백성에게 그 사랑을 베푸신다. 폴 밀러는 롯의 이야기를 탁월하게 풀어낼 뿐 아니라 헤세드 사랑이 어떻게 우리와 우리의 관계를 변화시킬 수 있는지 보여준다. 이 책을 적극 추천한다. **트렘퍼 롱맨 3세** | 웨스트몬트 칼리지 구약학 교수

"사랑의 핵심은 죽음이다." 이것은 폴 밀러가 롯의 이야기를 복음의 관점에서 아름답게 되풀이하며 건져 올린 통찰이다. 그가 보여주는 사랑의 길은 우리 문화의 우상이나 오락을 통해서는 얻어 낼 수 없는 깊고 귀한 것이며, 자아를 추구하면서는 꿈꿀 수 없는 소중한 것이다. 측량할 수 없이 광대무변한 사랑, 우리를 자유롭게 하는 값없는 사랑이다.

브라이언 채플 | 커버넌트 신학교 명예총장

롯기를 주도면밀하게 분석한 이 책은 롯기를 하나의 사랑 이야기로 보면서 또한 우리가 경험하는 사랑, 우리에게 필요한 사랑에 잘 적용시킨다. 폴 밀러는 하나님의 말씀에 대한 깊은 지혜는 물론이고 고금을 통틀어 인간 본성에 대한 풍부한 지식을 보여준다. 각종 사랑에 대한 우리의 많은 오해와 문제에도 성경적 답을 제시한다. 주께서 이 책이 널리 읽히게 해주시기를 기도한다. **존 M. 프레임** | 리폼드 신학교 조직신학 교수

머릿속이나 가슴속에서 떨쳐 낼 수 없을 만큼 심오하고 참신하며 삶을 변화시키는 책은 어쩌다 한 번씩밖에 만날 수 없다. 이 책이 바로 그런 책이다. 폴 밀러와 롯과 나오미와 함께 참 사랑의 자리로 나아가라. 그러면 다시는 대용품에 안주하지 않을 것이다. 이 책을 읽고 즐거워하고 모든 지인에게 나누어 주라. 내가 이 책을 쓴 폴을 축복하듯이, 그들도 이 책을 준 당신을 축복할 것이다. **스티브 브라운** | 리폼드 신학교 명예교수

『일상 기도』가 폴 밀러의 최고 수작인 줄 알았는데 『사랑하다, 살아가다』는 그보다 더 좋다. 어떻게 하면 우리 자신보다 남을 훨씬 더 돌아볼 수 있을까? 어떻게 하면 자기만족을 추구하는 우리 문화의 함정을 피할 수 있을까? 롯기를 깊이 묵상하면서 선하고 경건한 삶을 발견하라. 그 평범한 삶을 비범하게 살아갈 수 있는 길이 있다. 바로 하나님의 방식인 사랑의 길이다. **D. 클레어 데이비스** | 웨스트민스터 신학교 명예교수

아내 조니가 거의 한평생 전신마비 상태였던 만큼, 나는 내 혼인 서약을 늘 새롭게 다져야 했다. 폴 밀러의 『사랑하다, 살아가다』는 거기에 꼭 맞는 책이다. 거의 모든 페이지에 노란 줄을 쳐 가며 읽었다. 이 책에 강조되어 있듯이, 최선의 유일한 사랑은 일방적이며 출구 전략이 없다. 좋을 때나 궂을 때나 병들 때나 건강할 때나 늘 배우자와 함께하기로 한 당신의 서약에 충실하고 싶다면, 이보다 더 좋은 책은 없을 것이다.

켄 타다 | 조니와 친구들 국제 장애인 센터 사역개발 대표

잘 사랑하는 데 따르는 고단한 희생을 가장 솔직하고 시의적절하고 유익하게 그려 낸 책이라 해도 과언이 아니다. 동시에 그리스도를 통해 우리에게 베푸시는 하나님의 사랑을 가장 고무적으로 제시한 책이다. 이 두 주제는 나란히 짝을 이룬다. 폴 밀러가 성경의 룻이야기를 통해 우리에게 주는 것은 허위가 아니라 희망과 자유다. 덕분에 우리는 모든 관계 속에서 고통을 잘 소화하고, 늘 그 자리에 현존하며, 기대감 속에 살아갈 수 있다. 복음을 더 아름답고 잘 믿어지게 해준 폴에게 감사한다.

스코티 스미스 | 웨스트엔드 공동체 교회 주재교사

흔히 사랑이란 단어는 모호한 감정이거나 또 하나의 무의미한 상투어일 뿐이다. 그러나 폴 밀러의 손을 통해 그 잔잔하면서도 불가항력적인 실체가 출현한다. 당신은 사랑이 얼마나 사려 깊고, 줏대 있고, 용감하고, 참을성 있고, 지혜로운지 목격하게 된다. 당신도 마음 깊이 알고 있었듯이, 사랑은 마땅히 그래야 한다. 그뿐 아니라 당신은 참 사랑의 기초가 하나님께 있음에 놀라고 즐거워하게 된다.

데이비드 폴리슨 | *Journal of Biblical Counseling* 수석편집자

세상이 듣고 이제라도 순종해야 할 메시지로 이보다 더 절실한 내용은 없을 것이다. 이 책은 룻기에서 내가 여태 보지 못했던 차원들을 수려한 문체와 풍부한 체험적 증언을 통해 발굴해 낸다. 영영 잊지 못할 것이다. **안드레 수 피터슨** | *World* 수석작가

사랑하다, 살아가다

Paul E. Miller

A Loving Life
In a World of Broken Relationships

사랑하다, 살아가다

깨어진 관계의 세상 속에서 ——

폴 밀러 지음 | 윤종석 옮김

복 있는 사람

사랑하다, 살아가다

2015년 7월 29일 초판 1쇄 발행
2024년 12월 30일 초판 8쇄 발행

지은이 폴 밀러
옮긴이 윤종석
펴낸이 박종현

(주) 복 있는 사람
주소 서울특별시 마포구 연남동 246-21(성미산로23길 26-6)
전화 02-723-7183(편집), 7734(영업·마케팅)
팩스 02-723-7184
이메일 hismessage@naver.com
등록 1998년 1월 19일 제1-2280호

ISBN 979-11-7083-219-5 03230

이 도서의 국립중앙도서관 출판시도서목록(CIP)은
서지정보유통지원시스템 홈페이지(http://seoji.nl.go.kr)와 국가자료공동목록시스템(http://
www.nl.go.kr/kolisnet)에서 이용하실 수 있습니다. (CIP 제어번호: 2015019608)

A Loving Life
by Paul E. Miller

헤세드 사랑을 실천하는 바브, 캐롤린, 캐런, 크리스, 댄과 리자, 데이비드와 브루크, 드니스, 다이앤, 돈과 린다, 할리, 질, 조와 칼린, 줄리, 칼과 재닛, 케이트, 린다, 리자, 루시, 마거릿, 메리, 낸시, 폴, 필립과 수재나, 필립과 수잔, 랄프와 이사벨, 리치와 루스, 랍과 린, 로저와 제인, 스티브, 티나, 비키에게 이 책을 바친다.

이 책이 나오도록 도와준 론과 킴 에이버리, 레이와 다이앤 베이커, 하워드와 디나 베이레스, 데이비드와 에이미 다드, 짐과 신시아 에커트, 크리스티나 킴벌, 그레그와 마샤 리칭, 스티븐과 태미 스크러그즈, 드와이트와 제이나 스미스, 존 E. 스위트를 기리는 스위트 일가와 스트로브리지 일가, 짐과 크리스티 발렌티, 토머스 윌슨, 스티븐과 킨제이 영에게 특별히 감사를 전한다.

차례

머리말: 사랑과의 애증 관계

시카고의 어느 식당에서 조지와 마주 앉았다.[1] 9년 전에 그는 보수적인 복음주의 교회의 장로였다. 그가 아내 테레사를 떠난 것도 그때였다. 조지는 내게 "나는 사랑을 시작하기는 잘하는데 지속하는 데는 젬병입니다"라고 말했다. 테레사도 동의할 것 같았다. 나는 이렇게 받았다. "그러니까 당신은 사랑과 애증 관계에 있군요. 친밀함을 원하면서도 사랑의 수고에는 엄두가 나지 않는 겁니다." 조지는 고개를 끄덕였다.

조지에게 연락을 취한 것은 나로서도 뜻밖의 일이었다. 그가 별거하고 이혼하던 시기에 나는 그들 부부를 알고 있었고 테레사를 위해 기도하고 있었다. 마침 시카고에서 '일상 기도' 세미나를 하던 중에 "조지에게 연락하라"는 생각이 들었다. 그해에 그는 난데없이 테레사에게 두어 번 문자를 보내 삶이 지긋지긋해졌다는 암시를 풍겼다. 나는 그것이 좋은 계기가 될 수도 있겠다는 생각이 들었다. 그로부터 두 주 전에 테레사는 조지의 삶에 경건한 남자들을 보내 달라고 하나님께 기도하기 시작했다. 물론 나는 그 사실을 몰랐다. 내 연락을 받은 조지는 쾌히 만나자고 했다.

테레사를 떠난 이유를 물었더니 조지의 말은 이랬다. "그녀의 블랙홀 같은 욕심에 숨이 막히더군요. 요구를 일삼는 태도와 끊임없는 비판을 견딜 수 없었습니다." 그러한 이유라면 테레사도 부정하지 않을 것 같았다. 이혼 후에 하나님이 그녀의 내면을 손보셨다. 말을 뱅뱅 돌려 봐야 부질없을 것 같아 단도직입적으로 말했다. "조지, 사랑의 핵심은 성육신이고 성육신은 죽음으로 이어집니다. 죽음이야말로 사랑의 핵심이죠. 예수께도 그랬고 우리에게도 그렇습니다."

나는 물을 한 모금 마신 뒤 말을 이었다. "20년 전에 그 사실을 깨달았습니다. 예수의 인생 이야기인 복음에 푹 빠졌을 때였지요. 사랑을 그렇게 이해하면서부터 나의 대인관계 방식이 달라졌습니다."

조지는 내 말에 어리둥절해했지만, 나는 그에게 미래의 지도를 주고 싶었다. 인내하는 사랑을 가능하게 여기신 분이 세상에 적어도 한 분은 있었음을 알려 주고 싶었다. 그에게 희망을 주고 싶었다.

무슨 말을 해야 할지 몰라 그를 만나는 동안에도 계속 속으로 기도했다. 아니나 다를까, 조지가 물었다. "테레사는 나를 어떻게 생각하고 있던가요?" 나는 밑져야 본전이라는 심정으로 이렇게 말했다. "조지, 당신은 세 가지가 부족합니다. 순결함과 성실성과 인내심입니다." 그도 부인하지 않았다. 바로 전날 밤에도 그는 잘 모르는 여자와 잠자리를 함께했다고 했다. 안타까웠지만 그래도 그의 솔직함이 내게 용기를 주었다. 성실성 쪽으로 한 걸음 내딛은 셈이니 말이다.

사랑의 여정에 오르다

조지는 시대정신을 들이마신 사람이었다. 사랑의 선한 수고 대신 자신의 감정과 욕심을 쫓아다녔다. 기존의 장기적 관계가 결렬되면서 그는 비참해졌다. 이제 혼자가 되었고, 그것이 싫었다.

나는 조지에게 사랑이 무엇과 같은지 알려 주고 싶어 이렇게 말했다. "지난밤 그녀와 동침하기 전에 당신은 둘이서 길을 떠났습니다. 일종의 춤을 통과한 셈이지요. 물론 둘 다 하룻밤의 쾌락을 위해 한 일이지만, 그래도 짧은 여정인 것만은 분명합니다. 여정의 특성이 고독이든 사랑이든 관계없이 우리 모두는 여정 중에 있습니다. 히브리인들은 사랑의 삶을 단지 상태로 보지 않고 방향 곧 의의 길로 보았습니다."[2]

조지는 내 쪽으로 몸을 기울였다. 인생을 생각하는 새로운 틀을 얻고 있는 것 같았다. 그래서 나는 말을 이었다. "사탄은 우리가 인생을 어떤 길과도 따로 떼어 별개로 생각하기를 원합니다. '베이거스에서 있었던 일은 베이거스에 남는다'라는 라스베이거스의 선전 문구가 좋은 예입니다. 라스베이거스에 가서 익명으로 섹스를 하고 마치 아무 일도 없었다는 듯이 집에 돌아가면 된다는 것이지요. 물론 몽땅 허튼소리입니다. 라스베이거스는 사람을 바꾸어 놓습니다. 우리는 라스베이거스를 마음에 품고 집에까지 가져옵니다. 모든 행동은 됨됨이를 만들어 내고 우리는 바로 그런 사람이 되어 갑니다. 인생은 하나의 궤도입니다."

나는 사랑을 배우는 순례의 길로 조지를 초대했다. 이제 당신을 또한 그 길로 초대한다. 사랑이란 추상적으로 배우는 게 아니라 여정 자체를 통해 배우는 것이다. 모든 노정은 특정한 물리적 길 위에서 이루어진다. 이 책도 성경의 룻과 나오미 이야기를 외길로 삼을 것이다. 그들도 이 사랑의 여정을 가고 있다. 도중에 우리는 사랑뿐 아니라 자기 자신까지 발견하게 된다. 사랑 공부는 한 인간으로서 살아나는 것과 불가분의 관계다. 사랑을 배우면 자신의 마음을 보게 되고, 매혹적인 노래로 우리를 홀리는 이 시대를 분별할 수 있다.

꿈은 재앙을 낳고

"나는 사랑을 시작하기는 잘하는데 지속하는 데는 젬병입니다." 조지의 이러한 자기성찰은 우리 문화를 대변한다. 우리는 시작은 좋은데 끝이 나쁘다. 우리 문화는 기독교와 그 부활의 소망에 빚지고 있다 보니 사랑에 대한 꿈이 크다.

꿈이라면 디즈니를 따라갈 곳이 없다. 디즈니의 약속—영원히 행복한 결혼 생활—이 우리 시대의 대중적 사고를 지배하고 있다. 그것은 좋은 꿈이지만 현실성이 없다. 꿈에서 하나님을 빼면 이야기의 결말이 나빠진다. 예수가 빠진 기독교는 무용지물이다. 디즈니의 꿈은 현실성 없는 기대를 잔뜩 부풀려 놓고는 그것을 인간의 연약함이라는 바위 위에 내동댕이친다. 순진한 기대는 우리를 안달복달하며 과민하게 만들고, 인간의 연약함은 우리를 냉소에 빠뜨려 사랑의 가능성을 회의하게 한다. 미국인의 새로운 여정은 순진함에서 냉소로 가고 있다. 그 결과는 무엇인가? 우리는 이용당하고 배신당한 느낌과 원한에

차 있다. 차라리 꿈이 없었던 게 나았다. 마술은 사라졌다.

우리 문화는 기독교적 뿌리를 버리고 새로운 신화들을 찾고 있다. 인생에 의미를 부여할 새로운 방식들을 찾고 있다. 그 과정에서 우리 문화는 비틀비틀 이교의 세계로 회귀하고 있다. 그것은 "사람이 각기 자기의 소견에 옳은 대로 행하"던(삿 21:25) 기독교 이전의 세계다. 이 인용구는 룻기의 배경이 되는 사사 시대를 단적으로 보여준다. 룻기는 "사사들이 치리하던 때에"(룻 1:1)라는 말로 시작된다. 이것을 우리 문화에 맞게 풀어 쓴다면 "**감정**이 지배하던 오프라 시대에"가 될 것이다. 오프라 윈프리Oprah Winfrey는 사람들에게 공감하는 능력이 뛰어나지만, 감정과 자아실현을 절대시했던 에머슨Ralph Waldo Emerson과 소로Henry David Thoreau 같은 19세기 사상가들을 대변한다. 우리 문화의 엘리트층도 다분히 오프라와 마찬가지다. "내 기분"과 "내 행복"이 새로운 기준이 되었다.

조지도 감정의 언어를 구사하며 자기 기분대로 행동했다. 그가 테레사를 떠날 때 한 말이 있다. "나는 행복하지 않고, 결혼은 나한테 맞지 않소. 철이 들고 보니 이 모두가 지겨워졌소." 디즈니의 허황한 희망과 자신의 감정 추구가 어우러져 조지의 행동을 결정지었고, 결국 그는 잘못된 길 내지 궤도를 따르게 되었다. 그 결과는 무엇인가? 조지만 길을 잃은 게 아니라 테레사도 버림받았다.

현대의 수많은 '과부'와 '홀아비'도 그와 비슷한 궁지에 처해 있다. 그들은 사랑 없는 결혼 생활에 꼼짝없이 갇혀 있다. 배우자는 매정하게 요구를 일삼는다. 젊은 여자는 남자에게 자신을 내주고도 헌신적 관계의 보호를 누리지 못하다 결국 버림받는다. 젊은 여자가 자신을 사랑해 줄 젊은 남자를 찾지만 허사다. 냉담한 시대정신에 젖어 헌신을 겁내는 남자들이 너무도 많다.

깨어진 관계의 원인이 무엇이든 그 결과는 똑같다. 동화의 환상은 깨지고 외로움만 남는다. 남편에게 버림받을 때 어떻게 할 것인가? 아무리 사랑을 쏟아부어도 아내의 요구가 점점 더 늘어만 갈 때 당신은 어떻게 살아남을 것인가? 어떻게 사랑을 지속할 것인가? 결혼하고 싶은 마음이 간절할 때 어떻게 사랑하는 사람 없이 견딜 것인가? 어떻게 마음을 닫아걸지 않을 것인가?

이 책은 현대의 이런 '과부'와 '홀아비'를 위한 것이다. 그들을 격려하고 소망과 미래를 주고자 썼다. 이를 추구하는 방법으로 우리는 고대의 두 과부인 룻과 나오미의 여정에 동행할 것이다. 룻기는 기독교가 더 이상 우리 삶의 중심이 아닌 시대의 세상, 곧 사랑의 인내가 아니라 언약의 파기가 새로운 규범인 세상에 꼭 맞는 이상적 내러티브다. 룻기에 제시된 사랑의 원형은 미쳐 버린 현대 세계를 파악하고 거기서부터 나아갈 길을 알고 있다. 무너지는 세상 속에서 살아남을 뿐 아니라 자라 가는 것, 그것이 룻기의 주제다.

룻기, 그 아름다움 속으로

룻기가 당신에게 미치는 영향이 그랜드캐니언이나 파리 근교의 샤르트르 성당에 갔을 때와 같았으면 좋겠다. 그랜드캐니언이나 샤르트르를 어떻게 **적용할** 것인가? 물론 당신은 그랜드캐니언을 **적용하지 않는**다. 그 아름다움에 압도될 뿐이다. 샤르트르 또한 **적용하지 않는**다.

거기서 예배할 뿐이다. 당신은 말을 멈추고 영혼 가득히 아름다움을 흡수한다. 침묵 속에서 영혼이 넓어진다. 자신이 그 아름다움을 포착하기에 역부족임을 깨닫는다. 아름다움 속에 들어가 바라보는 경험을 주체할 수 없다.

그랜드캐니언이나 샤르트르까지 가려면 시간이 걸린다. 그러니 이 책 전반에 가미된 역사적 배경에도 인내하기 바란다. 우리는 룻과 나오미의 이야기를 따라 3,100년을 거슬러 올라가 BC 1100년의 다른 세계로 들어갈 것이다. 역사가들이 말하는 철기 시대다. 하지만 문화와 언어는 달라도 사람은 똑같음을 알게 된다.

룻의 이야기 속에서 우리는 사랑의 여러 다른 측면을 만날 것이다. 그래서 모든 좋은 여정처럼 이 길에도 굽이가 많다. 순례 길에는 그런 재미도 있는 법이다. 룻기를 따라가는 여정은 바흐Johann Sebastian Bach의 푸가fugue처럼 처음에는 단순하고 거의 평범하다가 점점 더 복잡해지면서 다음과 같은 주제들이 출현한다.

- **사랑**. 사랑이란 무엇인가? 사랑에 따르는 대가는 무엇인가? 왜 우리는 사랑을 겁내는가? 사랑해도 보답이 없을 때 사랑한다는 것은 무슨 뜻인가?
- **복음**. 사랑을 룻기에 나오는 대로 이해하면 어떻게 복음에 대한 이해가 미리 준비되고 풍성해지는가? 우리를 향한 하나님의 사랑인 복음은 어떤 면에서 여정인가?
- **공동체**. 공동체는 어떻게 만들어지는가? 우리를 하나로 단합시켜 주는 요소는 무엇인가?

- **애통**. 하나님이 당신을 버리신 것 같을 때 그분을 어떻게 대할 것 인가? 믿음은 어떻게 우리를 애통으로 인도하는가? 왜 우리는 애통의 개념을 싫어하는가?

- **기도**. 기도하는 삶이란 무엇인가? 하나님의 행동을 기다려야 하는 가, 아니면 우리가 행동해야 하는가? 이야기 속에 살아간다는 것은 무슨 뜻인가?

- **여성성**. 여성적이라는 말은 무슨 뜻인가? 룻기의 세계처럼 남성이 지배하는 세계에서 여자가 어떻게 살아남을 뿐 아니라 자라 갈 것 인가?

- **남성성**. 경건한 남자란 어떤 모습인가? 그의 특성은 무엇인가? 온 유함과 힘을 어떻게 겸비할 것인가?

룻의 이야기는 당신을 변화시킬 수 있다. 그러려면 그 이야기를 통해 당신 자신의 이야기를 재편성하고 사랑의 삶 속으로 들어가야 한다. 세상은 영혼의 양식을 공급할 능력을 잃어 가고 있다. 이런 세상에서 룻기가 당신의 영혼을 충만하게 하고, 나아가 삶 속으로 흘러넘치기를 기도한다.

I

헌신적 사랑

—— 〈룻기 1장〉

1.
고난: 사랑을 벼리는 도가니

고난은 사랑을 벼리는 도가니다. 그 밖에 다른 데서는 사랑을 배울 수 없다. 그렇다고 오해하지는 말라. 고난이 곧 사랑을 만들어 내는 것은 아니다. 다만 고난은 사랑이 출현할 수 있는 온실이다. 왜 그런가? 사랑을 막는 큰 장애물은 자존심 곧 자아의 삶이다. 자기연민에 빠지지만 않는다면 장기적 고난을 통해 자아가 죽는다. 눈에 띄지 않을 정도로 서서히 죽는다. 자아가 죽으면 사랑이 자랄 수 있는 이상적 조건이 갖추어진다. 룻기도 그 주제가 사랑인 만큼, 당연히 나오미 가정이 고난의 도가니에 빠지는 것으로 시작된다.

나오미는 꿈이 있었다. 남편과 대대로 자손을 두고 싶은 단순한 꿈이었다. 화자는 몇 번의 능숙한 필치로 그 꿈의 죽음을 그려 낸다. 그녀의 가족이 모두 죽는다. 슬그머니 고난이 그녀를 덮친다. 비극의 연속이다.

사사들이 치리하던 때에 그 땅에 흉년이 드니라. 유다 베들레헴에 한 사람이 그의 아내와 두 아들을 데리고 모압 지방에 가서 거류하였는데 그 사람의 이름은 엘리멜렉이요 그의 아내의 이름은 나오미요 그의 두 아들의 이름은 말론과 기룐이니 유다 베들레헴 에브랏 사람들이더라. 그들이 모압 지방에 들어가서 거기 살더니 나오미의 남편 엘리멜렉이 죽고 나오미와 그의 두 아들이 남았으며 그들은 모압 여자 중에서 그들의 아내를 맞이하였는데 하나의 이름은 오르바요 하나의 이름은 룻이더라. 그들이 거기에 거주한 지 십 년쯤에 말론과 기룐 두 사람이 다 죽고 그 여인은 두 아들과 남편의 뒤에 남았더라(룻 1:1-5).

고대의 독자들은 이 가정이 모압으로 이주한 사실에 당혹감과 어쩌면 반감을 느꼈을 것이다(그림 1.1 참조). 모압 민족은 이스라엘 민족의 촌 뜨기 사촌으로, 롯과 그 딸의 근친상간을 통해 생겨났다. "모"는 "누구"라는 뜻이고 "압"은 "아버지"라는 뜻이다. 그러니까 모압은 그 어

지중해

이스라엘   요단 강

여리고
예루살렘 ●
베들레헴 ● 사해

모압

그림 1.1_모압 지도

두운 출생의 비밀 그대로 "네 아비가 누구냐"의 땅이었다.[1]

사촌지간에 반목이 깊어졌다. 일찍이 이스라엘 백성이 가나안으로 가는 길에 모압을 통과하려 했을 때, 모압 왕은 그들을 대적하며 선지자 발람을 데려다 저주하게 했다. 그것이 역효과가 나자 모압

여자들이 이스라엘 남자들을 유혹했다. 이스라엘 백성은 한결같이 모압의 신 그모스를 "부정하다, 가증하다"고 칭했다. 어느 날 여호와께서 그모스를 거름 더미 속에 밟으실 것이다(사 25:10-11). 모압은 곧 재난으로 통했다.[2] 이 가정이 모압에서 만난 것도 바로 재난이었다.

나오미의 잇단 사별은 어느 문화에서나 충격이겠지만, 특히 고대 근동에서 어머니가 남편뿐 아니라 아들마저 다 잃는다는 것은 고난의 극치였다. 어느 일류급 경영 컨설턴트가 미국 남자들에게 다음과 같은 가상의 상황을 제시했다. "당신의 어머니와 아내와 딸이 탄 배가 물에 가라앉고 있는데 당신은 한 명밖에 구할 수 없다. 누구를 구하겠는가?" 60퍼센트는 딸을, 40퍼센트는 아내를 구하겠다고 답했다. 어머니는 전원 그냥 표류하게 두겠다는 것이다. 어머니들에게 죄송하다. 이 컨설턴트가 사우디아라비아 남자들에게 동일한 질문을 던졌더니 전원 어머니를 구하겠다고 답했다. 왜 그런가? 근동의 전통 문화에서 어머니는 가정을 떠나서는 정체성을 상실한다. 딸은 결혼하면 집을 떠나지만, 아들은 남아 끈끈한 모자의 정을 이루었다. 아들이 곧 어머니의 인생이었다.[3]

나오미는 인생을 잃고 생죽음의 세계에 들어섰다. 우리는 생사를 둘로 딱 가르지만 히브리인들은 점진적 개념으로 보았다.[4] 약속의 땅 이스라엘을 벗어난 삶은 이미 일부가 죽은 것이었다. 그런데 이제 남편과 두 아들마저 죽었으니 나오미의 인생은 사실상 끝난 것이나 다름없었다. 더 이상 의미나 목적이 없었다. 당신도 깊고 오랜 고난을 겪어 보았다면 나오미의 심정을 알 것이다. 차라리 죽음이 해방이다. 자살까지는 하지 않을지 모르지만 생이 끝나도 마다할 게 없다.

나오미의 비극은 내리막길의 연속이다. 우선 엘리멜렉이 죽는다. 그래도 두 아들이 모압 여인을 아내로 얻었으니 아직은 희망이 있다. 후손이 태어나 가문을 이을 수 있다. 그런데 두 아내 룻과 오르바는 아이를 낳지 못하고, 그래서 나오미에게는 엘리멜렉의 이름을 이을 손자가 없다. 이것이 나오미의 비극의 핵심이다. 두 아들의 죽음으로 그 비극은 영원히 굳어진다. 베들레헴의 가장 오래된 씨족인 에브랏 사람들 중에서 한 가문이 멸족되었다.[5] 이렇듯 나오미는 남편과 두 아들만 잃은 게 아니라 삶의 이유와 미래마저 잃었다.

하지만 남은 자들이 있었다. 고대 근동 문화에서 여자는 남편 집안의 식구가 되었다. 딸은 출가하지만, 아들들은 남아서 함께 새 가정을 이루었다. 형제들은 아버지가 죽은 후에도 함께 살며 유산을 공동 재산으로 유지했다.[6] 시편 133편에도 나와 있듯이 "형제가 연합하여 동거함"(1절)은 아주 선한 일이었다. 그래서 오르바와 룻은 한동안 나오미와 함께 살았다. 이제 나오미에게 남은 것이라곤 가정의 빈껍데기뿐이었다. 언제 깨질지 모르는 불안한 가정이었다. "룻과 오르바와 나오미에게는 지도자가 없다. 보호자 역할을 해줄 남편이나 아버지나 아들이 없다."[7] 나오미는 나이가 많아 재혼할 가망성이 거의 없었다. 그렇다고 직업이나 생계 수단이 있는 것도 아니었다. 모든 출구가 닫혀 있었다.

하나님은 어디 계신가?

인명과 지명의 의미를 보면 나오미의 괴로운 심정을 조금이나마 알 수 있다. 사실 베들레헴^{Bethlehem}은 뉴욕처럼 두 단어로 된 이름이다. "베드"^{Beth}는 "집"을, "레헴"^{lehem}은 "빵"을 뜻한다. 그러니까 베들레헴은 "빵집"이라는 뜻이다. 아마 곡물 창고나 풍부한 식량을 가리키던 말일 것이다. 나오미의 남편의 이름 엘리멜렉은 "나의 하나님은 왕이시다"라는 뜻이고, 나오미는 "희락"을 뜻한다. 두 아들의 이름은 말론 ("약함")과 기룐("깨지기 쉬움")이다.[8]

고대의 독자들은 이름을 진지하게 받아들였다.[9] 우리도 고대의 독자처럼 듣는다면 본문은 이렇게 들릴 것이다.

> 사사들이 치리하던 때에 그 땅에 흉년이 드니라. 유다 "빵집"에 한 사람이 그의 아내와 두 아들을 데리고 "네 아비가 누구냐" 지방에 가서 거류하였는데 그 사람의 이름은 "나의 하나님은 왕이시다"요 그의 아내의 이름은 "희락"이요 그의 두 아들의 이름은 "약함"과 "깨지기 쉬움"이니 유다 "빵집" 에브랏 사람들이더라. 그들이 "네 아비가 누구냐" 지방에 들어가서 거기 살더니 "희락"의 남편 "나의 하나님은 왕이시다"가 죽고 "희락"과 그의 두 아들이 남았으며 그들은 모압 여자 중에서 그들의 아내를 맞이하였는데 하나의 이름은 오르바요 하나의 이름은 롯이더라. 그들이 거기에 거주한 지 십 년쯤에 "약함"과 "깨지기 쉬움" 두 사람이 다 죽고 그 여인은 두 아들과 남편의 뒤에 남았더라.

아이러니가 귀에 들어오는가? "빵집"에 흉년이 들었다. "하나님은 왕이시다"가 죽었다. "희락"의 남편과 두 아들이 죽었다. 현실이 하나님을 조롱하고 있다. 다시 말해서 나오미는 하나님께 소망을 두었기에 그만큼 슬픔이 더 쓰라렸다. 하나님이 우리의 기대를 채워 주지 않으실 때, 절망은 물론 냉소의 문이 열린다. 자칫 우리 마음이 하나님을 향해 닫힐 수 있다.

도가니를 피하지 말라

고난은 우리가 사랑을 배우는 장이요 정황이다. 때로 고난은 느닷없이 닥쳐온다. 의사에게서 걸려오는 전화나 배우자가 남기고 간 쪽지가 그런 경우다. 그러나 대개 고난은 조금씩 슬그머니 다가온다. 나오미와 룻의 경우도 그랬다. 그러다 어느 날 당신은 삶이 싫어져 벗어나고 싶어진다.

디즈니의 꿈은 우리를 도가니에 대비시켜 주지 못할 뿐만 아니라 도가니를 훨씬 더 악화시킨다. 최선을 기대하며 들어선 관계는 종종 최악으로 밝혀진다. 흉측한 죄에 맞닥뜨리면 우리는 그 충격으로 몸부림친다.

이 이야기에는 우리가 사랑에 대해 배워야 할 것이 많이 있다. 하지만 일단 지금은 이것만 알면 된다. 당신은 도가니를 피해서는 안 된다. 거기서 뛰쳐나가 원한과 냉소의 유혹에 굴하면 사랑이 자랄 수 없다. 다른 데서 위안을 구해도 마찬가지다. 하나님이 허락하신 내 삶의 이야기 속에서 버텨야 한다. 그렇게 견딜 때 사랑을 배운다. 삶이 무의미해도 계속 그 앞에 마주설 때 하나님도 그곳에 나타나신다.

조지는 도가니를 피했다. 사랑의 요구가 너무 버거워 거짓된 순

28

례 길에 올랐다. 그는 다음과 같은 현대의 신화에 귀를 기울였다. "사랑은 감정이다. 감정이 없어졌으면 사랑도 없어진 것이다." 할리우드 Hollywood는 감정이 없어지면 사랑을 지속할 자원이 없다. 하지만 우리는 오히려 그때부터 사랑을 배울 준비가 된다.

부활의 징후들

깊은 고난 중에도 해는 야속하게 아침마다 떠오른다. 절름발이 삶은 계속된다. 그래서 룻기의 화자는 1천 미터 고지에서 잠깐 전체를 보여 준 뒤, 이번에는 우리를 평지로 데려간다. 거기서 우리는 세 여자를 만난다. 한 가정의 남은 자들이 모압을 떠나 터벅터벅 길을 가고 있다.

> 그 여인이 모압 지방에서 여호와께서 자기 백성을 돌보시사 그들에게 양식을 주셨다 함을 듣고 이에 두 며느리와 함께 일어나 모압 지방에서 돌아오려 하여 있던 곳에서 나오고 두 며느리도 그와 함께하여 유다 땅으로 돌아오려고 길을 가다가(룻 1:6-7).

나오미와 두 며느리는 광의(廣義)의 가정에 어울리게 본능적으로 한 단위로 움직인다. 친정과 모든 지지 기반과 자기 문화를 떠나 타국에서 시어머니와 함께 살기로 한 오르바와 룻의 결단이 인상적이다. 근동의 전통 문화에서 며느리는 시어머니의 종이 되었다. 자연히 구박이 다반사로 벌어졌다. 서양에서 장모와 사위 관계를 농담의 소재로 삼는 것도 사실은 진짜 문제인 고부 관계가 종종 너무 고통스럽기 때문이다. 룻과 오르바가 시어머니를 택했다는 사실은 나오미가 얼마나 어진 사람이었는지를 가늠하게 한다.

나오미는 순례 길에 꼭 필요한 한 가지 일을 했다. 견디고 버텼다. 말 그대로 한 발짝씩 내딛으며 베들레헴으로 향했다. 하지만 어떻게 버티는가? 사랑해도 아무런 보답이 없을 때 어디서 사랑할 힘을 얻는가? 혼자 살아가는 삶에 어떻게 부딪치는가? 답은 간단하다. 희망이다. 이야기의 결말을 알면 버틸 수 있다.

한 줄기 희망이 나오미를 귀향길로 이끌었다. 여호와께서 자기 백성을 돌보셨다. 그냥 날씨가 바뀐 게 아니라, 하나님이 개입하셨다. 이것이 사랑을 가능하게 하는 진원지다. 디즈니와 기독교의 차이다. 디즈니는 **인간의 근거 없는 낙관론**이지만, 복음은 **하나님의 진정한 소망**이다. 하나님이 내 삶의 이야기 속에 뚫고 들어오셔서 부활을 만들어내신다. 이 희미한 부활이 장차 이루어질 선한 일들의 징후다.

테레사는 부활의 징후를 보고 조지의 삶에 남자들을 보내 달라고 기도했다. 두 주 후에 내게 난데없이 "조지에게 연락하라"는 생각이 들었다. 하나님이 시간과 공간 속에서 역사하시면 우리는 사랑으로 견딜 수 있다. 희망은 사랑의 필수 요소다.

2.
출구 전략 없는 사랑

세 여인이 요단 강 골짜기로 내려설 무렵, 두 며느리의 동행에 함축된 의미가 문득 나오미에게 깊은 무게로 다가온다. 성경 인물의 첫마디 말은 대개 그 사람의 성품을 보여주는 단서인데, 나오미의 첫말은 사려 깊은 사랑으로 가득하다.[1] "나오미가 두 며느리에게 이르되 '너희는 각기 너희 어머니의 집으로 돌아가라. 너희가 죽은 자들과 나를 선대한 것 같이 여호와께서 너희를 선대하시기를 원하며'"(룻 1:8).

나오미는 룻과 오르바의 장래를 생각하며 그들을 축복한다. 두 번이나 축복한다. 우선은 여호와께 그들을 "선대하시기를" 구한다. 여기 "선대하다"로 옮겨진 말은 본래 **헤세드**[hesed]로 "사랑"[love]과 "충절"[loyalty]이 결합된 히브리어 고유의 단어다. 나오미는 하나님이 두 며느리에게 헤세드 사랑을 베풀어 주시기를 원했다.

헤세드 사랑이란?

때로 헤세드는 "인자"로 번역된다. 헌신과 희생이 결합된 말이다. 헤세드는 일방적 사랑이고 출구 전략 없는 사랑이다. 헤세드 사랑이란 상대의 반응과 무관하게 사랑의 대상에게 자신을 얽어매는 것이다. 사랑의 대상이 가시 돋친 말을 해도, 당신은 그 사람을 사랑한다. 배우자와 다투다가 무시당하거나 외면당해도, 당신은 침묵으로 복수하거나 애정을 거두지 않는다. 당신이 상대에게 보이는 반응은 그 사람이 당신을 대하는 방식과 전혀 무관하다. 헤세드는 불굴의 사랑이다.

이런 사랑은 변덕스런 기분에 좌우되지 않는다. 그런데 요즘 사람들 사이에는 그런 과민함이 점점 더 보편화되고 있다. 나의 아버지 잭 밀러는 1970년대에 그런 현상을 처음 보면서 "마치 사람들에게 살갗은 없고 말초신경만 있는 것 같다"고 말했다. 대개 우리는 연거푸 무시당하거나 일이 풀리지 않으면 기분에 변덕을 일으킨다. 마음속에서 순간적으로 삶을 포기하고, 자기가 주변 사람들에게 미치는 영향에 더 이상 신경 쓰지 않는다. 자아가 과민 반응을 보인다. 그러나 헤세드 사랑을 하면 달라진다. 물론 기분이 언짢은 날이 없다는 말은 아니다. 우리도 자신의 연약한 내면을 털어놓을 때가 있다. 다만 우리는 그런 데 좌우되기를 거부한다. 헤세드는 우리의 시대정신과 정반대다. 시대정신은 감정대로 행동해야 한다고 말하지만, 헤세드는 "아니, 네가 헌신한 대로 행동하라. 그러면 감정은 따라온다"고 말한다. 이런 사랑에는 균형이나 대등함이나 공평함이 없다. 하지만 기독교의 핵심은 바로 이런 헌신적 사랑에 있다. 예수께서 십자가에서 우리를 그렇게 사

32

랑하셨고, 우리도 서로를 그렇게 사랑해야 한다.

감정이 기준이 되면 험한 바다에서 표류할 수밖에 없다. 모든 좋은 감정은 새로운 길이 되고, 그래서 우리는 사랑을 시작하기는 잘하지만 끝까지 지속하지는 못한다. 머잖아 관계의 미로 속에서 길을 잃고 혼자가 되고 만다.

길을 잃으면 우리는 출구를 찾아 나선다. 겉으로 헤세드를 하는 듯 보이기는 쉽다. 사실은 속으로 관계에서 손을 뗐으면서 말이다. 예컨대 상대가 상처를 입히면 당신은 정서적 복수에 나설 수 있다. 그 사람의 나쁜 점을 알아내거나 신상털기를 하는 것이다. 또는 생각 속에서 출구를 찾을 수도 있다. 존재하지 않는 세계를 지어내거나 가꾸는 것이다. 남자들은 포르노에 끌릴 수 있고, 여자들은 연애 소설에 빠질 수 있다.

헤세드 사랑의 관건은 공평성이 아니므로 신속한 복원이 가능하다. 예컨대 배우자나 친구와 다투다 보면 상대를 피하여 거리를 두고 싶어질 수 있다. 그런 거리 두기가 적절할 때도 있지만, 침묵 속의 작은 복수일 때가 더 많다. 내게 상처를 입힌 상대를 그런 식으로 벌하는 것이다. 하지만 헤세드 사랑이 있으면, 다투고 나서 아직 긴장이 가시지 않았을 때도 마음으로 상대를 피하지 않고 오히려 상대에게 다가간다. 흉하게 사이가 벌어지도록 가만히 있지 않는다.

헤세드 사랑이 이토록 중요한 이유는 무엇인가? 삶이 변덕스럽기 때문이다. 감정은 왔다가 사라지고, 절박감은 고조되었다 가라앉고, 격정은 찼다가 기운다. 삶의 계절은 바뀌지만 헤세드는 그 한복판에 선 기둥이다. 헌신의 고백이 결속을 다져 주기에 그 결속으로 우리는 삶의 변덕에 맞설 수 있다.

룻과 오르바는 이미 나오미에게 그런 일방적 사랑을 베풀었다. "너희가 죽은 자들과 나를 선대한 것 같이 여호와께서 너희에게 헤세드를 베푸시기를 원하며"라는 나오미의 말에서 그것을 알 수 있다. 나오미는 그들이 자기에게 베푼 헤세드를 하나님이 그들에게 똑같이 베풀어 주시기를 구했다.

샬롬이 머무는 곳, 안식

하지만 나오미의 말은 아직 끝나지 않았다. 두 번째 축복이 있었다. "여호와께서 너희에게 허락하사 각기 남편의 집에서 위로[안식]를 받게 하시기를 원하노라"(룻 1:9). 히브리어로 "안식"rest은 "마노아"*manoah*로, 성경 인물인 노아와 관계가 있다. "안전하게 정착한 곳", 샬롬(평화)이 머무는 곳이라는 뜻이다. 어떤 의미에서 우리 모두는 안식을 찾고 있다.

나오미의 믿음이 돋보인다. 그녀는 여호와께서 모압에서도 두 며느리에게 복을 주실 수 있다고 믿었다. 고대 세계에는 신들의 영역이 특정한 민족 집단과 그들의 땅으로 국한되었다. 전쟁에 이겼다는 말은 "우리 신이 너희 신을 이겼다"는 뜻이었다. 모압의 신 그모스는 모압에서는 강하지만 모압을 벗어나면 약했다. 고대인들은 여호와도 똑같이 이스라엘에서는 강하지만 국경을 벗어나면 약하다고 생각했을 것이다. 하지만 히브리 성경이 강조하고 있고 나오미가 믿었듯이, 여호와는 한낱 지역 신이 아니라 온 땅의 하나님이시다. 그분은 모압에서도 복을 주실 수 있다.

사랑의 구조

나오미의 자상한 말의 이면에서 그녀의 강인한 성품을 엿볼 수 있다.
나오미의 이중의 축복은 "돌아가라"는 단호한 명령으로 시작된다. 이
는 협상이 아니라 명령이다. 그녀는 강인해야 했다. 나오미의 인생에
가장 소중한 것은 가정이었다. 그런데도 그녀는 사랑을 위해 가정을
버렸다. 자기가 가장 사랑하는 것, 세상에 유일하게 남은 것을 사랑 때
문에 희생해야 했다. 삶의 유일한 이유마저 버린 것이다. 어차피 나오
미 자신의 삶은 달라질 수 없었지만 두 며느리의 삶을 더 나아지게 해
줄 수는 있었다. 여기서 우리는 행동하는 헤세드를 본다.

나오미는 룻과 오르바에게 자유와 결혼과 자녀를 주고, 자신은 이
미 깨어진 삶과 외로움과 가난을 받아들인다. 그나마 남아 있던 희망
의 불씨마저 포기하여 그들에게 희망과 장래를 준다. 자신의 죽음 속
으로 더 깊이 들어가 그들에게 살아갈 이유를 준다. 이런 맞바꾸기는

그림 2.1_헤세드 사랑의 원리

훗날 예수의 죽음을 예고한다. 그분은 우리 죄를 대신 지시고 우리에게 수용과 의와 순결을 선물로 주신다. 사랑의 구조는 대체(代替)다(그림 2.1 참조). 우리가 무의식적으로 사랑에 알레르기 반응을 보이는 것도 그래서다. 사랑의 핵심이 죽음임을 제대로 감지하기 때문이다.

내 친구 조앤에게서도 나는 나오미에 버금가는 희생을 보았다. 그녀는 여동생 셸리를 성폭력범으로부터 보호하려고 자기 집에 와서 함께 살게 했다. 장애인인 셸리는 남자들을 조심할 줄 몰랐다. 부모와 함께 살았는데, 부모는 셸리를 거의 온종일 빈둥거리며 텔레비전만 보게 방치했다. 이미 네 여자에게서 네 자녀를 둔 어떤 남자가 셸리에게 접근하기 시작했다. 그 소식을 들은 조앤은 부모에게 간청하여 동생을 자기 집으로 데려왔다. 나오미처럼 조앤도 자신의 삶이 좁아지고 힘들어지는 특권을 자청했다. 사랑의 핵심이 죽음임을 깨달으면 고요한 해방을 경험하게 된다. 당신은 사랑에 딸려오는 죽음에 맞서 싸우지 않는다. 오히려 당신은 아버지께서 주신 것을 그대로 받아들인다. 당신의 마음속에 작은 부활이 싹튼다.

룻과 오르바는 나오미가 자신의 삶 속에 더 많은 죽음을 불러들이고 있음을 알았다. 그래서 나오미가 작별의 입을 맞추자 그들은 울었다. 근동 문화에서 가장 강한 형태의 애통이었다. "그들에게 입 맞추매 그들이 소리를 높여 울며 나오미에게 이르되 '아니니이다. 우리는 어머니와 함께 어머니의 백성에게로 돌아가겠나이다' 하는지라"(룻 1:9-10). 두 여인은 굽히지 않았다. 나오미 쪽에서 아무리 은혜를 베풀어도 소용없었다. 그래서 나오미는 새로운 작전으로 사랑을 실천한다.

3.
잃어버린 기술, 애통

나오미가 두 며느리의 미래를 위해 자신의 미래를 희생하려 했으나, 이 첫 작전은 실패로 돌아갔다. 나오미를 향한 그들의 헤세드는 꺾이지 않았다. 그래서 나오미는 다음과 같은 빈틈없고도 슬픔에 찬 논리로 혼신을 다한다.

> 나오미가 이르되 "내 딸들아, 돌아가라. 너희가 어찌 나와 함께 가려느냐. 내 태중에 너희의 남편 될 아들들이 아직 있느냐. 내 딸들아, 되돌아가라. 나는 늙었으니 남편을 두지 못할지라. 가령 내가 소망이 있다고 말한다든지 오늘 밤에 남편을 두어 아들들을 낳는다 하더라도 너희가 어찌 그들이 자라기를 기다리겠으며 어찌 남편 없이 지내겠다고 결심하겠느냐. 내 딸들아, 그렇지 아니하니라"(룻 1:11-13).

나오미의 논리는 고대의 사회복지 제도인 계대결혼(繼代結婚)을 배경으로 한 것이다. 남편이 죽으면 남편의 형제가 그 여자를 두 번째 아내로 맞이할 의무가 있었다. 그 사이에서 태어나는 자녀는 첫 남편의 유산을 받았다. 이 법은 과부를 굶주림에서 구할 뿐 아니라 죽은 남편의 상속자를 낳아 가문을 잇게 했다.

나오미의 말은 행여 자기가 아들들을 더 낳을 수 있다면 룻과 나오미의 남편으로 주겠다는 것이다. 하지만 그녀는 임신한 상태도 아니었고 너무 늙어 아이를 낳을 수도 없었다. 그녀는 복잡하고 불가능한 기적을 가상하여 요점에 쐐기를 박는다. 설령 그녀가 (1)오늘 밤 결혼하여 (2)신혼 첫날밤에 (3)아들을 (4)쌍둥이로 (5)잉태한다 해도, 룻과 오르바는 너무도 오랜 세월을 기다려야 한다는 것이다. 두 며느리는 아마 20대 후반이었을 것이다. 기적으로 태어난 가상의 아들들이 장성하기까지 18년을 기다린다면 그들은 40대 중반이 된다. 아이를 낳기에 너무 늙은 나이이고 인생이 거의 끝난 시점이다.

룻과 오르바는 그날을 기다려야 하는가? 나오미는 자신의 이 질문에 "말도 안 된다!"고 힘주어 답한다. 나오미는 상황을 최대한 암담하게 그려 낸다. 자신을 따라올 경우 그들의 상황이 얼마나 절망적일지를 보여주기 위해서다. "현실을 똑바로 보아라. 나는 죽은 목숨이나 다름없다."

며느리들에게 그 점을 강조하다 보니 나오미의 생각이 자신의 비참한 삶에 미쳤다. 그녀는 무너진 가슴으로 슬픔을 쏟아냈다. "내 딸들아, 그렇지 아니하니라. 여호와의 손이 나를 치셨으므로 나는 너희보다 더욱 마음이 아프도다"(룻 1:13).[1] 자기를 따라와서는 안 된다며 나오미는 그들에게 자신의 쓰라린 삶을 절절히 상기시켰다. 자기 마음이 그들보다 더욱 아프다고 했다. 그들은 남편을 잃었어도 아직 젊으니 재혼이 가능했다. 희망이 남아 있었다. 하지만 나오미는 희망이 없었다. 그래서 그들에게 "내 인생은 끝났지만 너희 인생은 끝나서는 안 된다"고 말했다. "여호와의 손이 나를 치셨으므로"라는 나오미의 말은 히브리어 표현을 그대로 직역한 것이다. 그녀는 "여호와께서 친히 그 손으로 나를 공격하셨다!"고 결론지을 수밖에 없었다.[2] 리비 그로브즈Libbie Groves는 그것을 이렇게 설명했다.

나오미는 이스라엘 사람이고 하나님의 친자녀인데 그분의 손이 그녀를 괴롭혔다. 나오미의 하소연에는 영속적 구속력을 지니는 깊고도 오래된 언약에 대한 고뇌가 깔려 있다. 여호와는 그녀의 하나님이신데 그분이 그녀를 대적하신다. 그분은 소규모의 학살을 허락하셨을 뿐 아니라 그것을 지휘하셨다. 나오미 혼자만 궁핍하고 소망 없는 생존자로 남았다. 얼마나 아픈 상처인가! 모르는 사람한테야 구박을 받을 수 있을지 몰라도 상대가 친아버지라면 다르지 않은가?[3]

우는 자들과 함께 우는 것

하나님께 불손한 듯한 나오미의 태도는 서구 문화에 익숙해 있는 우리를 약간 불안하게 만든다. 그녀의 인생이 힘든 것은 맞다. 하지만 그렇다고 하나님을 탓해야 하는가? 억제에 길들여진 우리의 종교적 정서에는 그녀의 공공연한 격정이 오싹하게 다가온다. 그래서 본능적으로 우리는 신학으로 단속하며 이렇게 말한다. "나오미여, 하나님이 주관하시고 지휘하시는 일이니 그분을 탓하지 말라." 나오미의 슬픔과 분노는 우리를 동요시키며 우리 삶에 불신의 문을 열어 놓는다. 차라리 우리는 좋은 신학으로 그녀를 진정시키고 싶다. 그러나 우리 생각에는 그것이 위로이지만, 어쩌면 우리 자신의 악령들을 함부로 날뛰지 못하게 묶어 두려는 시도인지도 모른다.

하나님은 나오미의 원망에 어떻게 반응하시는가? 룻기 전체의 정황에서 하나님은 나오미의 애통에 룻의 사랑으로 반응하신다. 하나님은 인간을 통해 자신의 사랑을 표현하실 때가 많이 있다. 그래서 하나님은 나오미와 함께 우신다. "그들이 소리를 높여 다시 울더니"(룻 1:14).

여러 해 전에 어느 목회자 수련회에서 있었던 일이 생각난다. 한 목사가 자신을 힘들게 하는 냉소와 불신을 솔직히 털어놓았다. 그가 "나는 어떡합니까? 이 마음을 어찌해야 합니까?"라며 애통하자, 다른 목사들이 충고를 내놓기 시작했다. 그런데 한 젊은 선교사만은 예외였다. 그는 너무 안타까워 그들의 말을 끊고 말했다. "우리 형제에게 필요한 것은 충고가 아닙니다. 함께 울어 줄 사람이 필요합니다." 그는 울음을 터뜨리며 그 고민하는 목사를 위해 기도해 주었다. 그때부터 수련회가 달라졌다.

나오미의 애통에 우리가 할 수 있는 말은 무엇인가? 아무것도 없다. 전혀 없다. 그저 함께 울 뿐이다. 우는 자들과 함께 우는 것, 그것이 좋은 신학이다. 하나님은 나오미에게 설교하지 않으셨다. 우리도 슬퍼하는 자들에게 설교해서는 안 된다. 이는 "비판하지 말라"(마 7:1) 하신 예수의 명령을 실천할 좋은 기회다. 묘하게도 나오미가 하나님께 좌절한 것은 좋은 신학 때문이다. 그녀가 고뇌를 느낀 것은 바로 하나님의 주권을 **믿었기 때문이다.** 반대로 이교(異敎)는 운명이 돌리는 패에 체념한다.

자칫 우리는 잘못된 방식으로 고난에 체념하기 쉽다. 『일상 기도』*A Praying Life*에서 말했듯이, 우리 딸 킴은 자폐증 때문에 새벽에 방 안을 왔다 갔다 하곤 했다. 그러면 아내는 킴에게 다시 자리에 누우라고 소리를 질렀고, 나는 딸을 무시한 채 그냥 잠을 청했다. 언뜻 보기에는 질의 고함이 나의 침묵보다 덜 영적으로 보이지만, 사실은 그 반대다. 질은 문제에 적극적으로 개입했지만 나는 마음의 문을 닫아 버렸다. 하나님은 전자에는 역사하실 수 있지만 후자에는 아니다. 그분은 움직이는 무엇에는 역사하실 수 있지만, 말 그대로 베개에 파묻혀 있는 머리에는 역사하실 수 없다. 결국 내가 킴과 정기적으로 기도하기 시작한 것은 순전히 질의 고함소리 때문이었다.

서구인들은 애통하는 습성을 잃어버렸다. 반면에 고대 히브리인들은 늘 하나님을 대면하며 살았다. 시편의 약 3분의 1은 시편 기자들이 하나님께 마음을 쏟아 놓는 애통이다. 히브리인들의 애통을 들어 보라.

"여호와여, 어찌하여 멀리 서시며
어찌하여 환난 때에 숨으시나이까"(시 10:1).
"여호와여, 어느 때까지니이까. 나를 영원히 잊으시나이까.
주의 얼굴을 나에게서 어느 때까지 숨기시겠나이까"(시 13:1).
"내 하나님이여, 내 하나님이여, 어찌 나를 버리셨나이까.
어찌 나를 멀리하여 돕지 아니하시오며 내 신음소리를 듣지 아니하시나이까"(시 22:1).

"주여, 어느 때까지 관망하시려 하나이까"(시 35:17).

"여호와여, 어찌하여 우리로 주의 길에서 떠나게 하시며

우리의 마음을 완고하게 하사 주를 경외하지 않게 하시나이까"(사

63:17).

우리의 기도에서는 이런 솔직한 특성을 찾아보기 힘들다. 우리가 애통할 줄 모르는 데는 헬라 사상이 초대 교회에 미친 영향의 탓도 있다. 헬라의 스토아 철학은 감정―평온하고 균형 잡힌 삶이라는 목표에 방해되는 모든 것―을 나쁘게 보았다. 감정적인 사람은 미성숙한 사람으로 통했다. 균형이 최고였다. 나오미의 상한 심령은 균형을 잃은 듯 보이므로 우리는 본능적으로 그녀의 기울기를 바로잡아 주려 한다.

애통은 균형 잃은 세상을 슬퍼한다. 애통은 현실과 하나님의 약속 사이의 괴리를 슬퍼한다. 애통은 우리 곁에 계시는 하나님, 시공 속에서 역사하시는 하나님을 믿는다. 애통은 냉소나 불신으로 빠지기는커녕 문제를 가지고 하나님과 뜨겁게 씨름한다.

질은 킴을 위한 기도에 하나님의 응답이 없는 듯하자 딸의 사회보장번호를 아뢰기 시작했다. 킴이 누구인지 하나님이 모르시는 것 같았기 때문이다. 이것이 필라델피아 식의 애통이다!

앞서 말했던 조지가 요구를 일삼는 아내 때문에 애통할 수 있었다고 상상해 보라. "하나님, 이런 아내와 어떻게 함께 살아야 할지 모르겠습니다. 아내는 나를 미치게 만듭니다. 아내의 말을 듣고 있자면 블랙홀로 빨려 들어가는 기분입니다." 애통은 기도다. 도움을 청하는 간

구다. 헤세드 사랑의 짐을 혼자서 견딜 수 있는 사람은 없다. 솔직한 애통이 헤세드 사랑을 가능하게 한다.

하지만 동시에 나오미의 애통은 내부로 향한다. 그녀의 진실한 믿음과 깊은 사랑에는 원한("여호와의 손이 나를 치셨으므로")과 자기연민("나는 너희보다 더욱 마음이 아프도다")이 섞여 있다.[4] 그녀의 애통에는 자기 집안이 애초에 베들레헴을 떠난 게 잘못이었을 수 있다는 인식은 전혀 없다. 모두가 하나님 탓이다. 나중에 보겠지만, 화자는 나오미의 베들레헴 귀환을 일종의 회개로 제시한다. 본능적으로 우리는 성인 아니면 죄인이라는 식의 깔끔한 구분을 좋아한다. 하지만 많은 이들처럼 나오미에게도 모호한 면이 있었다.

모호함을 수용하면 사랑의 작업에 엄청난 도움이 된다. 타인 안에 이상하게 혼재하는 선과 악에 부딪칠 때 우리는 선을 제쳐 두고 악에 집착하는 경향이 있기 때문이다. 우리는 모호함을 좋아하지 않는다. 딱 부러지는 판단을 좋아한다.

사랑의 대가

나오미와 두 며느리의 대화는 세 가지 단계를 거친다. 우선 나오미는 따뜻하고도 단호하게 그들을 돌려보낸다. 그들이 거부하자 그녀는 자신의 암담한 미래와 절망적 상황을 냉정한 논리로 제시한다. 끝으로 그녀의 영혼을 찢는 슬픔이 겉으로 터져 나온다. 하지만 슬픔 중에도 나오미는 자신의 고뇌를 활용하여 룻과 오르바를 챙긴다. 나오미의 말은 이런 것이나 같다. "너희는 정말 하나님이 치신 사람과 함께 있고 싶으냐?"

이것이 나오미에게 얼마나 고통스러운 대화인지 보라. 두 며느리는 여간해서 물러나지 않았다. 헤세드 사랑으로 나오미에게 헌신했기 때문이다. 그럴수록 나오미는 그들을 향한 자신의 헤세드 때문에 더욱 모질어질 수밖에 없었다. 다시 말해서 나오미의 고뇌는 자신을 향한 두 며느리의 사랑 때문에 더욱 깊어졌다. 그녀는 가장 소중한 두 사람을 떨쳐 냄으로써 자신의 절망적 삶을 더 악화시킬 수밖에 없었다. 본인의 말대로 정말 나오미는 더욱 마음이 아팠다.

얄궂게도 나오미는 그나마 남아 있던 가정의 잔해마저 사랑을 위해 버려야 했다. 사랑의 행위 자체가 그녀의 마음을 찢어 놓았다. 나오미는 두 며느리의 목숨을 구하려고 자신의 다리를 잘라 냈다. 그녀는 사랑으로 깨어진 사람이다.

이것이 바로 행동하는 헤세드다. 그 사랑의 핵심은 죽음이다. C. S. 루이스Lewis가 나오미의 슬픔을 정확히 포착해 냈다.

안전한 투자란 없습니다. 사랑한다는 것은 상처받을 수 있는 위험에 자신을 노출시키는 행위입니다. 무엇이든 사랑해 보십시오. 여러분의 마음은 분명 아픔을 느낄 것이며, 어쩌면 부서져 버릴 수도 있습니다. 마음을 아무 손상 없이 고스란히 간직하고 싶다면, 누구에게도 —심지어 동물에게도—마음을 주어서는 안 됩니다. 그것을 취미와 작은 사치로 조심스럽게 감싸 두십시오. 모든 얽히는 관계를 피하십시오. 마음을 당신의 이기심이라는 작은 상자에 넣어 안전하게 잠가 두십시오. 그러나 (안전하고 어두우며, 움직임도 공기도 없는) 그 작은 상자 안에서도 그것은 변하고 말 것입니다. 부서지지는 않을 것입니다. 깨뜨릴 수 없고 뚫고 들어갈 수도 없을 것입니다. 그러나 구원받을 수 없는 상태가 되고 말 것입니다.……천국을 제외하고, 여러분이 사랑의 모든 위험과 동요로부터 완벽하게 안전할 수 있는 유일한 장소는 지옥뿐입니다.[5]

룻과 오르바는 나오미를 반박하지 못했다. 그녀의 말이 옳았기 때문이다. 처음에는 나오미가 그들에게 입 맞추어 작별했으나, 이번에는 오르바가 "시어머니에게 입 맞추"었다. 오르바는 나오미의 논리에 승복하고 자기 집으로 떠났다.

흔히 나오미는 원한에 찬 노파로 그려지지만, 정반대로 훌륭한 사랑의 여인이다. 삶에 치여 마음이 깨어졌을 뿐이다. 그녀는 비극 속에서도 사랑한다. 이보다 더 확실한 성품의 시험은 없다. 그녀는 자아 속으로 함몰되지 않는다. 그렇다고 아무런 감정도 없는 단세포적 성인(聖人)도 아니다. 그녀는 지혜롭고 담대하고 용감하게 사랑한다.

감정을 거스르는 사랑

내 좋은 친구 데비는 남편 로버트에게 이런 말을 들었다. "더 이상 당신에게 아무런 감정이 없으니 당신을 떠나겠소." 나는 그 말을 듣고 이런 생각이 들었다. "이게 무슨 소린가? 그런 기분이 몇 번이고 들지 않는 남편이나 아내가 누가 있단 말인가?" 로버트는 좋은 감정이 없다는 이유로 30년이나 헌신해 온 부부 관계를 버렸다.

나오미도 로버트처럼 깨어진 삶의 무게를 충분히 느끼고 표현했다. 삶이 어찌나 죽을 맛이던지, 주께서 친히 그녀를 적으로 삼아 치셨다고 느껴질 정도였다. 자애로우신 듯한 하늘 아버지께 학대당한 기분이었다. 하지만 로버트와 달리 나오미는 감정의 덫에 빠지지 않았다. 고뇌를 느꼈지만 감정의 폭정에 놀아나지 않았다.

로버트에게 버림받은 후 데비의 삶은 산산이 부서졌다. 직장에서 종일 참고 있다가 차만 타면 눈물이 쏟아져 나와 집에까지 내내 울곤 했다. 그녀의 삶은 전 남편을 위한 하나의 긴 애통이 되었다. "하나님, 그가 자신의 한계에 도달하게 해주세요." 그런 기도를 얼마나 많이 했는지 모른다. 하지만 데비는 애통을 중심에 두지 않았다. 하나님께 로버트를 돌려보내 달라고 떼를 쓰지도 않았다. 그녀는 감정의 위력에 굴하지 않았다. 이것은 사랑의 여정에 꼭 필요한 요소다.

언젠가 나의 아버지는 시대정신을 흡입한 어느 만성 히피족 아가씨에게, 감정대로 행동할 필요가 없다고 말해 주었다. 그녀는 "정말요?"라고 되물었다. 한 번도 그런 말을 들어 본 적이 없었던 것이다. 그녀는 "자아에 충실"하려면 감정대로 행동해야 한다고만 늘 알고 있었다. 그 대화가 그녀에게 해방의 순간이 되었다. 그녀가 깨달았듯이 감정을 따르면 결국 감정의 덫에 걸린다. 감정이 우리를 규정짓는다. 사랑의 **느낌**이 없으니 배우자를 사랑할 수 없다고 생각한다. 우리는 사랑을 감정으로 정의하지만, 감정은 우리의 통제 소관이 아니다. 제대로 덫에 걸려든 셈이다.

우리 시대는 각종 범주(사별한 과부, 미운 일곱 살, 조울증 환자)를 만들어 사람들을 그 안에 가둔다. 예컨대 "미운 일곱 살"이라는 딱지를 붙이면 그 아이는 더 이상 책임의 주체가 아니다. 아이가 못되게 성질을 부려도 훈육이 필요한 죄가 아니라 그냥 "미운 일곱 살"의 행동일 뿐이다. 이런 범주화는 우리를 이교의 경직된 세계로 회귀시킨다. 모든 사람이 민족 집단, 직업, 사회 계층 같은 범주 안에 고착된다. 물론 사별한 과부는 슬퍼하고 일곱 살 아이는 말썽을 부린다. 하지만 행동이 우리를 규정짓는 것은 아니다.

나오미는 감정을 억압하지도 않았고 감정에 지배당하지도 않았다. 그래서 모든 대가를 무릅쓰고 의지적으로 두 며느리를 사랑했다. 자신의 고뇌가 더 깊어져도 그것마저 감수했다. 이것이 진짜 헤세드다. 하지만 당신은 이렇게 말할지 모른다. "나는 이런 사랑을 하고 싶은지 잘 모르겠다." 유일한 대안은 모종의 자기애(自己愛)다. 거기에도 대가는 따른다. 그것은 당신의 영혼을 파멸시킨다.

헤세드 사랑은 어떤 경우에도 타인에게 선을 행하겠다는 결의다. 나에게 어떤 영향이 미칠지라도 언약에 충실하겠다는 의지다. 내 몸의 모든 세포가 **피하라고** 외칠 때에도 헤세드는 사랑을 선택한다. 이런 의지적 사랑이 예수와 아버지의 관계의 핵심이며, 우리와 아버지의 관계에서도 마찬가지다. "누구든지 나를 따라오려거든 자기를 부인하고 자기 십자가를 지고 나를 따를 것이니라"(막 8:34) 하신 예수의 말씀은 당연한 것이다. 사도 바울도 자아의 죽음을 통해 예수의 죽음과 연합했다고 고백한다. "우리 살아 있는 자가 항상 예수를 위하여 죽음에 넘겨짐은 예수의 생명이 또한 우리 죽을 육체에 나타나게 하려 함이라. 그런즉 사망은 우리 안에서 역사하고 생명은 너희 안에서 역사하느니라"(고후 4:11-12). 이것이 갈보리 사랑의 정수다.

4.
사랑은 하나님이 아니다

나오미에게 남은 문제가 있었다. 아무리 논리가 탄탄하고 의지가 굳세고 사랑이 깊어도 그녀는 룻을 떨쳐 낼 수 없었다. 룻은 도무지 가려 하지 않았다. 오르바는 세상 이치를 따랐으나 룻은 "그를 붙좇았"다(룻 1:14). 나오미는 이에 굴하지 않고 마지막 패를 내놓았다. "보라, 네 동서는 그의 백성과 그의 신들에게로 돌아가나니 너도 너의 동서를 따라 돌아가라"(룻 1:15).

나오미는 동류 집단의 압력("네 동서는⋯⋯돌아가나니")과 종교적, 문화적 차이("그의 백성과 그의 신들에게로")에 호소했다. 다시 말해서 "너의 본바닥은 모압이다. 너를 반겨 주는 곳, 남편을 구할 수 있는 곳으로 가라." 나오미의 말에는 신과 인간과 땅을 하나로 묶던 고대 문화의 관점이 깔려 있다.

나오미는 자기 입장을 관철시키는 데 몰두한 나머지 이교까지 동원한다. 모압의 신 그모스에게 돌아가라고 룻을 다그친 것이다. 그녀의 말에는 사사기의 이교 문화가 반영되어 있다. 그 문화에는 혼합주의(여호와 신앙과 거짓 신들의 혼합)가 성행했다. 그녀의 애통에 원한이 묻어 있듯이 그녀의 신앙에 혼합주의가 묻어 있다.

사랑을 우상화하지 말라

나오미는 룻과 룻의 필요에 초점을 맞추었다. 거기까지는 좋다. 하지만 하나님이 아니라 사랑의 대상(룻)을 우리 삶의 중심으로 삼으면 사랑을 우상화하는 것이다. 사랑이 중심이 되면 하나님께 충실한 것보다 룻의 필요가 더 중요해진다. 긍휼이 진리를 이긴다. 나오미는 룻을 향한 사랑을 최고의 목표로 삼음으로써 하나님의 말씀에 정해진 제한 속도(우상을 두지 말라)를 어겼다.

진리에 근거하지 않은 희생적 사랑은 결국 또 하나의 인간적 아집의 표현일 뿐이다. 예컨대 간디는 원수를 사랑하라는 예수의 명령을 실천하고자 제2차 세계대전 초기에 히틀러에게 항복할 것을 영국에 촉구했다.[1] 간디는 좋은 원리(사랑)를 취하여 진실(히틀러의 악)과 분리시켰다. 사실 나치를 사랑하는 최선의 방법은 그들과 전쟁하여 그들의 세계 속에 진실을 들여놓는 일이었다. 사랑은 하나님께 의존하는 자세로부터 싹터야 한다. 아무것도 스스로 하지 않으시는(요 5:19) 예수의 마음으로부터 생겨나야 한다. 그렇지 않으면 사랑이 중심을 잃거나 강요로 변한다. 나오미도 강요로 넘어가 자기가 생각하는 최선의 길로 룻을 밀어붙였다.

하지만 룻은 나오미의 마지막 호소에도 아랑곳하지 않았다. 나오미는 룻에게 오르바와 함께 "**그의** 백성과 **그의** 신들에게로" 돌아가라 고 했는데, 여기서 우리는 룻이 이미 여호와와 그분의 백성을 자기 삶의 중심으로 삼았음을 알 수 있다. 나오미는 얼마든지 룻에게 "**너의** 백성과 **너의** 신들에게로 돌아가라"고 말할 수도 있었다. 오히려 그쪽이 더 설득력이 있었을 것이다. 룻과 오르바를 하나로 묶어 주면서 룻의 고향이 모압임을 상기시켜 주었을 테니 말이다. 모압 여인 룻은 고대 세계의 이치상 당연히 그모스의 신봉자였다. 하지만 나오미는 룻이 여호와의 헌신된 신봉자임을 알고 있었다. 그래서 잠시 후에 살펴볼 룻의 반응은 충동적으로 튀어나온 허울 좋은 약속이 아니라, 심사숙고 끝에 여호와를 따르기로 결단한 헌신이었다. 룻은 나오미에게 헤세드를 행하기 전에 먼저 여호와께 헤세드를 행했다. 본래 그런 것이다. 믿음이 사랑에 선행한다.

룻의 예술 작품

나오미는 호락호락한 사람이 아니다. 그녀는 "돌아가라"는 명령으로 확실히 종지부를 찍는다. 이것은 불과 몇 분 사이에 나오미가 룻에게 내린 일곱 번째 명령이자 "돌아가라"는 말로는 네 번째였다.

그러자 룻은 우선 이런 명령문으로 시어머니의 말문을 막는다. "내게 어머니를 떠나며 어머니를 따르지 말고 돌아가라 강권하지 마옵소서." 이어 룻은 "지난 30세기 동안 사람들을 전율하게 만든 명답"으로 사랑을 맹세한다.[2]

어머니께서 가시는 곳에 나도 가고
어머니께서 머무시는 곳에서 나도 머물겠나이다.

어머니의 백성이 나의 백성이 되고
어머니의 하나님이 나의 하나님이 되시리니

어머니께서 죽으시는 곳에서 나도 죽어
거기 묻힐 것이라(룻 1:16-17, 형식을 고침).

룻의 사랑이 예술적인 시를 통해 잘 나타나 있다. 각 행의 앞부분("어머니께서 가시는 곳에")은 뒷부분("나도 가고")과 짝을 이룬다. 마찬가지로 각 연의 첫 행은 둘째 행과 대구를 이룬다. 중첩된 형태인 이런 대구법은 히브리 시의 주된 구조다. 지금도 웬만한 좋은 글에는 대구법이 쓰인다. 존 F. 케네디[John F. Kennedy]의 취임 연설은 대구법으로 가득하다. 그중 다음 말은 명언이 되었다. "국가가 나에게 무엇을 해줄지를 묻지 말고, 내가 국가를 위해 무엇을 할지를 물으라."

룻은 나오미에게 그냥 쉽게 "저는 어머니를 떠나지 않겠어요. 끝까지 같이 가겠어요"라고 말할 수도 있었다. 대신 그녀는 예술 작품을 지어내 자신의 사랑의 행위를 아름다운 액자에 담았다. 룻을 시인으로 보는 학자들도 있다. 시라는 예술 작품을 창작하는 신앙의 여인들은 예로부터 늘 있었다.[3]

사랑의 중심이신 하나님

시의 세 연은 각각 룻의 헤세드 사랑을 보여준다. 1연에서 룻은 나오미라는 한 인간에게 헌신한다. 평생 자신을 나오미에게 얽어맨다. **가고 머무는** 일은 삶 전체를 아우르는 두 가지 활동이다. 그 둘을 짝지음으로써 룻은 항상 나오미와 함께할 것을 다짐한다.[4]

2연에서 룻은 나오미의 세계, 나오미의 백성, 나오미의 하나님에게 헌신한다. 한 학자는 이렇게 설명했다.

"어머니의 백성이 나의 백성이 되고 어머니의 하나님이 나의 하나님이 되시리니." 이것은 급진적 사상이다. 룻 자신의 정체를 바꾸겠다는 뜻이기 때문이다. 고대 세계에서 이는 상상할 수도 없는 일이었다. 그 세계에는 종교를 개종하거나 시민권을 바꾼다는 개념이 없었다. 그야말로 있을 수 없는 일이었다. 종교와 민족이 개인의 정체를 규정했으며, 이는 피부색만큼이나 바꿀 수 없는 것이었다.[5]

요컨대 룻은 단순히 나오미의 종이 되려 한 게 아니라 나오미의 삶 전체를 받아들였다.

3연은 언뜻 사족처럼 보이지만 사실은 처음 두 연을 완전히 탈바꿈시킨다. 처음 두 연으로 끝났다면 나오미가 죽은 후에 룻이 자기백성에게 돌아갈 여지가 남는다. 하지만 마지막 연에서 룻은 나오미가 죽은 후에도 영원히 베들레헴에 남을 것을 맹세한다. 3연의 배후에는 이스라엘의 하나님의 부르심에 대한 깊은 이해가 깔려 있다. 룻이 만일 나오미 사후에 모압으로 돌아가 그모스를 숭배한다면, 여호와를 향한 룻의 헌신은 인간적 사랑을 위한 속 빈 강정에 지나지 않는다. 그러나 룻은 사랑이 아니라 하나님을 중심에 두었다. 나오미를 향한 룻의 사랑의 중심은 하나님이었다. 시의 형식을 보면 하나님이 중심부에 자리하고 있는데, 이는 룻의 마음이 그대로 투영된 것이다. 룻은 사랑을 이상화하지 않았다.

우리가 사랑에 힘쓰다 부닥치는 실망은 대개 사랑에 대한 잘못된 관점에서 생겨난다. 공적인 신앙이 허물어지면서 사람들은 삶의 새로운 근원을 찾고 있다. 그런데 사랑보다 더 좋은 삶의 방식이 있을까? 이런 관점은 사랑과 결혼을 떠받들게 만든다. 완벽한 배우자만 만나면 만족을 얻을 줄로 생각하는 것이다. 디즈니의 꿈이 우리의 결혼관을 형성한다. 그래서 완벽한 결혼이 새로운 규범이 되었다. 그러다 배우자가 이기적인 사람임을 알게 되면 우리는 꿈을 버리고 사랑의 가능성을 냉소한다. 결혼이라는 수레에 터무니없이 무거운 짐을 지움으로써 우리는 실패를 자초한다. 삶의 근원으로 기대했던 부부간의 사랑은 타락한 인간이라는 바위에 부딪쳐 산산이 부서진다. 현대의 자녀양육에도 똑같은 일이 벌어지고 있다. 부모들은 자녀의 가장 친한 친구가 되려 하며, 자녀가 고통 없는 세상에 살기를 원한다. 그 결과는 자녀 중심의 가정이다. 자녀가 삶의 근원이 되는 것이다. 하지만 사랑이나 인간관계는 본래 중심이 아니다. 사랑은 하나님이 아니다. 하나님이 사랑이시다.

여호와를 향한 룻의 헌신에는 다음과 같은 이해가 깔려 있다. 하나님은 삶의 부수적 요인이나 선택 사항이 아니라는 것이다. 그분은 전부를 취하신다. 여호와의 부르심은 이 부족 신에서 저 부족 신으로 바꾸라는 게 아니라 그분을 만물의 참 중심으로 보라는, 창조주 하나님의 절대적 부르심이다. 약소국 이스라엘이 당당하게 주장했듯이 (1)그들의 하나님은 주변 강대국들보다 강하실 뿐 아니라 (2)온 땅을 창조하신 하나님이시며 (3)사실 다른 신들은 아예 존재하지도 않는다! 이스라엘 백성은 전쟁에 졌거나 포로로 잡혀갈 때도 결코 다른 신이 자기들의 하나님을 이겼다고 생각하지 않았다. 늘 자기들의 죄 때문에 하나님이 다른 나라에 승리를 허락하셨다고 보았다. 그들의 당당함은 꺾일 줄 몰랐다. 이런 사고방식은 "내가 곧 길이요 진리요 생명"(요 14:6)이라 하신 예수의 절대적 주장과 직결된다. 다른 대안은 없다. 중간 지대도 없다.

나오미를 향한 룻의 헌신은 예수께서 제자들에게 주신 부르심의 전조가 된다. 그분은 하나님 나라를 위해 모든 것을 버리고 가족의 연까지 끊으라 하셨다(마 10:37). 예수의 부르심은 그분 자신의 삶과 완벽하게 일치한다. 예수께서 길이요 진리요 생명이시라면, 그분의 부르심은 다른 모든 부름을 초월한다. 그것은 절대적 부르심이다.

5.
죽음: 사랑의 핵심

잠시 생각해 보라. 떨칠 수 없는 슬픔에 빠진 사람들을 대개 우리는 어떻게 대하는가? 최악의 경우에 우리는 그들을 멀리한다. 최선의 경우에는 그들에게 공감해 주거나, 상담자를 만나 슬픔을 정리하라고 권해 준다. 많은 전문가들은 그들에게 약을 처방한다. 이중 어느 것도 그 자체로 잘못된 것은 아니지만, 나오미에게 도움이 될 만한 것은 하나도 없다.

나오미에게 필요한 것은 평생의 물리적 도움과 동반이었다. 그녀를 위해 죽어 줄 사람이 필요했다. 구주가 필요했다. 룻은 사안의 핵심을 간파하고 심중의 행동으로 평생 나오미에게 자신을 얽어맨다. 나오미는 룻과 오르바에게 사실상 이렇게 말했다. "너희 삶을 구해야 한다. 너희 삶을 구하려면 나를 잃어야 한다. 내 삶은 끝났다." 룻은 거기에 "아니에요, 제 삶이 끝났어요"라고 반응했다.

복음을 보여주는 작은 그림

롯의 사랑을 요약하면 그림 5.1과 같다.

양식, 동반, 봉양

롯   나오미

외로움, 결혼하여 가정을 이룰 희망이 없음

그림 5.1_복음처럼 맞바꾼 롯의 사랑

나오미에게 위로와 동반과 양식을 주고자 롯은 친구와 가정을 버렸고, 남편과 자녀를 둘 수 있는 가능성마저 버렸다. 그야말로 자신의 미래를 몽땅 포기했다. 나오미에게 어느 정도 희망을 주려고 절망을 감수한 것이다. 롯의 헤세드가 나오미의 헤세드를 앞질렀다. 롯의 사랑의 핵심은 죽음이었다.

이것이 정말 대단한 이유는 롯 자신도 기구한 과부였기 때문이다. 롯이 나오미를 받아들이려면 앞서 나오미의 말대로 자식도 없고 이름도 없는 쓸쓸한 미래를 받아들여야 했다. 어느 학자는 그것을 이렇게 표현했다. "아는 사람도 없고 법적 권리도 누릴 수 없는 땅에서 롯은 비참한 과부의 암담한 미래를 감수했다. 모압과 이스라엘 사이의 전통적 적대 관계를 감안한다면 민족 차별마저 당할 수 있었다.……남자들이 지배하는 세상에서 롯은 남자와의 결혼을 포기하고 늙은 여자에게 헌신했다."[1]

당연히 일부 사람들은 룻의 깊은 사랑을 불편해한다. 어떤 학자는 경고하기를, 룻처럼 사랑한답시고 행여 폭력적 관계 속에 계속 남아 있어서는 안 된다고 했다.[2] 나도 그 말에 동의한다. 남편이 폭력을 행사하거든 경찰을 부르라. 하지만 이것은 이 학자가 말한 폭력의 의미에 달려 있다. 많은 가까운 관계에는 낮은 수준의 언어폭력이 존재한다. 그것은 죄인들이 으레 서로에게 하는 일이다. 이와 관련된 다른 우려도 있다. 룻은 나오미의 역기능적 삶을 조장하는 것인가? 그렇지 않다. 룻은 지금 나쁜 일에 동조하는 게 아니라 선을 가능하게 하는 것이다. 나오미는 선한 길에 들어서 있다. 다만 그 길이 고생길일 뿐이다.

대중 심리학의 고압적 세계가 문화를 지배하다 보니 우리는 힘든 관계에 꼼짝없이 갇히는 것을 두려워한다. 자기계발 서적의 제목이 『타인을 위해 내 삶을 잃는 7단계』나 『관계에서 권력을 잃는 비결』이라고 생각해 보라. 하지만 헤세드의 본질은 그런 것이다. 사랑은 언제나 자신의 삶을 좁히고 제한한다. 자신을 좁은 곳에 가둔다.

질과 나는 킴 덕분에 그것을 날마다 경험한다. 우리는 3년이 넘도록 둘만이 어디론가 떠나지 못한 적이 많다. 킴을 맡길 사람을 찾기도 보통 힘든 게 아니고 자금도 턱없이 부족하기 때문이다. 그나마 우리가 즐기는 데이트는 얼른 맥도날드에 가서 아이스크림을 사먹는 것이다(150칼로리밖에 되지 않고 값도 1달러 6센트면 된다!) 그런데 지난번 우리가 맥도날드에 간 사이에 하필 집에 전기가 나가 킴이 겁에 질렸다. 그러므로 당신이 꼼짝없이 갇힌 심정이라면, 헤세드 사랑을 하고 있기 때문일 수도 있다.

킴은 우리에게 헤세드 사랑을 처음 가르쳐 주었다. 킴 덕분에 우리
는 변화되었다. 예나 지금이나 그만큼 킴에게 손이 많이 가기 때문이
다. 늘 뭔가를 하다 말고 시중을 들어야 한다. 느긋하게 앉아 영화라도
볼라치면, 킴이 들어와 마음속의 불만이나 문제를 늘어놓는다. 자폐증
이 있는 킴에게 "나중에 우리가 해결할게"라는 말은 통하지 않는다.
우리는 하던 일을 중단하는 데 익숙하다. 킴은 우리를 불평 많은 노인
네가 되지 않게 해주시는 하나님의 선물이다!

하나님도 우리를 향한 사랑에 꼼짝없이 갇혀 있다.[3] 그분은 헤세드
사랑으로 우리에게 묶여 있다. 예레미야 31:3에 이렇게 나와 있다.

내가 영원한 사랑(헤세드)으로 너를 사랑하기에

인자함으로 너를 이끌었다.

구약에서 누구보다도 헤세드를 많이 하시는 분은 바로 하나님이시다.
사실 하나님은 "나는 헤세드라"(렘 3:12, 나의 번역)고 말씀하신다. 이
스라엘에 거부당하시고도 그분은 언약에 충실하셨다. 이스라엘과 우
리를 향한 구속력 있는 헌신 때문에 아버지는 아들을 선물로 보내셨
다. 예수께서는 우리를 향한 헤세드 때문에 한 번도 뒤돌아보지 않으
시고 십자가를 향해 묵묵히 가셨다.

하나님은 룻을 통해 나오미에게 헤세드를 베푸신다. 룻은 나오미
의 애통에 대한 하나님의 응답이다.[4] 나오미가 "여호와의 손이 나를
치셨으므로"라고 하소연한 지 몇 초도 안 되어 룻이 사랑의 손으로 나
오미를 꼭 붙들고 놓아주지 않는다. 룻은 나오미에게 하나님의 얼굴

이다. 우리의 얼굴―우리의 온유함과 담대함과 사랑 속에 드러나는 그리스도의 모습―은 하나님이 이 땅에 보이시는 그분의 최고의 자화상이다. 룻은 복음의 화신이다. 믿음으로 행하는 사랑의 모든 행위는 복음을 보여주는 작은 그림이다. 우리가 사랑으로 죽을 때, 사랑으로 죽으신 예수께서 재현된다.

룻의 승리

룻의 말은 아직 끝나지 않았다. 나오미의 말처럼 룻의 말도 서서히 감정이 고조되다가 강력한 절정에 도달한다. 그녀는 나오미를 향한 자신의 복합적 헌신에 이런 맹세로 쐐기를 박는다. "만일 내가 죽는 일 외에 어머니를 떠나면 여호와께서 내게 벌을 내리시고 더 내리시기를 원하나이다"(룻 1:17). 이는 이스라엘의 전형적 맹세로, 맹세를 어길 경우에 룻에게 실제로 임할 "벌"은 명시되지 않는다. 본능적으로 우리는 "만일……한다면, 여호와께서 내게 (어떤) 벌을 내리시고 더 내리시기를 원하나이다"라는 식의 괄호를 채우고 싶어 한다. 룻은 자신이 헤세드에 충실하지 못할 경우 스스로 저주를 받겠다고 했다.

나오미는 경악하며 말문이 막힌다. "나오미가 룻이 자기와 함께 가기로 굳게 결심함을 보고 그에게 말하기를 그치니라"(룻 1:18). 이처럼 강한 사랑을 꺾을 수는 없다. 거의 압도적이다. 히브리어로 "굳게 결심함"이라는 말은 "온 힘을 다했다"는 뜻이다. 자아에 대해 죽는 일은 룻에게도 쉽지 않았다. 나오미처럼 룻도 힘들여 자아를 죽였다.

내가 제자로 훈련하고 있는 한 남자에게 사랑의 핵심이 죽음이라고 설명했더니 그는 그 개념에 몸을 움찔했다. 그러더니 웃으며 말했다. "아내를 사랑하여 죽으라는 말은 식탁 위의 접시 물에 빠져 죽으라는 말과 같습니다." 힘들여 자아를 죽이려면 기분이 더러워진다. 그것이 진정한 사랑의 많은 느낌 중 하나다.

사랑의 대가

나오미의 반응은 침묵이었다. 룻은 방금 믿기 힘든 이타적 사랑의 행위로 자신의 삶을 포기했다. 그런데 나오미의 입에서는 고맙다는 말 한마디조차 나오지 않았다.

사랑은 외로울 수 있다. 늘 외로운 것은 아니지만, 대개 사랑은 외로운 상태에서 가장 잘 활동한다. 가장 위대한 사랑의 행위들은 거의 언제나 숨어 있다. 하지만 예수께서는 "숨은 것이 장차 드러나지 아니할 것이 없"다고 하셨다(눅 8:17). 당신의 얼굴과 손과 마음이 점차 예수를 닮아 가면, 사람들이 당신 안에서 그분을 알아본다. 사람들은 늘 그분께로 끌린다. 그분은 불가항력적인 존재다.

나오미에게서 왜 고맙다는 말이 없는지는 우리도 모른다. 하지만 고난은 당신의 삶을 편협하게 만들 수 있다. 고통이 너무 심하면 당신 자신이 곧 고통이 되어 버릴 수 있다. 꼭 그럴 필요는 없지만 고통이 쉽게 당신을 규정할 수 있다. 그러면 자신도 모르는 사이에 삶 전체를 고통의 렌즈로 보게 된다. 사랑을 받아들이기조차 힘들 수 있다. 자신이 블랙홀처럼 느껴지고 사람들이 가까이 오는 것도 싫어진다.

룻은 나오미의 침묵에 어떻게 반응했는가? 말없이 베들레헴까지 함께 걸었다.[5] 헤세드는 상대의 반응과 무관하게 사랑한다. 인정이나 평등을 요구하지 않는다. 헤세드는 불공평한 것이다.

불공평한 사랑의 한 예로 이런 상황을 가상해 보라. 아내는 비판을 통해 남편과 친밀해지려 한다. 그 배후에는 남편이 더 나아져야 자신이 남편을 사랑할 수 있다는 이론이 깔려 있다. 이 남편이 무엇이든 아내의 말대로 노력한다고 하자. 남편은 아내의 비판을 자신이 그리스도를 닮아 가는 계기로 삼는다. 그런데도 비판은 계속된다. 아내의 비판은 하나의 언어이자 관계방식이 되다시피 한다. 남편이 아내에게 그녀의 비판적 태도에 대한 해명을 요구해도, 돌아오는 것은 더 많은 비판뿐이다. 대등하지 못한 사랑은 우리의 심기를 거스른다. 불공평한 사랑은 시간이 가면서 우리를 화나게 하여, 슬금슬금 원한이 둥지를 틀 수 있다. 솔직히 우리는 사랑에 지칠 수 있다. 이 남편은 헤세드 사랑의 최전선에 있다. 그는 어떻게 견딜 것인가? 룻은 어떻게 견딜 것인가?

견디는 사랑의 위력

사랑의 무게를 견디려면 하나님께 뿌리를 두어야 한다. 삶의 에너지를 **사랑의 대상에게서 얻는 게 아니라** 하나님에게서 얻어야 한다. 상황이 힘들수록 당신은 철저히 하나님을 의지할 수밖에 없다. 그것이 사랑의 도가니다. 교만하게 자기를 믿는 태도가 거기서 깨끗이 없어진다. 당신 자신에게는 사랑할 수 있는 힘이나 지혜나 능력이 전혀 없기 때문이다. 당신은 자신이 사랑할 수 없음을 의심의 여지 없이 안다.

거기서 믿음이 시작된다. 자신이 사랑할 수 없음을 알기 때문이다.

믿음은 사랑의 원동력이다. 사도 바울의 말대로 그리스도인의 삶의 중심축 내지 숨은 뼈대는 "사랑으로써 역사하는 믿음"(갈 5:6)이다. 사랑할 수 있는 힘은 믿음에서 나온다. 사랑의 짐을 감당하려면 하나님께 뿌리를 두어야 한다. 우리는 사랑을 지속할 능력이 없기에 하나님께 의존할 수밖에 없다. 결국 믿음은 지속적인 부르짖음이 된다. 성전에 간 세리처럼 우리도 "하나님이여, 불쌍히 여기소서. 나는 죄인이로소이다"(눅 18:13)라고 부르짖는다.

감당 못할 상황에서 인간의 사랑이 다 바닥나면 당신은 어느새 항상 기도하고 있다. 하나님의 도움 없이는 한 순간도 지탱할 수 없기 때문이다. 혼자 힘으로는 살아갈 수 없음을 깨닫는다. 하나님과 그분의 사랑이 중심이 되어야 한다. 당신은 사랑의 무게를 감당할 수 없어 하나님을 의지한다. 그래서 믿음은 올라야 할 산이 아니라 내려갈 수밖에 없는 골짜기다.

룻의 삶 속에 그런 일이 벌어지고 있음을 어떻게 아는가? 우선, 자신의 삶을 하나님께 의지한다는 룻의 고백이 있다. "어머니의 하나님이 나의 하나님이 되시리니." 다음으로, 나중에 보아스는 룻이 "(하나님)의 날개 아래에" 보호를 받으러 왔다고 말했다(룻 2:12). 끝으로, 룻의 믿음을 아브라함의 믿음과 비교해 보라. 룻기 도처에 창세기가 암시되어 있어 많은 학자들이 둘의 믿음을 비교했다.[6] 창세기 12:1-3에 보면, 아브라함도 룻처럼 믿음의 걸음을 내딛어 고국을 떠나 약속의 땅으로 갔다. 하지만 둘의 유사점은 거기서 끝난다. 한 학자는 이렇게 지적했다.

룻은 누구와도 비교가 안 된다. 룻은 아무것도 가진 게 없다. 하나님이 그녀를 부르신 것도 아니고, 어떤 신이 축복을 약속한 것도 아니며, 와서 그녀를 도와준 사람도 없다. 룻의 삶과 선택에는 지원 그룹이 없었다. 이 결단의 결과로 허망하게 거부당하거나 심지어 죽을 수도 있음을 그녀는 안다. 따라서 아브라함의 비약적 믿음도 룻의 결단을 능가하지는 못한다. 그뿐만이 아니다. 룻은 가정과 나라와 종교를 버렸을 뿐 아니라 충절을 바칠 성(性)마저 바꾸었다. 젊은 여자가 남편을 찾은 게 아니라 늙은 여자의 삶에 헌신했다.……삶이 남자들에게 달려 있던 세상에서 한 여인이 다른 여인을 선택한 것이다. 이스라엘의 기억을 통틀어 이보다 더 급진적인 결단은 없다.[7]

이곳은 성경적 믿음이 폭발하는 진원지다. 그래서 우리는 의문이 든다. 하나님은 아브라함의 믿음을 받으셔서 그를 열국의 아버지로 삼아 주셨는데, 룻의 믿음에는 어떻게 하실 것인가?

사랑의 사람, 룻

우리는 사랑할 때 살아난다. 룻이 사랑으로 자신을 얽어매자 그 성품의 깊이와 질이 드러난다. 룻은 조용한 힘과 사랑을 겸비한 보기 드문 사람이다. 그녀는 나오미에게도 꺾이지 않고 장래의 고난에도 굽히지 않는다. 사실 룻은 싸워서 고난을 취한다. 사랑에서는 누구에게도 뒤질 수 없다. 룻은 생각이 깊고 정말 똑똑하다. 자신을 산 제물로 내주는 룻이 나오미의 고통에 대한 유일한 답이다.

그것을 담대함이나 용기나 배짱이라 불러도 좋다. 룻은 삶으로 직행한다. 나오미의 말을 한 치의 흔들림도 없이 되받는다. 사실 룻이 얼마나 강했으면 그렇게 달변이던 나오미마저 말문이 막혔겠는가. 룻은 또한 예술가다. 그녀의 아름다운 사랑은 아름다운 시적 답변과 잘 어울린다. 룻은 사랑할 때 빛을 발한다.

우리도 "주어진 자리에서" 사랑해야 한다. 하나님이 내 삶 속에 허락하신 사람들을 사랑해야 한다. 그럴 때 우리 안에 예수의 숨결이 나타난다. 우리의 아름다움은 화려한 이력을 쌓을 때 찾아오는 게 아니라, 힘든 사람이나 환경에 부대끼며 견딜 때 찾아온다.

6.
상한 심령 속으로 들어가라

검은 상복 차림의 두 과부는 북쪽의 요단 골짜기로 내려가 서쪽으로 여리고를 지났다. 이어 광야 길로 경사가 가파른 유대 산지에 오른 뒤 마침내 남쪽의 베들레헴에 이르렀다. "이에 그 두 사람이 베들레헴까지 갔더라. 베들레헴에 이를 때에 온 성읍이 그들로 말미암아 떠들며 [여자들이] 이르기를 '이이가 나오미냐' 하는지라"(룻 1:19).

"떠들며"로 옮겨진 히브리어 단어를 직역하면 "흥분으로 메아리쳐"가 된다. 온 성읍이 떠들썩했다. 그들은 나오미를 10년 만에 보았다. 의문이 꼬리를 이었다. 이 사람이 나오미인가? 남편과 두 아들은 어디 있는가? 함께 온 낯선 여자는 누구인가?

베들레헴 같은 중간 크기의 성읍에는 출입문이 정문 하나밖에 없었다. 그래서 나오미는 남몰래 옆문으로 슬쩍 들어갈 수 없었다. 성문은 복도처럼 생겼고 양 옆에 방들이 붙어 있었다(그림 6.1 참조). 모든 일이 거기서 벌어졌다. 성문은 대형 마트와 인터넷과 시청을 합해 놓은 것과 같았다.

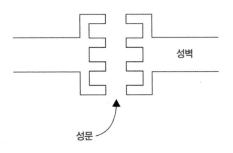

성벽

성문

그림 6.1_이스라엘의 전형적 성문1

우리 같으면 10년 동안 고향을 떠나 연락 없이 지내다 돌아왔으면 대개 사람들에게 다가가 눈빛을 마주친다. 그들이 못 알아보는 것 같으면 "이봐, 아무개! 나야!" 하고 말한다. 하지만 나오미는 유구무언이다. "나야"라든지 "다시 만나 반갑다"라는 말이 없다. 여자들이 나오미를 잘 알아보지 못한 것을 보아 알 수 있다. 그들은 서로 "이이가 나오미냐"라고 물었다. 세월과 슬픔이 나오미의 얼굴을 상하게 했을 것이다. 그래서 여자들은 나오미 쪽에서 정체를 밝히지 않자 머뭇거렸다. 나오미의 입성(入城)은 그녀의 고통에 꼭 어울렸다. 자칫 우리는 고통 속에서 행방불명이 된 존재가 되기 쉽다. 특히 가족들이나 가까운 친구들한테 그렇게 되기 쉽다.

　광야의 먼 오르막길을 지나오느라 심신이 녹초가 된 나오미는 성문에 들어서는 순간 남편과 두 아들과 함께 그 문을 나서던 때가 떠올랐다. 흘긋흘긋 쳐다보는 낯익은 얼굴들도 보였다. 여자들은 "이이가 **희락**이냐"라며 서로 속닥거렸다.[2] 이름의 의미와 삶의 현실 사이의 괴리가 그녀의 영혼을 비수처럼 찔렀다. 그녀의 삶은 희락과는 거리가 멀었다. 그녀의 심경이 즉흥적 애통과 부르짖음으로 쏟아져 나왔다.

> 나를 나오미라 부르지 말고 나를 마라라 부르라.
>> 이는 전능자가 나를 심히 괴롭게 하셨음이니라.
>> 내가 풍족하게 나갔더니 여호와께서 내게 비어 돌아오게 하셨느니라.
> 너희가 어찌 나를 나오미라 부르느냐.
>> 여호와께서 나를 징벌하셨고
>> 전능자가 나를 괴롭게 하셨거늘(룻 1:20-21, 형식을 고침).

나오미의 말은 이런 것이다. "아름답다니? 말도 안 되는 소리다. 나는 괴롭다(마라). 전능자가 나를 이렇게 만드셨다."

10년 만에 만난 친구들한테 첫마디가 그랬던 것으로 보아, 나오미의 말투는 퉁명스럽다 못해 폭발에 가까웠을 것이다. 왜 그랬을까? 가까운 사람들 앞에서는 누구나 속내를 털어놓는 경향이 있기 때문이다. 이때는 더 안심하고 진심을 내보일 수 있다. 게다가 고통 중에 있을 때는 축제도 아픔이다. 성읍 사람들은 잔치라도 벌이고 싶었지만, 나오미는 어디론가 사라지고 싶었다.

나오미의 애통 이해하기

시의 형식을 보면 나오미의 애통을 더 잘 이해할 수 있다. 보다시피 이 시는 1행과 4행에 반복되는 그녀의 이름과 "부르다"라는 단어를 통해 두 연으로 나뉜다. 또한 각 연에 하나님의 두 이름("전능자"와 "여호와")을 서로 역순으로 두어 예술적 아름다움을 창조해 낸다.[3]

나오미는 연마다 다른 은유를 통해 자신의 슬픔을 표현한다. 1연에서는 자신을 항아리에 비유한다. 그녀는 가득 차서 떠났다가 텅 비어서 돌아왔다. 2연에는 법정의 은유를 써서 "여호와께서 나를 징벌하셨"다고 말한다. 직역하면 나에게 불리한 증언을 하셨다는 뜻이다. 전능자는 나오미의 판사이실 뿐 아니라 그녀의 유죄를 밝히는 증인이시다. 법정이 온통 나를 대적하는데 무슨 승산이 있겠는가?

이 내용을 어떻게 정리할 것인가? 우선, 나오미는 솔직하게 진심을 토로했다. 하나님 앞에서 영적 가면을 썼다면 그녀는 위선자가 된다. 하나님께 더 이상 다가갈 수도 없다. 진짜 나오미가 진짜 하나님을 대면하지 않기 때문이다. 다음으로, 나오미가 하나님께 좌절한 것은 그분을 믿었기 때문이다. 그분의 선하심과 능력을 믿었기에 고뇌에 빠진 것이다.

나오미는 희망과 현실의 긴장 속에 살고 있다. 현실의 상황을 직시하면서도 동시에 그 상황이 달라지기를 갈망한 것이다. 그녀는 긴장을 무너뜨리지 않고 그 애매한 중간 지대에서 살아간다. 이것이 가장 단순한 형태의 믿음이다. 그 결과는 무엇인가? 그녀의 심령이 상한다. 우리 시대는 긴장을 제거해 버린다. 하나님의 선하심과 능력 중 하나를 포기하고 냉소에 빠진다. 깨어진 삶에 너무 일찍 체념한다. 그냥 포기한다. 나오미의 고뇌를 그림 6.2처럼 표현할 수 있다. 하나님의 약속을 믿는 여호와의 딸로서 그녀는 희망을 품는다. 하지만 그녀의 삶은 절망적이다. 희망과 현실의 괴리는 곧 광야다. 나오미의 애통은 광야의 기도요, 희망과 현실의 긴장 속에 살아가는 고뇌다.

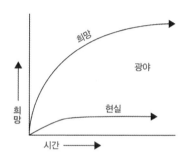

그림 6.2_광야: 희망과 현실의 괴리

이 이야기 속에는 하나님께 불손하다고 나오미를 비난하는 사람이 아무도 없다. 화자도 성읍 여인들도 룻도 나오미를 비난하지 않는다. 하나님도 비난하지 않으신다. 남은 평생 말없이 그녀를 품에 안으실 뿐이다.

사랑은 애통을 경청한다

그동안 교회는 깨어진 사람들의 애통을 듣는 일을 썩 잘하지 못했다. 개인적으로 나도 애통을 듣는 게 싫다. 애통은 무질서하며 우리를 맥빠지게 만든다. 나는 깔끔한 게 좋다. 애통은 하나님께 어울려 보이는 예의를 깨뜨린다. 균형이 없어 보인다.

질과 내가 (각각 18세와 19세의 나이로) 처음 결혼했을 때, 아내는 6개월도 못 되어 나한테 문제가 있음을 깨달았다. 아내는 내가 그리스도인인지 의문이 들었다. 나 자신도 확신이 없었다. 아내가 침대에 엎드려 나를 위해 간절히 기도하며 마음을 쏟아 놓던 일이 기억난다. 나는 아내의 기도가 싫었다. 아내가 기도로 열변을 토하면 나는 움츠러들었다. 2년 후에 하나님이 조용히 내 마음을 변화시켜 주셨다. 질의 애통을 들으신 것이다.

질은 내 빈곤한 심령에 자신의 빈곤한 심령으로 반응했다. 애통이란 그런 것이다. 그래서 내가 움츠러들었던 것이다. 질의 애통은 상한 심령의 표출이었고, 내게 필요한 것도 바로 그것이었다. 애통은 우리를 공공연한 의존의 자리로 데려다 놓는다. 내 상한 심령은 상한 세상을 대변한다. 애통은 지극히 진실한 모습이다. 애통을 표출하지 않고 속에 쌓아 두면 감쪽같이 허세를 부릴 수 있다. 하지만 애통하지 않으면 하나님과 멀어질 뿐 아니라 자신이 분열될 수도 있다. 겉으로는 멀쩡해 보이지만 사실은 심령이 상해 있기 때문이다.

애통은 세상을 비추어 주는 거울과 같다. 상해 있거나 균형을 잃은 것은 애통이 아니라 세상이다. 애통은 세상을 똑똑히 본다. 그리하여 희망과 현실의 괴리, 하늘과 땅의 괴리에 반응한다.

내 친구가 레즈비언 친척의 장례식에 갔다. 장례식은 헨델G. F. Handel의 「메시아」The Messiah로부터 불교의 시에 이르기까지 포스트모더니즘의 감동적 합성이었다. 친구는 순서를 맡은 사람들의 따뜻한 마음에 매료되었다. 나는 그녀에게 오히려 상한 심령을 품을 것을 권했다. 아름다움의 유혹에 대해 애통할 것과 기독교의 소망을 입맛에 맞게 취사(取捨)하는 행태에 대해 애통할 것을 권했다. 예수를 벗어나서는, 죽은 것은 죽은 것이다. 우리는 하나님의 선하심을 믿기에 그 선하심이 부재할 때 심령이 상한다.

상한 심령이 애통하지 않으면 불신에 이를 수 있다. 내 친구가 단기선교 팀을 인솔하여 유럽에 갔다가 수많은 비신자들이 술집에 다니는 모습에 충격을 받았다. 술집이 그들의 교회였다. 그들에게 다가가기가 불가능해 보였다. 그의 마음은 문화의 위력 앞에 압도되고 말았다. 나는 그에게 대신 상한 심령을 품을 것을 권했다.

애통을 경청하는 일은 고난당하는 사람을 사랑하는 확실한 방법이다. 안심하고 진심을 내보이게 해주려면 슬퍼하는 이들과 함께 있어주면 된다. 그들을 바로잡아 주거나 심지어 기독교 특유의 위로("하나님이 주관하시니까 다 괜찮아질 거야")를 건네서는 안 된다.

그렇다고 하나님에 대한 나오미의 판단이 옳다는 말은 아니다. 하나님은 선하시고 옳으시다. 그분은 나오미의 좌절에 더 많은 선으로 응답하실 것이다. 나오미는 자신의 경험을 기준으로 하나님을 해석했다. 이야기의 중간부에 멈추어 하나님을 평가했다. 더 깊은 믿음은 이야기의 결말부까지 기다리며, 하나님의 신실하심을 기준으로 경험을 해석한다. 그렇다고 나오미에게 이 말을 해줄 것인가? 아니다. 우리 자신에게만 말하면 된다. 좋은 신학은 모든 조각이 맞아 들지 않을 때도 상대의 고통을 말없이 견딘다. 좋은 신학은 보이지 않는 믿음의 접착제 역할을 한다.

애통은 하나님의 마음에 정확히 맞아 든다. 하나님은 솔직하게 열려 있는 마음을 좋아하신다. 아무리 삶에 치여 심령이 상해 있거나 신학적으로 정확하지 못해도 괜찮다. 그렇지 않고서야 어떻게 예수께서 수고하고 무거운 짐 진 자들을 다 초대하여 쉼을 주실 수 있었겠는가? 그분은 우리를 초대하시되 있는 그대로, 완전히 엉망인 채로, 슬픔과 모든 감정을 지닌 채로 오라 하신다. 하나님은 모세와 엘리야의 애통을 정죄하지 않으셨을 뿐 아니라 그것을 성경의 일부로 기록하셨다 (출 5:22, 왕상 17:20).

나오미의 슬픔 속으로 들어가기

애통을 들을 때 우리는 그 사람의 고통 속으로 들어간다. 이를 가리켜 체현(體現)이라 한다. 이것이 사랑의 가장 기본적인 구조다. 룻이 나오미에게 한 일도 그것이다. 룻은 나오미의 세계로 들어가 그 세계의 무게를 제 몸으로 받아 냈다. 상한 심령 속으로 들어간다는 말은 내 심령도 상한다는 뜻이다. 예수께서도 그러셨다. 이것이 복음이다.

나오미의 슬픔 속으로 들어가 보자. 그녀는 희망이 없을 뿐 아니라 실존 자체가 기막힌 고통이다. 아침마다 뜨는 해도 낯설게 느껴진다. 그녀는 여기가 어딘지도 모른 채 멍하게 비틀거린다. 그래도 신경 쓰지 않는다. 사람들이 보이고 그들의 말소리도 들리지만, 다 그림자 같을 뿐이다. 사실상 그녀는 죽은 사람이나 마찬가지다.

사도 바울은 그 상태를 이렇게 표현했다. "힘에 겹도록 심한 고난을 당하여 살 소망까지 끊어지고 우리는 우리 자신이 사형 선고를 받은 줄 알았으니"(고후 1:8-9). 고난이 워낙 심하고 겹겹이 몰아치면 사람이 방향을 잃는다. 그 속에 푹 파묻혀 자신이 곧 고통이 되어 버린다.

영혼의 깊은 슬픔은 당신을 고립시킨다. 친구들도 혼란스럽고 당신을 어찌 대해야 할지 몰라 뒤로 물러난다. 당신의 고통 속에 들어가는 것이 그들에게는 바닥 없는 블랙홀로 빨려 들어가는 기분이다. 자기들도 방향을 잃을 것만 같다. 차라리 바깥에 있는 게 안전하다. 겟세마네에서 제자들은 "슬픔으로 인하여 잠"들었다(눅 22:45). 예수의 고통이 너무 엄두가 안 나 회피한 것이다.

오래전 우리 딸 킴이 복합 장애를 안고 태어났을 때, 아내의 일부 친구들은 아내의 슬픔을 차마 감당할 수 없어 뒤로 물러났다. 문제가 빨리 없어지지 않는 사람을 견디기란 너무도 힘든 일이었다. 사랑이란 상대의 고난 속으로 들어가는 것이건만, 우리는 그렇게 배우지 않았다. 그래서 그리스도인의 정상적 삶이 예수의 "고난에 참여"하여 "그의 죽으심을 본받"는 것(빌 3:10)임을 우리는 모른다. 그래서 어떤 사람들은 사라지지 않는 문제(킴)와 아리도록 상한 심령(질) 앞에서 뒷걸음질 쳤던 것이다.

＊

원한에 빠지지 않도록 자신을 지키라

애통하지 않는 위험의 반대는 과도한 애통이다. 애통에서 헤어나지 못하면 거기서 원한이 싹튼다. 원한은 상처를 마냥 품고 있는 것이다. 우리 문화는 감정을 신성하게 떠받들어 종종 사람들에게 무언중에 원한의 신학을 가르친다. 사람들은 자기가 원한을 품을 권리가 있다고 생각한다.

원한은 잘 표가 나지 않을 수도 있다. 원한은 기쁨을 잃은 마음이나 험담으로 새어 나온다. 상대에게서 마음을 거두어 조용히 복수하기도 한다. 나는 한 친구의 말을 듣다가 그가 어느 그리스도인 형제를 살짝 경원시하는 것을 느꼈다. 그래서 낮은 수준의 원한이 있느냐고 캐물었더니 그는 아니라고 했다. 그런데 일주일 후에 그가 내게 고맙다고 했다. "낮은 수준"이라는 표현이 자신의 양심을 찔렀다는 것이다. 그가 생각했던 원한은 분명하게 표출되는 네온등 같은 것이었다. 그는 몰랐지만 대부분의 원한은 조용하고 말없는 살해자다. 슬며시 기어 들어와 영혼을 죽인다.

나오미도 원한이 있었을까? 몇 가지 단서로 보아 그럴 위험성이 농후하다. 그녀는 정체를 숨긴 채 성문에 말없이 들어갔고, 반갑게 맞이하는 여인들에게 딱딱거렸으며, 자신을 "마라"(괴롭다)라 부르라 했고, 룻의 존재를 무시했다. 끝으로 그녀의 애통은 하나님께 드린 기도가 아니라 그분에 대한 비난이었다. 하나님은 주권자이시건만, 그녀의 신학은 "은혜 없는 주권"뿐이었다.[4] 우리의 애통이 원한으로 변질되지 않게 하려면 어떻게 해야 할까? 히브리어 학자 트렘퍼 롱맨Tremper Longman III은 이렇게 말한다.

시편에 보면 하나님께 건강하게 삿대질하는 예가 많이 나온다. 물론 건강하지 못한 삿대질도 있다. 광야의 이스라엘 백성이 대표적인 예다. 건강한 경우는 말상대가 인간들이 아니라 하나님이라는 차이가 있다. 하나님을 원망하더라도 그분 자신께 기도하면 희망이 있다. 그렇다면 나오미는 시편 기자 쪽인가, 아니면 광야의 이스라엘 백성 쪽인가?[5]

이집트로 돌아가려 했던 이스라엘 백성과 달리 나오미는 순종했다. 옳은 길을 택해 약속의 땅으로 돌아갔다. 비록 감정은 흐트러져 있었지만, 그녀는 한 발짝씩 귀환의 걸음을 옮겼다. 나오미의 반응을 다음과 같이 요약할 수 있다.

원한을 하나님께 솔직히 표현함+순종 ⇨ 날것 형태의 순전한 믿음
원한을 솔직히 표현함+불순종 ⇨ 반항

나오미는 순전히 의지적 행위로 계속 삶 앞에 마주섰다. C. S. 루이스의 『스크루테이프의 편지』*The Screwtape Letters*에 보면 선배 마귀 스크루테이프가 후배 마귀에게 그런 순종의 위험성을 이렇게 경고한다.

웜우드여, 속지 말라. 우리[마귀]의 목적이 가장 위태로워지는 순간은 인간이 마음에 동함이 없는데도 여전히 원수[하나님]의 뜻을 행하려 할 때다. 원수의 흔적조차 우주에서 완전히 사라져 버린 것 같아 왜 자기를 버려두느냐고 따지면서도 여전히 그에게 순종할 때다.[6]

나오미는 고난과 실망 속에서도 순종했다. 그 순종이 믿음의 정수다.

7.
사랑의 영광에 눈뜨라

서막의 격한 감정을 다 보여준 뒤에 룻기 1장은 조용히 막을 내린다. "나오미가 모압 지방에서 그의 며느리 모압 여인 룻과 함께 돌아왔는데 그들이 보리 추수 시작할 때에 베들레헴에 이르렀더라"(룻 1:22).

화자가 우리에게 살짝 귀띔해 주듯이 나오미는 뭔가를 잊고 있다. 룻을 망각했다. 나오미가 "내게 비어 돌아오게 하셨느니라"(룻 1:21)고 말할 때, 룻도 바로 옆에 서 있었다. 나오미가 괴로워 하나님을 원망할 때, 그분도 말없이 임재하셨다. 나오미는 죽음과 절망이라는 적에 둘러싸여 원한과 분노 가운데 성문에 들어섰다. 그런 그녀에게 하나님은 상을 차려 놓으셨다. 하나님은 거칠게 따지는 나오미에게 아무 말씀도 하지 않으신다. 그냥 사랑하실 뿐이다.

룻은 나오미의 양면적인 모습을 말없이 받아들인다. 룻은 나오미를 있는 그대로 사랑한다. 자기가 원하는 모습으로 사랑한 게 아니다. 이것은 사랑의 여정에서 중요한 요소다. 성경에 나오는 사람들은 생명이 없는 마네킹이 아니라 숨결이 고스란히 살아 있는 실존 인물이다. 그들은 선 아니면 악으로 깔끔하게 구분되는 경우가 드물고, 대개 "영원한 신비"이자 "역설의 덩어리"다.[1] 우리는 타인의 어두운 면만 물고 늘어질 때가 많다. 타락한 부분에 집착하는 것이다. 우리의 타락한 본성이 불러온 최악의 결과 중 하나는 무조건 아무거나 타락으로 해석하는 것이다. 솔직히 우리는 악을 확대하여 판단을 일삼는다. 하지만 사랑은 역설을 수용한다.

화자는 모압을 두 번이나 언급하여 룻의 취약한 상태를 강조한다. 룻은 낯선 땅의 이방인이다. 나오미가 잊은 것 같지만 룻도 고통 중에 있다. 룻도 결혼의 꿈을 잃은 무자한 과부다. 나오미는 왜 룻을 보지 못하는가? 앞서 보았듯이, 고난은 우리의 시야를 좁아지게 할 수 있다. 그래서 예수의 수난이 더욱더 돋보인다. 그분은 엄청난 압박감 속에서도 사랑을 멈추지 않으셨다. 여인들이 골고다로 걸어가시는 그분을 보며 울자, 그분은 자신의 고통보다 장차 그들에게 닥쳐올 고통을 더 염려하셨다. 여기서 잊지 말아야 할 것이 있다. "고난이 우리의 시야를 좁아지게 한다"와 같은 말은 무슨 법칙이 아니다. 삶에 대한 이런저런 말들은 우리를 가두는 덫이 될 수 없다. 우리의 삶을 규정지으시는 분은 예수다. 그분 덕분에 우리는 상황에 갇히지 않을 수 있다. 예수의 영께서 우리에게 어떤 상황 속에서도 사랑할 수 있는 능력을 주신다.

이것은 우리에게 어떤 의미가 있는가? 감당 못할 힘든 상황 속에서도 우리는 감정에 지배당할 필요가 없다. 나오미처럼 우리도 감정을 표현하면서도 옳은 길을 택할 수 있다.

사랑의 대가 감수하기

룻이 감사받지 못하고 무시당한 채로 성문에 들어서는 모습은 사랑의 대가를 생생히 보여준다. 룻은 나오미의 삶의 무게를 감수한다. 대개 우리는 사랑의 대가를 이물질로 보고 피하지만, 사실은 그것이 사랑의 진수다. 이 사실은 우리에게 묘하게 힘이 된다. 사랑의 부담이 커지면 우리는 왠지 엉뚱한 삶에 내던져졌다는 생각이 든다. 내가 원하던 삶이 아니라는 것이다. 하지만 그렇지 않다. 바로 그것이 하나님의 길이요 사랑의 길이다.

나는 사랑의 대가에 대한 이런 통찰로 친구 레슬리를 격려해 주었다. 그녀는 말썽을 피운 남편을 끝까지 참아 주었다는 이유로 가족들에게 배척당했다. 남편의 죄의 대가를 감수해도 괜찮다는 나의 말에 레슬리는 눈물을 글썽였다(그 전에 남편은 진심으로 회개했다). 그녀는 가족들에게 분노하기는커녕 그들의 배척을 계기로 오히려 예수의 죽음 속으로, 그리스도 안으로 들어갔다. 바울은 그런 사랑을 이렇게 표현했다. "우리 살아 있는 자가 항상 예수를 위하여 죽음에 넘겨짐은 예수의 생명이 또한 우리 죽을 육체에 나타나게 하려 함이라"(고후 4:11).

가족들이 계속 배척하는데도 레슬리는 일방적 사랑의 원리를 알았기에 끝까지 그들을 사랑할 수 있었다. 이것을 알면 왜 그렇게 유익한가? 갈등을 한낱 인간적 또는 수평적 차원에서 신적 또는 수직적 차원으로 탈바꿈시켜 주기 때문이다. 나 자신과 싸우는 게 아니라 내 죄와 싸우면, 그리스도 안으로 들어갈 수 있다. 레슬리는 남편의 과거의 죄가 없는 척하지 않았다. 오히려 그 과거의 무게를 감수했다. 헤세드 사랑은 모든 게 장밋빛인 척하지 않는다. 오히려 세상이 장밋빛이 아님을 알기에 **사랑의 대상의 반응과 무관하게** 의지적으로 사랑한다.

나는 다른 친구 피터가 헤세드의 대가를 감수하는 것을 보았다. 그의 아내는 20여 년 전에 신경쇠약에 걸려 가벼운 정신분열증에 빠졌다. 최근에 그녀는 유산을 받아 피터를 버리고 미시간 주로 이사했다. 피터는 달포에 한 번씩 미시간까지 차를 몰고 가 연휴를 아내와 함께 지내며 집도 수리해 주곤 한다. 그녀는 그런 그에게 고마워하면서도 더 이상 부부는 아니라고 선을 그었고, 외도의 낌새마저 내비쳤다. 그녀는 끊임없이 피터를 비난한다. 게다가 감정 기복도 심해 피터는 그녀를 어떻게 사랑해야 할지 막막해지곤 한다. 나는 그에게 성경적으로 이 결혼 관계를 유지할 필요가 없다고 말해 주었지만 그는 주저하고 있다. 그의 말인즉 "내가 서약한 '좋을 때나 궂을 때나'라는 말에 정신질환과 이런 구박도 포함된다. 주께서 돌리신 패로 끝까지 가야 한다"는 것이다. 내 친구 피터는 고집스런 아내를 견디면서 더 부드러워졌다. 까다로운 여자를 사랑하다가 더 온유해졌다.

사랑의 숨은 작업에 필요한 힘 발견하기

상처받은 사람이나 까다로운 배우자를 챙겨 줄 때, 대개 그 사람은 나에게 줄 사랑이 많지 않다. "소통의 기술이 필요하다"든지 "잘못을 지적해야 한다"는 식의 중요한 진리도 지엽적일 뿐 아무런 효과가 없다. 사랑의 숨은 작업을 지탱시켜 줄 위력이 없다. 스스로 옳다고 생각하는 사람의 잘못을 지적해 주면 비난만 더 돌아온다. 자아에 도취된 사람과 소통하려 하면 그 사람이 대화를 지배한다. 그러면 시간이 가면서 우리 마음이 지칠 수 있다. 기독교의 핵심인 사랑과 믿음만이 사랑의 숨은 작업을 지탱시켜 줄 수 있다.

나는 배신의 대가를 감수한 적이 있는데, 나도 모르게 정서적으로 뒷걸음질이 쳐졌다. 숨이 막힐 것 같았다. 마음의 방황을 피하려고 성경을 붙들었고, 대가를 감수할 은혜를 달라고 몇 년 동안 날마다 기도했다. 기도하는 가운데 하나님이 내 영혼을 바로잡아 주셨다. 그때 이런 성경 구절들을 가지고 기도했다.

"모든 겸손과 온유로 하고 오래 참음으로 사랑 가운데서 서로 용납하고"(엡 4:2).
"누가 누구에게 불만이 있거든 서로 용납하여 피차 용서하되 주께서 너희를 용서하신 것 같이 너희도 그리하고"(골 3:13).
"무엇보다도 뜨겁게 서로 사랑할지니 사랑은 허다한 죄를 덮느니라"(벧전 4:8).

그런 말씀들에 거의 굶주렸던 기억이 난다. 생활방식과 사고방식을 새로 배워야 했다. 그 말씀들이 내 마음속에 불타올랐다. 그렇게 되면 사랑의 숨은 작업에 영광의 문이 열린다.

룻의 숨은 영광

룻은 무시당한 채 사실상 홀로 성문에 들어섰다. 헤세드 사랑의 가장 힘든 부분 중 하나는, 당신이 사람들을 사랑해도 당신을 사랑해 줄 사람은 아무도 없을지도 모른다는 것이다. 사랑의 행위 자체가 당신을 외롭게 할 수 있다. 십자가 앞에서 종교 지도자들은 그런 두려움을 예수께 퍼부었다. "그가 남은 구원하였으되 자기는 구원할 수 없도다"(마 27:42). 맞는 말이다. 조지 오웰George Orwell은 이렇게 썼다. "인간은 결국 삶에 꺾여 패하게 되어 있다. 다른 인간을 기어이 사랑하면 그런 대가를 면할 수 없다."[2]

하지만 그 외로움과 죽음은 당신의 종말이기는커녕 오히려 당신 안에 있는 그리스도의 아름다움을 드러내 줄 수 있다. 모든 것이 잘못되었다고 생각되는 순간이 바로 당신을 통해 하나님의 아름다움이 빛나는 순간이다. 참된 영광은 거의 언제나 숨어 있다. 군중의 환호 없이 조용히 견딜 때처럼 말이다. 재향군인들이 모여 전시의 경험담을 나눌 때면 만천하에 용기를 인정받던 훈장 수여식을 생각하지 않는다. 희생하고 견디던 전투를 생각한다. 그것이 그들의 영광이다. 당신의 아픔을 평생 몰라 줄 사람을 천 번이나 말없이 용서할 때, 그것이 당신의 영광이다. 집안일을 계속하고도 감사는커녕 비난만 들을 때, 그것이 당신의 영광이다. 숨은 사랑은 자아를 벗겨 낸다. 남자 보호자 없이 이방인으로서 베들레헴에 혼자—오직 여호와와 함께—들어가는 것, 그것이 룻의 영광이다.

훗날 룻의 가장 위대한 후손도 지고한 사랑의 행위로 혈혈단신 비슷한 길을 가셨다. 그분께도 그때가 영광의 때였다. 요한은 십자가가 예수께 영광의 때임을 세 번이나 강조했다(요 12:23, 13:31, 17:1). 존 스토트John Stott는 그것을 이렇게 표현했다. "요한이 놀랍게 제시했듯이……[예수의] 영광은……무엇보다도 현재의 연약한 모습, 자기를 낮추신 성육신으로 나타났다."[3] 영광의 순간은 당신의 참모습이 보이고 최선의 모습이 드러날 때다. 바울에 따르면, 우리의 부끄러움은 하나님의 영광을 담는 그릇이다(고전 4:9). 룻의 말없고 외로운 사랑은 우리 모두에게 그녀의 최선의 모습을 보여준다.

견디는 사랑의 영광을 내 친구 탐에게서 보았다. 그는 자기의 선임인 목사를 찾아가 그 목사가 다른 교역자들을 잘못 대하고 있음을 알렸다. 지적받는 데 익숙해 있지 않던 그 선임자는 탐의 우려를 어이없고 부당하게 느꼈다. 그때부터 선임자는 은근히 탐을 따돌렸다. 중요한 회의에 탐을 부르지 않았고 보고서에서 탐의 이름도 뺐다. 지도자 회의에서 그 목사는 가끔씩 탐을 비하하곤 했다. 그때마다 탐은 철저히 무력감을 느끼며 속으로 얼어붙었다. 하지만 예수께서 자신의 삶을 씨앗의 죽음에 비유하시던 말씀이 생각났다. "인자가 영광을 얻을 때가 왔도다. 내가 진실로 진실로 너희에게 이르노니 한 알의 밀이 땅에 떨어져 죽지 아니하면 한 알 그대로 있고 죽으면 많은 열매를 맺느니라"(요 12:23-24).

탐은 자신이 영광의 순간에 들어와 있음을 깨달았다. 탐은 하나님이 삶 속에 허락하신 수치를 받아들여 그 생죽음을 통과했고, 그리하여 하나님을 드러냈다. 그것이 탐의 영광이었다. 죽음은 탐의 몫이었고 부활은 하나님의 몫이었다. 탐은 죽는 데 전문가가 되었다! 겉으로는 수치스러운데 속으로는 희열에 차오르던 그 순간이 지금도 기억난다고 한다. 하나님은 그 죽음을 통해 탐을 거듭 낮추시고 그리스도를 닮아 가게 하셨다. 그 죽음 이후로 탐의 삶을 20년 동안 지켜보았는데,

하나님이 정말 부활을 가져다주셨다.

　하나님의 은혜가 가장 강력하게 역사할 때는 출구가 없을 때다. 사랑할 수밖에 없어 사랑을 배울 때다. 그런 숨은 사랑의 순간에 우리는 하나님의 신기하고 강력한 임재를 경험한다. 우리는 사랑의 여정에서 버텨야 한다. 외면이나 냉소의 출구로 나가지 말고 견뎌야 한다. 그러면 하나님이 나타나신다. 오웰의 말과 반대로 우리는 "삶에 꺾일" 때 비로소 하나님을 알게 된다. 그분의 임재는 장차 올 부활에 대한 보증금이다. 그 임재가 어찌나 생생한지 그분이 거의 만져질 정도다. 아버지께서 예수의 영을 통해 임재하시기에 우리는 사랑의 여정에서 혼자가 아니다. 예수께서 죽으시기 몇 시간 전에 제자들에게 하신 말씀이 바로 그런 뜻이다. "사람이 나를 사랑하면 내 말을 지키리니 내 아버지께서 그를 사랑하실 것이요 우리가 그에게 가서 거처를 그와 함께하리라"(요 14:23). 외롭게 사랑하신 분은 오직 예수뿐이다. 우리는 부활의 백성이며, 그래서 모든 것이 달라진다.

8.
감정을 거슬러 사랑하라

잘 보면 화자는 마지막 요약에 "돌아왔다"라는 단어를 강조한다. "나오미가 모압 지방에서 그의 며느리 모압 여인 룻과 함께 돌아왔는데 그들이 보리 추수 시작할 때에 베들레헴에 [돌아왔더라]"(룻 1:22).

히브리어의 "돌아오다"(shub, 슈브)라는 단어에는 "회개하다"라는 뜻도 있다. 이 단어가 반복해서 쓰인 것은 나오미의 회개를 암시한다(1장에만 열두 번이 쓰였다).[1] 엘리멜렉 일가는 약속의 땅을 떠나 이교의 나라로 갔다. 분명히 대다수 베들레헴 사람들은 떠나지 않았다. 게다가 두 아들은 모압에서 이스라엘 사람이 아닌 여자들과 결혼했다.[2] 어느 학자는 이렇게 썼다. "창세기 12:10-20에서 아브라함이 이집트로 이탈한 것처럼, 이 가정이 기근을 피해 모압으로 이주한 것도 영적 헌신의 침체로 보인다."[3] 에덴이나 가나안 같은 동산을 떠나는 것은 결코 좋은 생각이 아니다.

엘리멜렉 일가가 이스라엘을 떠난 일이 지혜롭지 못했을 수 있다는 단서가 또 있다. 화자는 모압으로 이주한 그들의 의도가 자꾸 바뀌는 것을 짚어 냈다. 룻기 1:1에서는 그들이 잠시 "거류"할 계획이었다. 그런데 2절에서는 "거기 살더니" 결국 4절에서는 "거기에 거주한 지 십 년쯤" 되었다. 민감한 이스라엘 독자라면 롯이 소돔으로 점점 빠져들 때와 똑같은 패턴이라는 것을 알아차렸을 것이다.[4]

사랑의 여정을 이끄는 것은 회개일 때가 많다. 회개를 통해 이야기가 진행된다. 나오미가 고국으로 돌아왔기에 그녀의 삶에 하나님의 은혜가 부어진다. 회개란 아버지께서 내게 주신 상자 속으로, 곧 제한된 세계 속으로 돌아가는 것이다. 나 스스로 지어내던 이야기를 중단하고 하나님이 짜고 계시는 이야기에 복종하는 것이다. 예컨대 G. K. 체스터턴Chesterton이 신자가 되기 전에 깨달았듯이, 삶에는 동화 같은 면이 있다.[5] 동화를 보면 유한한 요소(자정 전의 귀가)가 무한한 기회(무도회장의 신데렐라)를 막는다. 나오미는 자정 전에 귀가하기로 했다.

삶이란 아름다운 동산과 같되 거기 내가 손대서는 안 되는 나무 열매가 있다. 그 "금령"이 동산의 내 삶을 규정짓고 형성한다. 나와 아내의 관계도 멋진 동산과 같지만 딱 하나의 "금령"이 있다. 나는 다른 여자에게 손을 대거나 다른 여자와 정서적 친밀함을 가꾸어서는 안 된다. 이 "금령"이 내 삶을 좁히고 제한한다. 아내를 향한 내 사랑의 테두리가 된다. 40년의 결혼 생활을 단 5분 만에 끝장낼 수 있음을 나는 잘 알고 있다. 이 제약은 우리를 상자에 가두기는커녕 오히려 이야기를 살려 낸다.

가랑비와 같은 회개

우리는 늘 상자에서 벗어나려 한다. 여러 관계가 무너지던 내 인생의 힘든 시절에 하나님이 자꾸 나에게 이사야 30:15를 떠오르게 하셨다. "너희가 회개하고 조용히 있어야 구원을 얻을 것이요"(NIV). 나는 다른 사람들이 회개하기를 바랐는데, 하나님은 나의 회개를 원하셨다. 하나님은 내 삶의 모든 문을 닫으시고 "회개"라고 적힌 문만 남겨 두셨다. 그래서 나는 정의(正義)에 대한 생각("나는 억울한 대우를 받고 있다")을 버리고 회개에 힘을 쏟았다. 나한테 잘못한 사람들에게까지 찾아가 나의 잘못이 무엇이냐고 물어보았다. 문제 해결이 아니라 내 죄를 찾아내는 쪽으로 에너지를 전환한 것이다.

그러면서 날마다 기도하기 시작했다. 잘못을 지적받을 때 내가 그것을 반기고 귀히 여기게 해달라고 기도했다. 나라고 책망을 듣는 일이 즐거울 리가 없었다. 억울하게 느껴질 때는 특히 더했다. 그래서 잠언 말씀들로 기도 카드를 몇 개 만들었다. 하나같이 "지혜로운 사람은 책망을 듣는다"는 내용이었다. 세월이 흐른 지금도 나는 그 낮아짐의 정기(精氣) 속에 살아가고 있다. 그것은 내가 회의를 진행하는 방식에도 영향을 미친다. 최근에도 그런 일이 있었다.

직원회의 중에 나는 일부 복음주의자들이 기도를 보는 관점에 신비주의가 영향을 미치고 있다며 우려를 토로했다. 그러면서 사례를 하나 읽어 주었다. 그때 한 직원이 난감한 표정을 지었다. 회의를 잠시 중단하고 그 직원에게 마음에 걸리는 게 있느냐고 물었다. 그녀는 이렇게 말했다. "저도 그 말에 동의하지만, 그래도 우리 사역기관만은 특별하고 남다르다는 말처럼 들립니다." 나는 즉시 내 잘못을 깨달았다. 사례를 읽은 방식이 겸손하지 못했다. 그녀의 솔직한 지적에 감사를 표했다. 그녀의 저어되는 마음 덕분에 내 교만으로부터 우리 사역을 지켜 낼 수 있었다. 나오미처럼 나도 집으로 왔다. 내게 집이란 내가 특별한 존재가 아닌 "저지대"다. 거기서 나를 향한 하나님의 부르심에 충실할 뿐이다.

회개는 거창할 수도 있지만 대부분 가랑비처럼 우리 마음의 군은 땅을 서서히 풀어지게 한다. 회개란 그냥 자신이나 상대를 보는 새로운 눈일 수도 있다. 회개를 거창하게만 생각하면 자신도 모르게 요구를 일삼을 수 있다. 한꺼번에 다 소화할 수도 없는 무리한 변화를 요구하며 상대를 닦달할 수 있다. 회개를 가랑비로 보면 남의 잘못을 지적할 때도 한결 부드러워진다. 홈런만 노리지 않고 단타로 만족할 수 있다. 영혼의 작은 변화에도 감사할 수 있다. 시편 23편에 주께서 "내 영혼을 소생시키"신다고 했다(3절). 여기 "소생시키다"로 옮겨진 단어가 히브리어 원어로 "돌아오다, 돌이키다"라는 뜻의 "슈브"다. 나오미도 하나님의 집과 이스라엘로 돌아오자 영혼이 소생된다.

회개는 죄를 깨닫는 데서 그치지 않고 행동으로 이어진다. 나오미는 돌아왔다. 돌아올 때 불평과 우울과 분노와 외면이 있었지만 어쨌든 돌아왔다. 예수께서 초대하신 "수고하고 무거운 짐 진" 모든 자들의 전형적 모습이다. 수고하고 무거운 짐 진 자들은 늘 즐겁지만은 않다. C. S. 루이스는 자신이 처음 믿을 때 "마지못해 발버둥 치며 끌려왔고 어떻게든 피하려고 사방을 두리번거렸다"고 했다.[6] 우리는 타락한 본성 때문에 대개 회개도 잘 못한다. 하지만 그것이 예수의 핵심이다. 우리는 단정해진 뒤에 그분께 가는 게 아니다. 지저분하고 이기적인 채로 투덜대며 간다. 그렇게라도 가는 게 중요하다! 바울은 "하나님의 인자하심이 너를 인도하여 회개하게 하"신다고 했다(롬 2:4).

내 경험으로 볼 때, 사람들은 사과도 잘 못한다. 직언을 했다가 이런 대답을 듣는 경우는 거의 없다. "저의 잘못을 지적해 주셔서 감사합니다. 그러잖아도 아침 내내 마음속에 교만이 솟아오르던 참입니다. 당신의 솔직함 덕분에 제 영혼이 소생되었습니다." 대개는 이런 말이 돌아온다. "내 잘못이야 알지만 당신도 똑같잖아요." 아무런 감정도 없이 목석처럼 상대가 "미안합니다"라고 할 때도 있는데, 이는 "들켜서 마지못해 사과하는 겁니다"라는 뜻이다. 그런가 하면 복수하거나 정서적으로 거리를 두는 사람들도 있다. 하지만 내가 헤세드의 사랑을 하고 있다면, 하나님처럼 나도 퉁명스러운 사과까지도 받아들일 수 있다. 삶이 불공평함을 이미 수용했기 때문이다. 헤세드 사랑의 특징인 겸손은 상대의 교만을 거대한 스펀지처럼 빨아들인다. 덕분에 사과가 말다툼으로 번지지 않는다.

진정한 사랑의 변질

나오미는 비참한 심정이지만 회개하고 순종하여 고국으로 돌아왔다. 룻도 상처와 외로움 속에서 순종하는 마음으로 나오미 곁에 남았다. 룻의 상처와 외로움은 뒤에서 차차 살펴볼 것이다. 둘 다 감정(괴로움)과 의지(옳은 길의 선택)가 일치하지 않아 괴리감을 느낀다. 특히 나오미가 더 괴롭다. 하나님께 돌아가긴 하지만 그분이 자신을 대적하시는 것 같기 때문이다. 요컨대 순종의 행위 자체가 그녀를 어색하게 만들고 괴리감을 안겨 주었다.

우리 문화의 목표는 행복한 기분이다. 그래서 감정이 부정적이면 뭔가 잘못됐다고 생각한다. 사랑의 대가를 치르는 것을 자아에 충실하지 못한 것으로 여긴다. "더 이상 당신에게 아무런 감정이 없으니 당신을 떠나겠소." 그렇게 말하며 아내를 떠난 로버트를 기억하는가? 그는 솔직함을 빙자하여 계속 자신의 이기심을 포장했다. 그는 데비에게 이렇게 말했다. "나 자신에게 솔직해야겠소. 더 이상 당신에게 사랑을 느끼지 못하오. 그동안은 의무와 도리를 다했으나 이제 나를 생각할 때가 되었소. 내 인생을 내가 원하는 대로 살고 싶소. 온라인에서 만난 사람과 사랑에 빠졌소." 그는 배신을 "솔직함"으로 위장했다. 그 결과 데비는 버림받고 배신당했을 뿐 아니라 죄책감과 혼란마저 느껴야 했다.

우리 시대는 자아에 충실하려면 감정대로 행동해야 한다고 믿는다. 솔직해지려면 "내 기분에 주파수를 맞추어야" 한다는 것이다. 하지만 사실은 정반대다. 진정한 솔직함이란 언제나 변함없이 신의를 지킨다는 뜻이다. 순종하고 싶지 않을 때도 순종하면 괴리감이 느껴진다. 하지만 그것이 나를 해방시켜 준다. 내 심기가 어떻든 관계없이 선을 행할 수 있기 때문이다. 그것이 성숙에 이르는 길이며 노련한 사랑의 순례자가 되는 길이다.

현대인들이 추구하는 솔직함은 의지와 감정이 일치해야 한다는 집착으로 변질되었다. 이런 사이비 솔직성은 "네 기분 내키는 대로 하라"던 1960년대식 구호를 겉만 그럴듯하게 바꾸어 놓은 것에 지나지 않는다. 요컨대 "자아에 충실하라"는 예찬의 말은 감정대로 행동하라는 뜻이다. "더 이상 배우자에게 사랑을 느끼지 못하니 나는 떠난다." 걸핏하면 들먹거리는 이 공식은 사랑을 행복한 기분과 등치시킨다. 수많은 깨어진 언약의 배후에 그 논리가 도사리고 있다. 그 결과는 무엇인가? 조변석개하는 감정이 폭군처럼 우리를 지배한다. 우리는 견디지 않는다.

거의 모든 고대 문화가 알았듯이, 감정을 제어하지 않고 그냥 두면 위험하다. 욕심을 따라 살면 재앙을 면할 수 없다. 이는 헬라의 스토아 철학도 알았던 사실이다. 우리 문화는 감정을 우상화하여 감정의 노예가 되었다. 우리는 변덕스러운 욕심에 끌려다니는 정서적 카멜레온이 되었다. 소설가 스티븐 마치Stephen Marche는 잡지 기고문에 "우리는 항상 행복해하고 행복한 척하고 실제로 행복해지려다가 녹초가 된다"고 썼다. 그는 행복에 관한 한 연구를 인용했다. "행복을 중시하는 것과 더 행복해지는 것은 필연적 관계가 없다."[7]

진정한 솔직함이란 내 감정을 무릅쓰고 순종하는 것이다. 거기에는 언제나 괴리감이 뒤따른다. 내 감정은 "집어치우라"는데, 내 헌신은 "버티라"고 한다. 버티면 결국 감정이 똑바로 돌아와 순종을 따라잡는다. 나오미의 삶에서 그것을 살펴볼 것이다.

반면에 행복을 느끼려는 욕심에 지배당하면, 나는 분열되고 갈라진다. 괴리감을 품고라도 사랑해야 하는데, 그렇지 못하면 영혼이 분열된다. 괴리감은 사랑에 내재하는 일시적 대가다. 하지만 분열된 영혼은 나를 파멸시킨다. 역설적이게도 현대인들은 통합을 추구하다가 여지없이 자아의 분열로 치닫는다. 로버트도 그렇게 되었다.

로버트는 데비를 떠난 후 다른 여자와 동거했다. 하지만 데비와도 계속 친한 사이로 남고 싶어, 가끔씩 데리고 나가 점심을 먹으려 했다. 또한 손자손녀와도 가깝게 지내고 싶었다. 그는 아내와의 정서적 친밀감이 그리웠지만, 동시에 다른 여자와의 육체적 친밀감도 원했다. 다시 말해서 삶을 둘로 나누려 했고 그리하여 자신을 분열시켰다. 그는 솔직하지 못했다. 다행히 아내는 그에게 정서적 지원을 베풀지 않았고, 그의 딸도 그에게 손자손녀를 자유로이 만나지 못하게 했다. 로버트는 분열된 삶을 원했지만 아내와 딸은 그에게 통합과 성실성을 요구했다. 덕분에 로버트의 마음에 회개의 문이 열렸다.

룻은 솔직함의 본보기로 흠잡을 데 없는 사람이다. 말과 행위가 일치한다. 헤세드에 헌신하고 그대로 실천했다. 룻의 의지(행동)는 애정 곧 헤세드(하나님과 나오미를 향한 사랑)에서 비롯되었다. 그래서 룻의 길 내지 궤도는 다음과 같다.

나오미를 향한 룻의 헤세드(말) ⇨ 나오미를 견디는 룻의 사랑(행위)

룻은 행동으로 순종했다. 나오미에게 말한 대로 실행했다. 나오미는 순종하여 약속의 땅으로 돌아왔다. 둘 다 순종이 부자연스럽게 느껴졌다. 둘 다 괴리감이 들었다. 자신의 감정과 따로 노는 기분이었다. 타락한 세상에서 괴리감은 사랑의 주된 감정 중 하나다. 그래서 견딤은 헤세드 사랑의 심장 박동이다. 견딤의 본질은 감정을 거슬러 버티는 것이다.

문제는 "이 관계에 대한 내 기분이 어떤가?"가 아니라 "나는 여태

내 말과 언약에 충실했는가?"이다. 예수께서도 산상설교에서 이르셨다. "너희가 너희를 사랑하는 자를 사랑하면 무슨 상이 있으리요. 세리도 이같이 아니하느냐"(마 5:46). 다시 말해서 기분 내킬 때만 사랑한다면, 아직 사랑을 바로 이해하지 못한 것이다. 헤세드 사랑은 감정을 거슬러 사랑한다. 이런 사랑은 우리의 아집을 벗겨 내고 동기를 정화시킨다. 거기에 놀라운 해방이 있다. 내 감정도 타인의 반응도 나를 지배하지 못하기 때문이다. 가장 중요한 것은 내 감정도 아니고 무조건 관계를 지키는 것도 아니다. 그럴 때 우리는 자유로이 상대에게 풍부한 사랑을 베풀 수 있다.

II

사랑의 여정

──〈룻기 2장〉

9.
사랑의 복음적 원형

희망은 아득한 수평선의 희미한 불빛이다. 희망이 있기에 우리는 사랑의 여정을 지속할 수 있다. 룻기 1장의 마지막 장면은 희망의 조짐으로 끝났다. "그들이 보리 추수 시작할 때에 베들레헴에 이르렀더라"(룻 1:22).

봄철의 수확은 즐거운 시간이었다. 양식과 맥주(보리가 재료였다)가 나오는 때였다.[1] 보리 수확은 4월 말에 시작되었고, 게셀 달력에 따르면 한 달이 걸린 후 다시 한 달 동안의 밀 수확에 이어 오순절로 절정에 달했다.[2]

"그들이……이르렀더라"는 말에서도 희망이 풍겨난다. 동사의 시제에 행운의 어감이 내포되어 있다. 마치 "우연히 이르렀더라"는 말과 같다. 하지만 히브리인들은 우연을 믿지 않았고 여호와께서 우주를 주관하신다고 믿었다.[3] 여호와께서 우연까지도 주관하셨기에 그들은 중요한 결정을 내릴 때 기꺼이 제비를 뽑았다. "그들이……이르렀더라"는 말은 하나님의 보이지 않는 주권을 은근히 암시한다. **우연히** 룻과 나오미는 추수를 **시작할 때에** 그곳에 이르렀다!

희망의 징후는 화자가 보아스를 소개하는 것으로 계속된다. "나오미의 남편 엘리멜렉의 친족으로 유력한 자가 있으니 그의 이름은 보아스더라"(룻 2:1). "유력한 자"라는 말은 히브리어로 "기보르 하일"*gibbor hayil*이라는 두 단어로 되어 있다. "기보르"는 "큰 인물"로 흔히 "용사"를 뜻하며, "하일"은 "훌륭하다, 탁월하다"라는 뜻이다. 한마디로 보아스는 힘과 덕을 겸비한 선한 사람이었다. 큰 공동체에는 으레 힘 있는 사람이 있게 마련이지만 그들이 다 선한 것은 아니다. "보아스"라는 이름은 "그에게[보] 능력이 있다[아스]"라는 뜻이다. 그렇다면 화자는 왜 우리에게 보아스의 이야기를 꺼내는 것일까? 이제 우리는 이 사람을 만나게 되는 것인가?

룻기의 이야기는 절망의 무참한 하향 곡선으로 시작되었으나, 이제부터 상향으로 선회한다. 흉년과 출발이 추수와 귀환으로 바뀐다. 룻의 사랑과 활력이 나오미의 음울한 내리막길을 역류한다. 부활이 다가오고 있다. 하지만 고대 세계에 부활은 낯선 개념이었다.

이교의 관점: 삶의 순환에 갇힌 인간

북미의 체로키 인디언에서부터 중국의 도교 수도사에 이르기까지, 모든 고대 문명은 삶을 순환으로 보았다. 수평선을 내다볼 때 그들에게 보인 것은 원이었다. 하루하루는 아침으로 시작되어 밤으로 끝나는 시간의 원이었다. 달은 1개월 동안 빛의 원을 뒤쫓았고, 해는 사계절을 따라 도는 1년의 원이었다. 모든 인생은 출생으로 시작하여 죽음으로 끝나는 원이었다(그림 9.1 참조). 원은 이교의 상징이다. 그러므로 고대 이교의 관점에 보면 세상에 새로운 일이란 존재할 수 없었다.

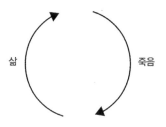

삶   죽음

그림 9.1_생사의 순환

그런데 이 원은 행복한 원이 아니었다. 헬라 사람들은 우리가 이 순환에 갇혀 있다고 믿었다. 예컨대 호메로스^{Homeros}의『일리아스』^{Iliad}는 오디세우스가 집을 떠나는 것으로 시작되고,『오디세이아』^{Odyssey}는 오디세우스가 집으로 돌아오는 것으로 끝난다. 한 바퀴를 빙 돈 것이다. 하지만 그것은 절망의 원이다. 흥하여 영화를 누리던 제국이 망하여 잿더미가 된다. 헬라의 진지한 연극은 모두 비극으로 끝난다. 왜 그럴까? 최고의 호시절에도 모든 경사 뒤에는 우환이 따라오기 때문이다.[4] 예수께서 태어나시기 5백 년 전에 에베소에 살았던 헬라의 철학자 헤라클레이토스^{Heraclitus}는 이렇게 썼다.

만물은 불이 되고
불은 다 타버려

만물로 회귀한다.……
오르막이 곧 귀로요
시작이 곧 끝이다.[5]

토머스 카힐Thomas Cahill은 이렇게 지적했다.

헬라의 영매(靈媒)가 전한 메시지는……좋은 시절도 있고 궂은 시절
도 있지만 영원한 안전은 있을 수 없다는 것이었다. 평화는 전쟁으
로, 번영은 빈곤으로, 행복은 고난으로, 삶은 죽음으로 이어진다. 사
실은 이것이 모든 고대 문헌의 일관된 메시지였고 인간 실존을 보는
기본 관점이었다.[6]

십자가의 도를 버린 현대 세계는 삶의 새로운 중심을 찾으려고 고대
의 이교와 세속화된 기독교적 낙관론을 혼합하고 있다. 삶의 순환을
예찬하는 디즈니의 「라이언 킹」The Lion King에서 그런 낭만주의를 볼 수
있다. 하지만 이교는 낙관적이지 못하다. 순환의 예찬이 고지식한 일
임을 이교는 알고 있다. 내 몸이 썩어 우주의 일부가 될 것을 안다 해
서 무슨 유익이 있는가? 한번 죽으면 그것으로 끝이다. 나에 대한 기
억은 길이 남지 않느냐고 반문할 수 있다. 하지만 그 또한 부질없는
소리다. 자기 고조할아버지의 이름을 아는 사람이 우리 중에 몇이나
되는가? 근거 없는 낙관론은 언제나 냉소와 절망으로 끝난다. 그것이
전도서의 메시지다.

해는 뜨고 해는 지되

그 떴던 곳으로 빨리 돌아가고……

모든 만물이 피곤하다는 것을(전 1:5, 8).

어쩌면 이교의 관점에도 일리가 있는지 모른다. 우리는 단조로운 일
상의 순환에 갇혀 있다. 아침에 겨우 일어나 출근해서 퇴근 시간까지
시계를 본다. 서둘러 퇴근하면 외로운 빈집이나 징징대는 아이들이
기다리고 있다. 저녁을 먹고 텔레비전을 보다가 다시 침대에 쓰러진
다. 다음 날에도 똑같은 순환이 반복된다. 머잖아 심한 우울증이 찾아
온다. 삶의 순환이 우리를 무너뜨린다. 오웰이 요약했던 인생을 생각
해 보라. "인간은 결국 삶에 꺾여 패하게 되어 있다."[7]

히브리인의 관점: 희망의 여정

룻의 이야기는 다르다. 요셉의 이야기처럼 시작은 나쁘지만 부활을
향해 간다. 히브리 예언자들은 삶을 원으로 보지 않고 상향 곡선으로
보았다. 역사는 위대한 절정을 향해 나아가고 있다. 그때 하나님이 개
입하시면서 모든 것이 달라진다. 히브리 성경의 핵심 주제는 로버트
얼터Robert Alter의 말을 빌려 "이교 세계관에 맞선……반역이다. 이교 세
계관은 영원한 순환 운동에 매몰되어 있다."[8] 우리는 절망의 순환에
갇혀 있는 게 아니라 희망의 여정을 가고 있다.

히브리인들의 인생관은 왜 여타 고대인들과 달랐는가? 이스라엘
백성은 구체적인 모습으로 나타나시는 하나님, "자기를 앙망하는 자

를 위하여 이런 일을 행"하시는 하나님(사 64:4)을 알았고 체험했다. 이것은 케케묵은 이야기가 아니라 새로운 소식이요, 사실은 기쁜 소식이다. 신약의 기자들은 그것을 **기쁜 소식**good news 곧 헬라어로 "복음"gospel이라 불렀다. 학자들은 성경의 이런 관점을 선형(線形) 역사관이라 부른다. 하지만 사실은 J자 모양이다. 삶으로 시작하여 죽음으로 내려갔다가 다시 부활로 상향하는 J형 곡선이다. 예수께서도 J형 곡선으로 사셨다(그림 9.2 참조). 그분은 자신의 삶을 한 알의 씨앗이 죽었다가 다시 살아나는 것으로 보셨다(요 12:24). 복음의 이야기들이 가능한 이유는 순전히 하나님이 능동적으로 역사를 빚으시기 때문이다. 그분이 죽음이 있는 곳에 생명을 가져다주시기 때문이다. 하나님이 육신을 입고 오셔서—예수의 삶과 죽음과 부활을 통해—우리를 도우셨기에 순환이 깨졌다! 그리스도께서 부활하셨으므로 오웰의 말은 틀렸다.

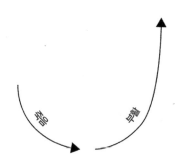

그림 9.2 죽음과 부활의 J형 곡선

룻기는 한 편의 복음 이야기다.⁹ 복음 이야기는 삶을 보는 새로운 방식이다. 머리말에서 말했듯이, 디즈니의 만화 영화는 거의 모두가 죽음과 부활의 이야기다. 일종의 복음 이야기인 셈이다. 내 딸 코트니가 여섯 살 때 지적했듯이, 그 줄거리는 행복했다가 슬퍼졌다가 다시 행복해지는 구조를 따른다. 복음의 모양은 죽음으로 하향했다가 부활로 상향하는 이동이다. 초대 교회는 그것을 워낙 잘 알았으므로 세례를 그 이동의 상징으로 인식했다(롬 6:3-4, 갈 3:27-28).

복음 이야기보다 위력적인 이야기는 없다. 사실 책이나 영화 대본을 쓰고 싶다면 복음 이야기로 쓰는 게 좋다. 그렇지 않으면 팔리지 않기가 십상이다. 영화 「트로이」^{Troy}가 나왔을 때 나는 "복음 이야기가 아니고 그리스의 비극이라서 실패작이 될 것이다"라고 생각했다. 내 생각이 옳았다. 반면에 「레미제라블」^{Les Miserables}은 뮤지컬로든 텔레비전 프로그램으로든 영화로든 히트작이 되었다. 그것이 복음의 위력이다.

복음의 이야기들을 이해하라

우리의 심령은 복음의 이야기들에 맞게 지어졌다. 사도 바울은 복음 이야기에 완전히 사로잡혀 자신의 삶 전체를 그것으로 개편했다. 그가 예수의 "고난에 참여"하여 "그의 죽으심을 본받"기를 갈망한 것은 죽음 뒤의 부활을 체험하기 위해서였다(빌 3:10).

견디는 사랑을 빚는 도가니는 앞서 보았듯이 고난이다. 물론 우리는 고난을 애써 찾아다니지는 않는다. 그것은 금욕주의라는 이단이다. 하지만 고난과 사랑은 불가분의 관계다. 룻과 나오미의 이야기에서 그것을 거듭 보았다. 요컨대 우리의 사랑 여정은 J형 곡선이다. 이 틀을 알면 삶에 대한 기대가 달라진다. 헤세드 사랑을 하면 예수의 죽음과 부활 속에 들어가게 된다.

나는 늘 사람들을 복음 이야기로 초대한다. 특히 J형 곡선의 바닥을 치고 있는 사람들에게 그렇게 한다. 서부에 사는 내 친구는 가벼운 뇌졸중을 일으킨 아내를 보살피고 있다. 뇌졸중이 있기 전에도 부부 관계가 힘들었다. 친구는 내게 "나는 아내를 사랑하지 않아. 아내를 좋아하는지조차 잘 모르겠네. 그냥 도리를 다하는 것뿐일세"라고 말했다. 하나님은 우리에게 사랑을 가르치실 때 과중한 짐을 지우곤 하신다. 은혜를 달라고 부르짖지 않으면 안 되게 하신다. 친구와 나는 그런 대화를 함께 나누었다. 하나님은 우리에게 도무지 감당할 수 없는 삶을 허락하신다. 우리를 J형 곡선의 내리막길에 두어 자아의 한계에 부딪치게 하신다. 나는 친구에게 내리막길을 밀어내지 말고 받아들일 것과 아내를 향한 감정이 없다고 걱정하지 말 것을 권했다. 예수께서는 "선한 목자는 양들을 위하여 목숨을 버리거니와……이를 내게서 빼앗는 자가 있는 것이 아니라 내가 스스로 버리노라"(요 10:11, 18)고 말씀하셨다. 복음을 여정으로 보면 우리 이야기들의 의미가 달라진다. 예수의 죽음과 부활이라는 더 큰 이야기 속에 놓이기 때문이다. 그분의 규범이 우리의 규범이 된다.

죽음은 많은 형태로 찾아온다. 한번은 내가 기도 세미나를 인도하는데 그날따라 사람들이 유난히 많이 왔다. 기도의 전문가가 되어 잘해야 된다는 부담감이 들었다. 그러다 보니 내 영혼이 마모되는 게 느껴져 하나님께 도움을 청했다. 세미나가 끝나자 사람들이 조언을 받으려고 길게 줄을 섰다. 나는 그 줄이 기도 응답임을 깨달았다. 하나님이 공적 사역인 교육과 균형을 이루시고자 내게 사랑의 숨은 작업을

주신 것이다. 뇌사 상태처럼 지쳐 버린 내 영혼을 소량의 사랑과 섬김
이 몰라보게 소생시켜 주었다.

줄이 줄어들자 옷을 잘 차려입은 40대 여성이 맨 끝에서 참을성 있
게 기다리고 있는 모습이 보였다. 사연을 들어 보니 그녀의 삶은 좋았
다. 도전적인 직장 생활을 즐기고 있었고 세계 여행도 다녔다. 그런데
여태 남편을 찾지 못해 심령이 상해 있었다. 그 상한 심령이 마치 내
것처럼 절절히 느껴졌다. 내가 그리될 때는 신학적 속담("하나님이 보
내 주실 것입니다"라는 말)이나 냉소("보내 주지 않으실지도 모르지"라는
생각)에 빠지지 않을 때다. 그럴 때면 내 마음에 작은 애통이 시작된
다. 그래서 나는 그녀의 말을 들으며 기도했다. 하지만 "남편을 달라
고 천국 문을 두드리느라 손이 피투성이가 되었어요"라는 말을 들었
을 때는 그녀에게 필요한 행동이 무엇인지 분명히 보였다. 그녀는 자
신의 꿈에 대해 죽어야 했다. 꿈이 요구로 바뀌면 하나님만의 자리인
중심을 대신 차지해 버린다. 그 말을 했더니 그녀의 눈에 눈물이 가득
고였다. 꿈에 대해 죽어야 함을 자신도 알았던 것이다. 그래서 나는 그
녀에게 죽을 수 있는 은혜를 주시고 하나님의 뜻이라면 남편도 보내
달라고 기도해 주었다.

내가 굳이 J형 곡선의 바닥을 친 사람들의 이야기만 세 가지를 고
른 것은 지금 룻과 나오미의 이야기가 그 지점에 와 있기 때문이다.
희망의 징후가 보이긴 하지만 현 시점에서는 징후일 뿐이다. 그렇다
면 부활은 어디에 있는가? 내가 J형 곡선을 통과하면서 배운 교훈은
이렇다.

1. 부활이 언제 어떻게 올지 우리는 모른다. 그것은 우리의 소관이 아니라 하나님의 소관이다.

2. 우리는 부활이 어떤 모습이 될지도 모른다. 부활의 모양이나 때를 우리 마음대로 요구할 수 없다.

3. 예수처럼 우리도 아버지께서 허락하신 죽음을 받아들여야 한다. 부활에 이르려면 저항이 아니라 죽음을 통과해야 한다.

4. 우리가 견디면 부활은 반드시 온다. 하나님은 살아 계신다!

복음은 여정이다

룻이 나오미에게 헌신한 것처럼 우리도 사랑에 헌신하면, 그것이 언제나 우리를 복음의 이야기 속으로 끌어들인다. 복음은 "예수께서 나의 죄를 위하여 십자가에서 죽으셨다"라는 명제다. 하지만 이 명제는 이야기 속에 담겨 있다. 바로 예수의 삶과 죽음과 부활의 이야기다. 바울은 고린도전서 15:1-4에 복음을 서술할 때, 예수의 삶과 죽음과 부활의 이야기를 말한다. 그 이야기의 모양은 J형 곡선이다.

빌립보서 2:1-11에서 바울은 J형 곡선으로 살아가는 법을 제시한다. 죽음으로 하향하는 일은 능동적 행위다. 우리는 능동적으로 겸손을 구하고, 낮은 자리로 내려가며, 사심 없이 숨어서 섬긴다. 이것이 예수께서 가신 여정이다. 예수께서 하신 일들이 행동의 어휘들로 표현되어 있다. 그분은 자기를 **비우셨고**, 종의 형체를 **가지셨으며**, 사람의 모양으로 **나셨고**, 자기를 **낮추어** 십자가에 죽기까지 복종하셨다. 죽음은 우리의 몫이지만 부활은 그렇지 않다. 부활은 우리가 요구하는 게 아니라 기다리는 것이다.

우리가 본 룻의 겸손은 복음의 부차적 요소가 아니라 그 자체로 복음의 길이요 J형 곡선이다. 복음 중심의 여정은 겸손의 길을 취한다. 물론 복음은 당신이 믿는 명제이자 당신의 정체성을 새롭게 하는 명제다. 하지만 복음을 명제로만 보면 자칫 자아도취적 복음에 빠지기 쉽다. "나를 위한 예수"는 당신을 과민하게 만든다. 이는 당신을 위한 예수의 죽음이 타인을 위한 당신의 죽음으로 넘어가지 못한 상태다. 예수가 당신의 자아상에는 도움이 되지만 당신의 삶을 지배하지는 못하시는 상태다. 당신이 아직 그분의 소유가 되지 못한 상태다.

이야기의 이 지점까지 룻은 계속해서 죽었다. 즐거이 사랑의 멍에를 멨다. 예수를 믿는 믿음에 기초하여 예수처럼 사랑하면 우리도 예수의 기쁨을 얻는다. 부활을 받을 준비가 된다. 그러므로 예수를 믿는 믿음은 지적 동의만이 아니라 또한 그분의 삶 속에 들어가는 것이다. 그러면 삶에 대한 나의 기대가 달라진다. 불평이 사라진다. 관건은 당신과 나 사이의 싸움이 아니라 내가 그리스도의 여정을 본받아 사는 것이기 때문이다. 우리가 맞닥뜨리는 낮은 수준의 모든 악은 그리스도 안으로 들어가는 문이 된다.

그러므로 논쟁에서 결정적 발언을 상대에게 양보할 때, 당신은 J형 곡선에 합류하는 것이다. 대화의 끝이 애매한 채로 상대가 이길 때, 당신은 작은 죽음을 통과하는 것이다. 하지만 그렇게 말없이 질 때 당신은 하나님의 품에 안겨 있다.

10.
사랑은 뛰어든다

나오미를 사랑한 결과로 룻의 삶은 계속 좁아진다. "모압 여인 룻이 나오미에게 이르되 '원하건대 내가 밭으로 가서 내가 누구에게 은혜를 입으면 그를 따라서 이삭을 줍겠나이다' 하니 나오미가 그에게 이르되 '내 딸아, 갈지어다' 하매"(룻 2:2).

화제의 갑작스런 전환은 룻이 그만큼 즉각 행동에 나섰음을 보여준다. 룻에게는 하루도 지체하지 않고 밭일을 나가는 것이 중요했다. 반면에 나오미는 이삭을 주우러 나가지 않았다.[1] 룻이 그것을 못마땅하게 여겼던가? 아니다. 나오미는 연장자이긴 했지만 아마 45세나 50세를 넘지 않았을 것이다. 여기서 우리는 현실로 예증된 사랑의 대가를 다시 한 번 본다. 잊지 말라. 헤세드는 사랑의 공평성을 따지지 않는다. **헤세드의 헌신은 상대가 나를 어떻게 대하는가와 무관하다.** 룻이 일방적 사랑을 베푼 것은 이번이 세 번째다. 한 번은 룻이 곁에 남겠다고 헌신했는데도 나오미가 감사하지 않았을 때였고, 또 한 번은 나오미가 성문에서 룻을 무시했을 때였다. 그리고 지금이다. 헤세드는 사랑에 대한 우리의 잘못된 동기를 모두 없애 준다. 아무런 보답도 없이 수고만 더 많아지기 때문이다. 사랑은 자존심을 확실히 퇴치한다.

보다시피 룻은 나오미의 종이 되려고 승낙을 구한다. 룻은 한순간도 망설이지 않는다. 사랑은 온종일 손익을 따지며 삶이 억울하다고 투정하지 않는다. 영원불변한 우리의 사랑은 그리스도 예수를 통해 우리를 변함없이 사랑하시는 아버지를 닮은 것이다. 이렇게 철저히 사랑하라는 부르심이 신약 전체에 스며 있다. 바울이 말했듯이, 예수를 따르는 사람들은 "모든 겸손과 온유로 하고 오래 참음으로 사랑 가운데서 서로 용납"한다(엡 4:2). 골로새서 3-4장과 에베소서 4-6장은 바울의 위대한 적용 장인데, 자칫 우리는 그 부분의 세부 사항에 파묻혀 전체를 놓칠 수 있다. 바울이 예상하고 전제하는 바가 있다. 성령께서 충만하셔서 신자의 삶에 십자가의 능력을 부어 주신다는 것이다. 그 능력이 우리를 변화시켜 하루 24시간 일주일 내내 사랑하게 해준다.

한편 나오미는 우울해 보인다. 그녀의 무기력한 듯한 모습이 그것으로 설명된다. 현대 세계의 우리는 우울을 도피성 질환으로 본다. 하지만 삶이 정말 우울할 때도 있다. 룻은 손 놓고 앉아 있는 나오미를 비판하지 않는다. 그냥 사랑할 뿐이다.

룻은 과감히 나서지만 어느 밭으로 가야 할지도 모른다. 반겨 줄 사람이 있을지, 어떤 위험이 따를지, 전혀 아는 게 없다. 사랑하면 우리도 비슷한 상황에 놓인다. 내가 어떤 입장에 처하게 될지, 사람들이 어떻게 반응할지 알 수 없다. 그것이 불편해서 우리는 겉으로라도 통제하고 싶어진다. 이스라엘을 둘러싸고 있던 이교 문화는 경직된 사회 계층을 통해 인간을 통제하려 했고, 종교를 악을 통제하는 수단으로 이용했다. 위험한 세상에서 사람들은 모험을 줄이려 했다. 안전과 완벽에 집착하는 현대 문화도 별로 다를 바 없다. 그것은 우리를 꼼짝 못하게 만들고, 마음을 닫거나 뒤로 물러나게 한다.

언제 어떤 문제가 터질지 모르는 상황에서 우리는 어떻게 밀고 나갈 것인가? 모호함 속에서 어떻게 움직일 것인가? 상황이 아무리 불확실해도 우리는 늘 사랑할 수 있다. 헤세드를 할 수 있다. 세상은 애매할지 몰라도 우리의 소명은 그렇지 않다. 우리는 애매함에 맞서 싸우는 게 아니라 그 속에서 사랑할 수 있다. 믿음은 모호함이라는 옥토에서 자란다. 매사가 불확실하기에 우리는 그 관계 속에서 하루하루 기도하지 않을 수 없다. 그래서 선한 목자와 함께 사랑의 여정을 걷는 일이 호흡처럼 된다. 통제할 수 없는 것을 정리하려고 힘을 쏟지 말라. 그냥 무질서 속에서 사랑하라. 룻도 그랬다.

사랑은 구체적이다

룻이 성문을 나서자 널따랗게 펼쳐진 밭이 눈에 들어왔다. 제멋대로 놓인 듯한 돌들이 밭주인의 경계를 알리고 있었다. "룻이 가서 베는 자를 따라 밭에서 이삭을 줍는데 우연히 엘리멜렉의 친족 보아스에게 속한 밭에 이르렀더라"(룻 2:3).

룻은 어딘가로 뛰어들어야 한다. 특정한 주인의 특정한 밭으로 가야 한다. 일신상의 자유를 고집하는 사람은 완벽한 밭과 완벽한 사람이 나타날 때까지 움직이지 않는다. 절대로 뛰어들지 않는다. 그러나 제대로 사랑하려면 사랑에 헌신해야 한다. 사랑은 두루뭉술하지 않다. 우리는 어딘가에 있는 누군가를 사랑하는 것이다. 애정의 대상을 정하면 언제나 폭이 좁아진다. 선택과 사랑은 불가분의 관계이며, 이것은 독립과 완벽을 떠받드는 우리의 시대정신에 어긋난다. 「뉴욕타임스」지의 칼럼니스트 데이비드 브룩스David Brooks는 이렇게 썼다.

대학 졸업생들은 이런 말을 듣는다. **너의** 열정을 따르고 **네 스스로** 앞길을 정하라. **네 자신의** 북소리에 맞추어 행진하라. **너의** 꿈을 추구하고 **너의** 자아를 찾으라.……

그러나 이런 말은 성인의 가장 중요한 과제에 도움이 되지 않는다. 즉 자신을 바칠 진지한 일을 찾는 데 도움이 되지 않는다.……

대부분의 성공한 젊은이들은 내면을 보고 인생을 계획하는 게 아니다. 그들은 외부를 보고 문제를 발견하며, 그것이 그들의 삶을 부른다. 치매에 걸린 친척을 둔 젊은 여자는 그 병의 치료법을 찾아내야겠다는 사명감을 느낀다. 무능한 상사 밑에서 일하는 젊은 남자는 부서를 살리려고 경영술을 배우지 않을 수 없다.……

대부분의 사람들은 자아를 형성한 뒤에 삶을 영위하는 게 아니다. 그들은 먼저 문제의 부름을 받는다. 그러면 그 부름이 점차 자아를 빚어 간다.

……존경하는 인물의 전기를 읽노라면, 그들의 행복했던 부분이 우리의 존경심을 유발하는 경우는 드물다. 오히려 불행을 자초하면서까지 감행했던 힘들고 고된 일이 존경심을 유발한다.[2]

대개 사랑이 힘든 이유는 우리가 사랑에 수반되는 구속감을 싫어하기 때문이다. 하지만 이런 구속감은 사랑의 고유한 일부다. 사랑하면 제한된다. 프랑스의 소설가 프랑수아즈 사강Françoise Sagan은 이러한 자유의 상실에 대해 노골적으로 말했다. 생애 말년의 한 인터뷰에서 그녀는 "원하시는 인생을 살았습니까?"라는 질문에 "예, 자유롭게 살았습니다"라고 답했다. 질문자가 "그렇다면 원하시는 자유도 얻었겠군요?"라고 되물었다. "예. 물론 누군가를 사랑할 때는 분명히 자유롭지 못했지요. 하지만 다행히도 사람이 항상 사랑하는 것은 아니니까 그때만 빼고는 예, 나는 자유로웠습니다."[3] 얼마나 서글픈 인생인가.

삶이 좁아지는 사랑을 경험할 때 역설적으로 삶이 넓어지고 깊어진다. 삶이 좁아질수록 영혼은 넓어진다. 오랜 세월 동안 한 여자를 사랑하는 법을 배운 남자들에게서 특히 그것을 볼 수 있다. 이런 남편들은 온유함과 자상한 배려와 은혜를 베푸는 역량이 엄청나게 커진다. 대상의 제한성에 질색하며 달아나는 사람들은 결국 깊이가 없이 얄팍해지며, 덧없는 것들에서 헤어나지 못한다.

사랑하면 언제나 삶의 폭이 좁아진다. 완벽하지 못한 조건들을 그대로 받아들인다. 그래서 하나님도 우리를 사랑하시기에 뛰어드셨다. 그 사랑은 BC 5년경의 가을이나 겨울 어느 때에 한 유대인 아기로 베들레헴에 찾아왔다. 하나님의 사랑은 믿기 어려울 정도로 구체적이다.

보이지 않는 손에 이끌려

"우연히……보아스에게 속한 밭에 이르렀더라." 이 말을 히브리어 원문으로 보면 사실 우연이 두 번이나 언급되어 있다. 더 정확히 번역하면 이렇다. "운 좋게도 우연히 그 밭에 이르렀더라." 화자가 우연을 유독 강조하는 것은 오히려 룻이 집을 나서던 순간부터 보이지 않는 손이 그녀를 인도하고 있었음을 지적하기 위해서다.[4]

이야기의 거장이신 하나님이 내 삶을 엮어 나가고 계신다. 그 사실을 인식하면 예술가처럼 잠시 멈추어 숨은 복과 방향을 보게 되고, 그리하여 내 삶이 좁아지는 대가를 비로소 감당할 수 있다. 사랑하며 견딜 수 있다. 하나님이 이야기를 부활 쪽으로 이끌고 계심을 알기 때문이다. 하나님의 보이지 않는 손이 이야기를 이끌고 빚지 않으신다면 헤세드 사랑은 상상할 수도 없다. 삶을 주관하시는 사랑의 하나님이 없다면, 사실 나는 절대 무력하여 헤세드 사랑을 할 수 없다. 그러나 보이지 않는 손이 하루를 빚으시면 그 하루가 모험이 된다. 아무런 생각 없이 반복되는 일도 거리낌 없이 할 수 있다. 룻이 오늘 하려는 추수도 바로 그런 일이다.

손으로 하는 수확은 중노동이었고 성별에 따라 일이 갈렸다.[5] 남자는 더 힘든 육체노동을 맡아 몸을 굽혀 밀을 한 줌씩 쥐고 작은 돌낫으로 베었다. 그러면 여자가 뒤를 따라가며 밀을 단으로 묶었다.[6] 룻은 두 가지 일을 다 했다. 룻과 나오미 같은 과부들은 추수하는 사람들을 따라다니며 이삭을 주울 수 있도록 되어 있었다. 모세의 율법은 이스라엘 백성에게 이렇게 명했다. "너희가 너희의 땅에서 곡식을 거둘 때에 너는 밭모퉁이까지 다 거두지 말고 네 떨어진 이삭도 줍지 말며"(레 19:9).[7] 직접 노동해야 한다는 점만 빼고는 고대의 구호 식량인 셈이었다.

뙤약볕 아래서 허리를 굽히고 이삭을 하나씩 줍는 룻의 모습을 떠올려 보라. 그녀에게 감사하는 사람도 없고 그녀를 보호해 주거나 알아주는 사람도 없다. 이것이 헤세드의 얼굴이다.

오래전에 나는 하나님이 연출하신 어떤 상황 때문에 직급이 강등된 적이 있다. 내게 새로 맡겨진 업무는 돈을 모금하는 일이었다. 본래 나는 붙임성도 없거니와 수시로 거부당할 때마다 기가 죽었다. 날마다 골로새서 3:22-24을 가지고 기도했다. "종들아, 모든 일에 육신의 상전들에게 순종하되 사람을 기쁘게 하는 자와 같이 눈가림만 하지 말고……성실한 마음으로 하라.……너희는 주 그리스도를 섬기느니라." 그 몇 년 동안 룻기를 읽으며 눈물로 책장을 적시곤 했다. 내게는 미래도 없었고 미래에 대한 희망도 없었다. 그저 나와 함께하시겠다는 하나님의 막연한 말씀뿐이었다. "여호와는 마음이 상한 자를 가까이 하시고 충심으로 통회하는 자를 구원하시는도다." 시편 34:18의 말씀을 읽으며 이런 생각이 들던 기억이 난다. "바로 내 이야기다. 지금 내 심정이 그렇다." 하지만 그 말씀은 아주 약하게 느껴졌다. 어디까지나 말에 지나지 않았다. 그래도 그것이 내게 있는 전부였다. 나는 사랑하며 견뎠고, 하나님이 주신 제한된 자원으로 옳은 길을 갔다. 그러자 그 막연한 말씀들이 살아나 신기한 위력을 발휘했다.

유익한 존재가 되라

앞에서 우리는 헤세드 사랑이 내면에서 어떤 모습인지 살펴보았다. 그거라면 복잡할 수 있다. 그러나 손발을 통해 겉으로 드러나는 사랑은 놀랍도록 단순하다. BC 1100년의 그 봄날 아침에 룻은 시어머니를 위해 구체적인 일을 했다. 룻은 유익을 끼쳤다. 거창하지는 않지만 그것이 사랑의 뼈대이다. 유익을 베푸는 일이야말로 행동하는 헤세드다. 말없이 주변 사람들의 필요를 채워 주는 실천이다.

이 부분에 실패하는 사람들이 얼마나 많은지 놀라울 정도다. 데니스가 생각난다. 그는 똑똑한 프로그래머이자 부업으로 역시 똑똑한 투자가였다. 하지만 절약한답시고 아내에게 에어컨도 사 주지 않았다. 둘만의 데이트에 시간을 낸 적도 없다. 유익한 존재와는 거리가 멀었다. 어느 날 그의 아내가 갑자기 떠나가 버렸다. 더 이상 참을 수가 없었던 것이다. 데니스가 지나친 원칙주의자("돈을 아껴야 된다")가 아니었거나 또는 더 좋은 원칙을 세워 그냥 유익한 존재가 되었더라면 얼마나 좋았을까.

우리의 기도 사역 책임자인 밥 앨럼스는 『일상 기도』를 쓰고 있던 내게 책을 유익하게 만들라고 권해 주었다. 본능적으로 나는 좀 더 거창한 책을 원했으나 **유익**이라는 말이 가슴에 와 닿았다. 아주 단순하고 허세가 없어야 했다. 그래서 책을 쓰면서 매일 기도했다. "주님, 이 책이 유익하게 해주소서." 친구 데이비드 폴리슨David Powlison에게도 내 삶이 유익한 삶이 되도록 기도해 달라고 부탁했다. 그도 유익이라는 말에 공감하며 이렇게 말했다.

유익한 존재가 되면 해방된다. 메시아가 되려는 망상, 교만, 생색내는 태도, 절망, 불가능한 짐, 이기적 외면 등에서 해방된다. 유익을 끼치는 사람은 수많은 작은 일들에서 겸손하고, 상대를 배려하고, 용서를 베풀며, 건설적이다. "유익한 존재"야말로 우리가 서로에게 되어 줄 수 있는 최선의 모습이다. "짐을 서로 지라"(갈 6:2)는 말씀은 양방향으로 다 적용된다. 양쪽 다 도움이 필요하고 양쪽 다 도움을 베푼다. 복음서에 보면 예수께서도 유익한 존재이셨다. 그분의 시의적절한 말씀, 건설적 행동, 주의와 경청, 삶의 보조와 속도, 이런 것들이 문제를 다 없애 준 것은 아니지만 변화를 낳은 것만은 분명하다. 예수께서는 유익하신 분이셨다.[8]

부디, 우리를 서로에게 유익한 존재가 되게 하소서.

11.
사랑은 지켜 준다

사랑하며 견딜 때마다 나는 작은 죽음과 작은 부활을 통과한다. 간단히 말해서 하나님이 나타나신다. 언제 어떻게 나타나실지는 예측할 수 없지만, 그분이 나타나시는 것만은 내 눈앞의 컴퓨터 화면만큼이나 분명한 사실이다. 사랑으로 죽는 자리가 곧 하나님을 만나는 자리다. 요한은 "하나님은 사랑이시라. 사랑 안에 거하는 자는 하나님 안에 거하고 하나님도 그의 안에 거하시느니라"(요일 4:16)고 했다. 아니나 다를까, 룻에게도 하나님이 나타나셨다. "마침 보아스가 베들레헴에서부터 와서 베는 자들에게 이르되 '여호와께서 너희와 함께하시기를 원하노라' 하니 그들이 대답하되 '여호와께서 당신에게 복 주시기를 원하나이다' 하니라. 보아스가 베는 자들을 거느린 사환에게 이르되 '이는 누구의 소녀냐' 하니"(룻 2:4-5).

"마침"이라는 말에 담긴 경이감을 더 잘 살려서 번역하면 이렇게 된다. "깜짝 놀랄 일이 있었으니 보아스가 베들레헴에서부터 와서……"[1] 룻만 우연히 보아스의 밭에 이른 게 아니라 보아스도 우연히 같은 시각에 나타났다. 얼핏 보면 우연의 일치 같지만, 이는 배후에서 이야기를 전개하고 계신 하나님을 보여준다. 그래서 우리도 새로운 용기를 얻어 이야기 속에서 견딜 수 있다.

위험에 처한 룻

"이는 누구의 소녀냐"라는 보아스의 물음은 공동체를 보는 비서구 문화의 관점을 유감없이 예시해 준다. 우리라면 "저 사람은 누구냐?"라고 묻지만 보아스는 "저 여자는 누구에게 속한 사람이냐?"라고 물었다. 히브리어 학자 더그 그린Doug Green은 이렇게 설명한다.

> 비서구 세계에서는 사람을 개인으로 규정하지 않고 항상 집단과 관계시켜서 본다. 그 집단은 가정일 수도 있고 부락일 수도 있고 씨족일 수도 있다. 미혼 여자의 정체는 아버지에게서 나왔다. 결혼하는 날까지 아버지 집의 가사를 맡아야 했다. 아버지의 권위와 보호를 벗어난 삶을 선택하는 미혼 여자는 창녀로 간주되었다.[2]

보아스의 말은 이런 것이나 같다. "이 여자는 어느 집안의 사람이냐? 이 여자를 먹여 살리는 남자 보호자는 누구냐?" 답은 아무도 없다는 것이었다. 당시의 사회적 지위에는 다음과 같은 서열이 있었다. 이것을 보면 룻이 얼마나 취약한 존재였는지 알 수 있다. 룻의 자리는 맨 밑바다이었다.

1. 이스라엘의 왕이나 사사

2. 지파의 우두머리(유다)

3. 씨족의 우두머리(베들레헴)

4. 씨족에 속한 문중 어른(보아스의 지위, 또는 위의 3번)

5. 연로한 아버지

6. 아버지(엘리멜렉)

7. 장남

8. 아들

9. 아내(나오미)

10. 딸

11. 남종

12. 여종

13. 하급 여종

14. 합법적 거류 외국인[3]

15. 이방인 남자

16. 이방인 여자(룻의 지위)

룻은 보호자가 없었다. 아버지나 남편이나 형제나 아들이 아무도 없었다. 게다가 룻이 살던 시대는 이스라엘의 암흑기였다. 당시의 여자들이 얼마나 위태로웠는지 사사기 19장에서 엿볼 수 있다. 성인물에 가까운 내용이 거기에 자세히 적혀 있다. 한 레위 사람이 여행 중에 불량배들이 문을 두드리자 그들을 달래려고 자기 첩을 내주었다. 그들은 여자를 밤새 강간했고, 레위 사람이 아침에 보니 여자가 죽어 문간에 놓여 있었다.

고대 세계에서는 관계가 모든 것이었다. 리비 그로브즈는 이렇게 지적했다.

> 남자의 존재는 보호 이상의 의미였다. 룻의 옆에 남자가 있다면, 이
> 는 그녀의 지위를 말해 줄 뿐 아니라 그녀가 한 가정의 식구로서 하
> 자가 없는 정숙한 여자라는 뜻이었다. 따라서 누구든 그녀를 그렇게
> 대해야 했다. 하지만 옆에 남자가 없다면 이는 룻이 정숙한 여자가
> 아니라는 뜻이었다. 따라서 그녀를 아무렇게나 대해도 되었다. 남자
> 가 함께 있다는 것은 그녀를 보호자 없이 내보내지 않을 만큼 집안
> 에서 신경을 쓴다는 신호였다. 그녀를 건드리는 사람은 그 집안에서
> 가만히 두지 않았다. 하지만 혼자인 여자는 보호해 줄 집안이 없거나
> 집안에서 신경을 쓰지 않거나 둘 중 하나다. 따라서 그녀를 욕보여도
> 아마 무사했을 것이다.[4]

룻은 남자 보호자가 없어 성적으로 취약했고, 돈이 없어 재정적으로 궁핍했으며, 친구가 없어 외로웠고, 나라가 없어 차별당하기 쉬웠다. 룻은 보호자나 남편이나 소속 지파나 집안이 없었다. 양식조차 없어 남자 대신 가장 노릇을 했다. 룻은 생활력이 강한 여자였다. 취약성은 헤세드에 따르는 대가의 일부다. 사랑에는 위험이 수반된다.

흔히들 용기를 생각하면 뭔가 극적인 것을 떠올린다. 하지만 내 경험으로 보건대 대부분의 용감한 행위는 숨어 있다. 룻이 과감히 혼자서 밭으로 나간 일도 그렇다. 용기는 사랑의 힘줄이다. 용기는 상대의

발을 씻어 주는 행위다. 예수의 산상설교의 가르침을 잠시 생각해 보라. "그러므로……네 형제에게 원망 들을 만한 일이 있는 것이 생각나거든……먼저 가서 형제와 화목하고"(마 5:23-24). 설령 내 잘못도 아니고 싫은 소리만 듣게 될지 몰라도 내가 문제 해결에 나서야 한다. 예컨대 가족이 짜증을 부리거나 신경이 곤두서 있으면 나는 그냥 못 본체 넘어가고 싶을 수 있다. 그러나 예수께서는 내게 "형제"를 찾아가 이렇게 물어보라고 하신다. "무슨 문제라도 있는가?" 이것이 용기다.

사랑은 우리를 드러낸다

사환은 보아스에게 이 여자가 굉장히 취약한 존재라는 답을 내놓았다.

> 베는 자를 거느린 사환이 대답하여 이르되 "이는 나오미와 함께 모압 지방에서 돌아온 모압 소녀인데 그의 말이 '나로 베는 자를 따라 단 사이에서 이삭을 줍게 하소서' 하였고 아침부터 와서는 잠시 집에서 쉰 외에 지금까지 계속하는 중이니이다"(룻 2:6-7).

사환의 말 속에 룻의 성품이 드러나 있다. 룻은 잠깐 쉰 것 말고는 이른 아침부터 계속 일했다.[5] 룻은 굶주림을 해결하려고 몸을 던졌다. 나오미에게 자신의 삶을 바칠 때 말없이 신속하게 결의를 보였듯이, 이번에도 즉각 밭으로 나갔다. 훌륭한 예술가들처럼 히브리의 작가들도 인물의 성품이 어떻다고 말해 주는 경우는 드물다. 그냥 보여줄 뿐이다. 삶에 맞서는 룻을 보면 룻이 어떤 사람인지 알 수 있다. 자신감과 겸손함의 보기 드문 조합을 룻에게서 볼 수 있다. 룻은 자기도 힘 든데 남을 사랑하느라 스스로 취약해진다. 아무것도 요구하지 않고 말없이 즐겁게 그리한다. 룻은 보석 같은 사람이다.

룻은 여성성을 정의하는 고대와 현대의 틀을 모두 깨뜨린다. 우 선 룻은 페미니즘의 어두운 면을 거부했다. 페미니즘이 곧잘 추구하 는 자아실현과 계산적 관계는 피해 의식에서 비롯된 것일 수 있다. 요 컨대 룻은 반항하지 않고 하나님이 자신에게 허락하신 세상의 질서를 그대로 받아들였다. 그러면서도 또한 보수주의와 전통 문화의 어두운 면은 거부했다. 그런 문화는 무턱대고 여성을 예속하고 소외시켜 압 제할 수 있다. 룻은 악에 굴하지 않고 밖으로 나섰다. 상황 때문에 무 력해지지 않았다. 하나님을 믿는 룻의 믿음이 강인한 행동을 낳았다.

악인은 쫓아오는 자가 없어도 도망하나
의인은 사자 같이 담대하니라(잠 28:1).

룻은 사자 같은 사람이다!

룻을 향한 보아스의 헤세드

사전 조사를 마친 보아스는 이제 그 널따란 밭에서 룻에게 직접 다가 간다.

보아스가 룻에게 이르되 "내 딸아, 들으라. 이삭을 주우러 다른 밭으로 가지 말며 여기서 떠나지 말고 나의 소녀들과 함께 있으라. 그들이 베는 밭을 보고 그들을 따르라. 내가 그 소녀들에게 명령하여 너를 건드리지 말라 하였느니라. 목이 마르거든 그릇에 가서 소년들이 길어 온 것을 마실지니라" 하는지라(룻 2:8-9).

룻과 보아스 사이에는 수많은 장벽이 놓여 있었다. 룻은 연고가 없는 가난한 여자에다 모압의 이방인이었던 반면, 보아스는 신원이 확실한 부유한 이스라엘 남자에다 집안의 어른이었다. 그런데 그는 "딸"이라는 한 단어로 이 모든 장벽을 허물어 버린다. 이 단어에는 보아스의 나이가 룻보다 한 세대 위라는 의미도 깔려 있다.

보아스처럼 부자가 되면 가난한 사람들의 소소한 필요에 무디어지기 쉽다. 나의 필요가 자동으로 척척 채워지면 타인의 입장을 구체적으로 파악하기가 어렵다. 본래 돈이란 사람을 높이 띄워 주변과 갈라놓는 성향이 있다. 그런데 보아스는 그렇지 않았다. 그는 일곱 개의 명쾌한 명령으로 룻을 자신의 공동체 안에 품었다.

1. 이삭을 주우러 다른 밭으로 가지 말라.
2. 여기서 떠나지 말라.
3. 나의 소녀들과 함께 있으라.
4. 그들이 베는 밭을 보라.
5. 그들을 따르라.
6. 내가 소녀들에게 명령하여 너를 건드리지 못하게 했다.
7. 목마르거든 그릇에 가서 마시라.

얼마나 명확하고 구체적인 지시인가! 이것을 "어이, 마음 놓고 내 밭에서 일하라"는 말과 비교해 보라. 처음 온 사람은 막연한 환영의 말을 들으면 속으로 긴가민가해진다. 상대의 말이 진심인지 아니면 그냥 예의상 한 말인지 알 수 없다. 진심이라 해도 그 환영의 범위가 어디까지인지 모른다. 그래서 머뭇거리게 된다.

보아스는 일부러 표현에 신중을 기해 룻을 챙겨 주었다. 처음 다섯 개의 명령은 뉘앙스만 조금씩 다를 뿐 의미는 모두 같다. 룻은 새로운 문화 속에서 새로 일을 시작하는 사람이었다. 그런 사람에게 이런 반복된 표현은 확신과 안전을 더욱 굳혀 준다. 보아스의 말은 사실상 이런 것이었다. "아예 내 밭을 떠날 생각조차 하지 마라."[6] 그의 말이 끝났을 때 룻은 그것이 진심임을 알 수밖에 없었다. 보아스가 고집한 아량은 진귀한 보석과도 같다.

보아스는 제의하지 않고 명령함으로써 룻을 정서적으로 보호해 주었다. 이제 룻은 어찌해야 할지 앉아서 고민할 필요가 없어졌다. 일꾼들도 마찬가지였다. 보아스의 말은 모두에게 다 들렸을 것이고, 따라서 룻이 "우리 편"임을 공동체에 명확히 알렸다. 룻을 질시와 추행으로부터 보호한 것이다. 두루두루 다 챙기는 보아스의 마음 씀씀이는 그야말로 놀라울 뿐이다. 리비 그로브즈는 그것을 이렇게 요약했다.

보아스는 룻에게 이삭을 주우러 다른 밭으로 가지 말라고 했는데, 이 말은 단순히 다음과 같은 의미 이상이다. "어이, 나는 풍족하니 네 발품을 아껴 여기서 한꺼번에 다 해결하라. 나는 베푸는 걸 좋아하니 행여 부담을 주는 게 아닐까 하는 생각은 하지 않아도 된다." 보아스는 룻이 얼마나 위태로운지 인식하고 이렇게 말했다. "여기 있으면 안전하니 내 보호의 영역 안으로 들어오라. 내 밭에 있는 한 아무런 피해도 없을 것이다." 현대의 서구인들은 보아스의 극진한 아량을 놓친다.[7]

사랑은 순결을 지켜 준다

룻의 굶주림을 해결해 준 보아스는 이제 추수하는 여자들과 함께 있으라는 말로 룻의 순결까지 챙겨 준다. "내가 그 소년들에게 명령하여 너를 건드리지 말라 하였느니라"는 히브리어의 표현법은 그가 소년들에게 룻을 건드리지 말라고 이미 말했거나 곧 말할 것임을 뜻한다.[8] 어느 남자이고 간에 룻에게 집적거렸다가는 이 유력한 사람의 진노가 그에게 임할 것이다. "룻을 건드리면 곧 나를 건드리는 것이다." 보아스의 이 정책에는 일말의 관용도 없었다.

보아스는 젊은 남자들을 믿지 않았다. 사실 고대 세계의 누구도 젊은 남자들을 믿지 않았다. 전통 문화는 젊은 여자들의 순결을 값진 보석처럼 보호했다. 젊은 여자는 남자가 공적으로 헤세드 사랑에 헌신했을 때에 한해서만—다시 말해서 결혼을 통해서만—자신의 몸을 내주었다. 혼외 성관계는 마치 모르는 사람에게 당신의 자동차 소유권 증서를 주면서 그 사람이 결국 자동차 값을 다 지불하기를 바라는 것이나 같다. 하다못해 자동차 소유권 증서도 남에게 그냥 내주지 않는 법인데, 많은 젊은 여자들이 자신의 몸을 덥석덥석 내주고 있다. 성적 친밀함은 사랑에 이르는 길이 아니라 사랑을 완성시키는 증표다.

베스트셀러 작가이자 목사인 팀 켈러^Tim Keller^는 성적 친밀함을 보는
기독교의 관점을 이렇게 요약했다.

> 섹스는 연합의 행위다. "나는 전적으로 당신의 것이다"라는 말과 같
> 다. 두 사람이 공적인 언약으로 삶 전체를 서로에게 내주고 나면 섹
> 스가 그 헌신을 완성시켜 준다. 섹스는 접합제처럼 두 사람이 "남은
> 평생 동안 나는 당신의 것이다"라는 말로 깊은 친밀함을 가꾸는 방
> 식이다. 반면에 혼외 성관계는 이런 말이나 같다. "나는 당신의 몸을
> 원하고 당신에게도 내 몸을 주고 싶다. 하지만 내 남은 평생을 줄 마
> 음은 없다. 법적으로, 심리적으로, 영원히 나 자신을 줄 마음은 없다.
> 삶은 각자에게 남겨 두고 몸만 서로 주자. 계속 독자적으로 살자."^9^

이와는 반대로 우리 문화는 젊은 여자들에게 자신의 가장 귀한 선물
인 성을 거저 주라고 부추긴다. 그래야 남자가 관계에 몰입하여 결국
헌신한다는 것이다. 할리우드는 성적 친밀함이 헌신적 사랑을 낳는다
는 얼토당토않은 이야기들을 집요하게 내놓는다. 이런 잘못된 궤도에
서는 **사랑의 감정**에 거의 신성한 위력이 더해진다. 순결을 파괴하는
잘못된 궤도는 이런 식이다.

사랑의 감정 ⇨ 성적 친밀함 ⇨ 감정이 없어짐 ⇨ 관계가 끝남

사람의 감정을 통해 만족을 얻겠다는 것은 현대 문화의 애절한 희망
이다. 그러나 동시에 어리석기 짝이 없는 일이다. 남자들은 여자의 가

장 귀한 선물을 덥석 받을 뿐, 사랑의 대가가 부담스러워지기 시작하면 여자친구를 버린다. 여자는 정서적 착취를 당한 채 홀로 남는다. 본래 헤세드 사랑을 완성시키도록 되어 있는 섹스가 쾌감을 맛보는 일시적 수단으로 전락한다. 그것은 결국 남녀를 양쪽 모두 망쳐 놓고, 그 사이에서 태어나는 자녀는 아버지 없는 신세가 되고 만다.

반대로 성경적 궤도는 헤세드 사랑의 공적인 헌신을 성적 친밀함보다 앞세운다.

사랑의 감정 ⇨ 공적인 헌신 ⇨ 성적 친밀함 ⇨ 사랑이 지속됨

디트리히 본회퍼Dietrich Bonhoeffer는 옥중에서 보낸 편지에 그것을 아름답게 압축했다. "당신의 사랑이 결혼 생활을 지탱시켜 주는 게 아니라……결혼 생활이 당신의 사랑을 지탱시켜 준다."[10] 즉 헤세드의 헌신은 사랑의 감정과 성적 친밀함의 테두리가 되어 준다. 반면에 헌신 이전의 성관계는 참담한 결과를 부른다. 작가 케이트 볼릭Kate Bolick은 대학을 갓 졸업한 여자 5명을 인터뷰한 뒤, 짝짓기 문화(헌신 없는 섹스)에 빠져 있는 그들에 대해 이렇게 썼다. "뜻밖에도……혼기가 차면 결혼할 마음이 있느냐는 질문에……그들은 '그렇다'고 답했다.……한 사람은 '그때까지 이런 생활을 견딜 수 있을지 모르겠다!'고 말하기까지 했다."[11] 이 젊은 여자가 견딜 수 없었던 것은 성적 친밀함을 통한 끝없는 오디션이었다. 그런 삶이 아무런 도움도 되지 않았던 것이다.

「뉴욕타임스」지에 기고하는 심리학자 메그 제이Meg Jay는 다음과 같은 말로 자신도 모르게 오랜 전통의 성경적 궤도를 지지했다. "내담

자들은 동거하지만 않았으면 몇 달로 끝났을 관계들에 자신의 20대를 거의 다 바친 것을 후회했다." 결론적으로 남자들은 헤세드 사랑에 공적으로 헌신하는 데 질색했다. 결혼 전부터 동거한 커플들의 이혼율이 더 높은 이유를 모색하며 제이는 이렇게 썼다. "이 사람일지도 모른다는 기초 위에 지은 삶은 백년해로를 서약한 결혼의 기초 위에 지은 삶만큼 헌신적으로 느껴지지 않았을 수 있다." 제이의 내담자 중 하나인 제니퍼는 "남자 친구의 헌신을 느껴 본 적이 없다. 그의 아내가 되려고 몇 년씩 끝없이 오디션을 치르는 기분이었다"라고 말했다.[12]

성경적 궤도는 순결을 유지시켜 결국 사람을 온전하게 지킨다. 반면에 거짓된 궤도는 성적 친밀함과 헌신을 분리시켜 결국 관계뿐 아니라 사람까지 망쳐 놓는다. 케이트 볼릭의 데이트 상대들이 헤세드 같은 헌신과 섹스를 분리시킴으로 어떻게 스스로를 망쳤는지 잘 보라. 볼릭은 이렇게 기술했다.

> 그 저명한 교수는 다섯 번째 데이트에서 자기는 헌신된 정서적 관계는 유지할 수 없지만 육체관계에는 관심이 많다고 내게 말했다. 그 소설가는 나와 사귄 지 한 달 만에 다시 밖으로 나가 여자나 꾀어야겠다고 말했다. 그러면서도 어쨌든 우리끼리는 섹스를 계속하거나 적어도 마지막으로 한 번만 더 해도 되겠느냐고 물었다.[13]

그녀는 계속해서 "짝짓기 문화"를 이렇게 진단했다. "질문 상대에 따라……이 문화는 젊은 여자들을 성욕에 대한 수치심로부터 해방시켰거나 아니면 원하지 않는 문란한 삶으로 떠밀었거나 둘 중 하나다. 젊은 남자들한테야 그만한 횡재가 없어 보였다."[14] 그래서 보아스도 젊은 남자들을 믿지 않았다.

보아스는 이런 자상한 배려로 말을 맺었다. "목이 마르거든 그릇에 가서 소년들이 길어 온 것을 마실지니라." 이것은 룻의 물리적 갈증을 해결하는 방법일 뿐만 아니라 상징적 의미까지 있었다. 다문화권의 긴장 속에서 물그릇은 중요한 문제였다. 요한복음 4장의 사마리아 여인은 예수께서 자신의 물그릇에 입을 대려 하신다는 사실에 충격을 받았다. 1950년대 미국 남부에는 음수대가 백인용과 흑인용으로 구분되어 있었다. 보아스는 룻에게 물을 권함으로써 룻의 갈증만 풀어 준 게 아니라 룻을 공동체 안으로 맞아들인 것이다.

사랑은 바라봄으로 시작된다

보아스는 한순간에 룻의 삶을 바꾸어 놓았다. 룻은 주체할 수 없어 바닥에 엎드려 이마를 땅에 댔다. 넘치는 호의에 깜짝 놀라 이유를 물었다. "룻이 엎드려 얼굴을 땅에 대고 절하며 그에게 이르되 '나는 이방 여인이거늘 당신이 어찌하여 내게 은혜를 베푸시며 나를 돌보시나이까' 하니"(룻 2:10).

여기서 우리는 룻의 감정을 처음으로 엿보게 된다. 그것은 바로 아찔한 안도감이다. 그녀는 두려웠고, "이방 여인"의 사회적 지위를 분명히 알고 있었다. 룻은 섬세한 대조적 표현으로 자신이 혼자임을 강조했다. 그것을 옮겨 보면 "눈에 띄지 않는 존재를 당신이 눈여겨보아

주었나이다"와 같이 된다.[15] 룻은 아무런 감정이 없는 성인(聖人)이 아니라 헤세드 사랑에 따르는 대가를 절감했다.

보아 주는 이 없이 사랑하며 견디다가 누군가가 보아 주면 감정이 복받칠 수 있다. 오랫동안 그러려니 하고 속에만 품고 있다 보니 외로움이 당신의 일부가 되어 버렸다. 그때 누군가가 당신을 정말 챙겨 주며 사랑을 듬뿍 베푼다. 그러면 당신은 당황하여 어쩔 줄 모른다. 룻의 부활이 시작되었다. J형 곡선의 오르막길에 들어섰다.

보는 눈이 사랑에 얼마나 중요한지도 함께 잘 보라. 룻은 "어찌하여 내가 당신의 눈에 은혜를 입어 당신이 나를 **보아** 주시나이까"(ESV)라고 물었다. 보아스도 룻에게 말할 때 똑같은 식으로 표현했다. "그들이 베는 밭에 네 눈을 두고"(룻 2:9, ESV). 구약에서 행동은 눈길로 시작된다.[16] 그래서 여호와께서도 이스라엘을 향한 사랑을 표현하실 때 모세에게 이렇게 말씀하셨다. "내가……내 백성의 고통을 분명히 **보고**"(출 3:7).

주목은 타인의 세계 속으로 들어가는 구체적인 행동의 첫걸음이다. 지금까지 룻이 나오미를 주목했는데, 이제 처음으로 누군가가 룻을 주목해 주었다. 보아스는 룻의 세계 속으로 들어갔다. 그의 길은 **보는** 눈으로 시작되어 **긍휼**을 거쳐 **행동**으로 나타났다. 그것이 룻을 이용하거나 추행할 목적으로 보는 사람들로부터 룻을 보호해 주었다.

복음서에 예수께서 사람들을 바라보셨다는 말이 가득한 것은 당연한 일이다. 그분의 눈길은 대개 긍휼을 낳았고, 긍휼은 다시 행동을 낳았다. 선한 사마리아인과 탕자의 아버지도 둘 다 이 궤도를 따랐다.[17] 우리는 미지의 세계 앞에서 얼어붙을 게 아니라 지금부터 제대로 바라볼 수 있다. 우리에게는 계획 대신 길이 있다. 그래서 굳이 모든 것을 미리 알 필요가 없다. 그것만으로도 어깨가 한결 가벼워진다.

12.
세상은 사랑을 갈구한다

롯은 보아스의 호의에 감격하여 뻔한 질문을 던졌다. "어찌하여"라는
그녀의 물음에 이제 보아스가 설명을 내놓는다. "네 남편이 죽은 후로
네가 시어머니에게 행한 모든 것과 네 부모와 고국을 떠나 전에 알지
못하던 백성에게로 온 일이 내게 분명히 알려졌느니라"(룻 2:11).

보아스는 롯이 나오미에게 베푼 남다른 호의와 문화적 장벽을 뛰
어넘은 용기를 들어서 알고 있었다. "네 부모[를]……떠나"라는 문구
는 창세기 2:24와 동일한 표현으로, 룻이 나오미를 사랑하여 결혼을
포기했음을 강조해 준다.[1] 룻의 사랑에 대한 항간의 소문은 방금 사환
이 한 말과 정확히 일치했다. 그래서 보아스는 롯이 자기 밭에 온 것
을 기뻐하다 못해 영광으로 여겼다. 롯의 사랑에 감동했기 때문이다.
하지만 보아스는 롯의 사랑만 본 게 아니다. 그의 어법에는 하나님께
서 아브라함에게 명하여 부모를 떠나 알지 못하는 땅으로 가라 하셨
던 사건이 겹쳐져 있다(창 12:1). 보아스는 롯에게서 아브라함과 비슷

한 믿음을 보았던 것이다.

보아스가 자기 밭의 낯선 사람을 즉각 짚어 낼 수 있었던 것은 그만큼 주의력이 예민했기 때문이다. 그 주의력 덕분에 그는 마을에 나도는 룻의 이야기도 경청했다. 나오미가 돌아온 뒤로 동네 여자들이 그 집에 음식과 마실 것도 선물로 가져다주고 그간의 이야기도 들었을 것이다. 나오미는 모압에 살던 때부터 룻이 남편을 잃고도 자신을 얼마나 극진히 사랑했는지 말해 주었을 것이다. 나오미를 향한 룻의 사랑은 성읍을 충격에 빠뜨렸다. 보아스의 말에서 이런 느낌이 풍겨난다. "네가 바로 베들레헴 모든 사람의 입에 오르내리는 그 여자로구나."[2] 그는 헤세드 사랑의 본보기를 만난 셈이다.

M. 나이트 샤말란Night Shyamalan의 영화 「빌리지」The Village를 보면, 마을의 한 원로가 이런 말을 한다. "세상은 사랑을 갈구한다. 세상은 사랑 앞에 두려워 무릎을 꿇는다." 헤세드 사랑이 우리를 매료하는 이유는 그것이 매우 진기하기 때문이다. 테레사Mother Teresa 수녀가 하버드에서 강연했을 때, 학생들과 교수들은 몸집이 왜소한 이 알바니아 시골 출신의 여자에게 5분 동안 기립 박수를 보냈다. 무엇 때문인가? 극빈자들을 향한 그녀의 사랑 때문이었다. 보아스도 혼자서 룻에게 기립 박수를 보낸다. 룻에게 외경을 느끼며 사랑의 발치에서 경배한다.[3]

사랑의 길에서 복을 경험하라

보아스는 룻의 질문에 답한 후에 룻을 축복한다. 룻에게 풍성한 보상을 주시고 삶 전체에 복을 주시도록 하나님께 기도한다. "여호와께서

네가 행한 일에 보답하시기를 원하며 이스라엘의 하나님 여호와께서
그의 날개 아래에 보호를 받으러 온 네게 온전한 상 주시기를 원하노
라"(룻 2:12).

보아스의 축복에는 두 가지 은유가 들어 있다. 첫 번째 은유는 보
답과 보상이다. 여기 "보답하다"라는 말은 "넘치는 평화"를 뜻하는
"샬롬"*Shalom*에서 파생되었다. 룻이 온전히 회복될 것이라는 의미다.
실제적으로는 자상한 남편, 자녀가 가득한 집, 풍성한 양식을 뜻한다.[4]
두 번째 문구인 "온전한 상"은 문자적으로 "너의 삯이 두둑하기를 빈
다"라는 뜻이다. 보아스의 축복 이면에는 룻의 사랑이 하나님의 마음
에 빚처럼 무겁게 쌓여 있다는 의미가 담겨 있다. 이 빚은 엄청 커서
하나님만이 갚으실 수 있다.[5]

보상이라는 개념을 불편해하는 사람들도 있다. "사랑의 삯"은 타산
적 냄새를 풍기고 은혜를 약화시키는 듯 보인다. 그들은 사람들이 보
상을 바라고 사랑할 것을 우려한다. 사랑이 뭔가를 얻어 내기 위한 수
단이 된다는 것이다. 그러나 바울은 물론 예수께서도 보상과 삯의 어
법을 자주 쓰셨다. 그분이 아셨듯이 우주는 눈에 보이지 않게 서로 얽
혀 있다. 오늘 우리가 하는 일은 남은 평생과 연결된다. 삶은 길이요
순례다. 고립된 시간 속에 사는 게 아니라 심고 거두는 궤도 속에 사
는 것이다. 지금의 모든 행동은 됨됨이를 만들어 내고, 우리는 바로 그
런 사람이 되어 간다. 우리가 살아가는 세상은 순종하면 기계적으로
보상이 따라오는 경직된 비인격적 세상이 아니다. 우리는 아버지의
세상에 살고 있다. 그것은 결이 풍부한 세상이며, 보이지 않는 끈들이
질서를 이루며 우리를 하나로 묶고 있다. 삶 전체가 언약이다.

이 진리를 무시하면 값싼 은혜가 나온다. 은혜가 삶의 순리와 단절되는 것이다. 바울은 갈라디아 교인들에게 복음을 설명한 후에 이렇게 말했다. "스스로 속이지 말라. 하나님은 업신여김을 받지 아니하시나니 사람이 무엇으로 심든지 그대로 거두리라"(갈 6:7). 다시 말해서 "은혜 때문에 우주의 도덕 원리가 바뀌었다고 생각하지 말라." 보아스가 보기에 룻은 영적인 의미에서 애플사나 마이크로소프트사의 첫 상장주를 구입한 것이나 같았다. 보아스는 하나님을 알았다. 이제 룻의 삶이 복에 흠뻑 적셔지는 것은 시간문제일 뿐이었다. 부활이 다가오고 있었다.

보아스가 알았던 하나님은 보상하시는 분이요 자상하신 보호자였다. 이는 하나님을 우주의 무능한 통치자로 본 나오미의 관점과 극명한 대조를 이룬다. 보아스의 복은 나오미의 애통에 대한 하나님의 온유하신 응답이다.

하지만 보아스는 하나님을 보상의 주체로 밝히는 데서 그치지 않고 자기가 직접 룻에게 보상해 주었다. 그리하여 자신의 기도에 스스로 응답했다. 처음에는 물리적으로 그랬고 나중에는 정서적으로 그랬다. 여호와를 따르는 그는 여호와의 의무 곧 사랑하셔야 할 의무에 공감했다. 그 결과는 무엇인가? 보아스의 언행일치였다. 그것이 성실성이고 진정한 솔직함이다.

보아스가 두 번째로 사용한 복의 은유는 룻이 하나님의 날개 아래에 숨어 있다는 것이다. 병아리들이 엄마 닭의 날개 아래에 숨는 광경을 시골에서는 흔히 볼 수 있다. 나도 어렸을 때 오리건 주의 사촌 집 농장에서 병아리들을 잡으려 했던 일이 기억난다. 병아리들은 종종 걸음 쳐 엄마의 날개 밑으로 숨어들곤 했다. 그러면 나는 엄마 닭에게 쪼이고 싶지 않아 뒤로 물러났다. 이 애정 어린 이미지에 하나님의 전폭적 보호가 잘 드러나 있다. 보아스의 말대로 하나님은 룻을 따뜻한 품 안에 꼭 끌어안아 주실 것이다. 보아스의 첫 번째 은유가 룻의 바깥세상을 챙겨 주었다면, 이번 은유는 룻의 마음과 정서적 삶을 챙겨 준다. 보아스는 강하면서 자상하다. 보기 드문 조합이다. 그가 사용하는 복의 은유들조차 그의 삶과 일치한다.

보아스는 두 번째 은유를 통해 복을 빌어 주는 것으로 그치지 않고, 룻이 행한 일을 진술했다. "그의 날개 아래에 보호를 받으러 온 네게"라는 말로 보아스는 룻의 사랑의 숨은 원동력인 룻의 믿음을 지적했다. 룻은 보아스가 자신에게 호의를 베푸는 동기를 알고자 했다. 이에 보아스는 자신의 동기도 룻과 똑같이 이스라엘의 하나님이라고 답한다. 룻이 여호와를 따른 이유는 나오미를 사랑하는 일에 그것도 포함되어 있었기 때문이 아니다. 룻의 전 존재가 하나님 안에 숨겨져 있었다. 그것이 믿음의 정수다. 헤세드 사랑의 풍랑에 휩싸일 때, 당신은 하나님 안에 숨는다. 도움 없이 혼자 견딜 때, 그분만이 당신의 유일한 피난처이시다. 믿음은 감정이 아니라 당신이 숨는 곳이다. 즉 하나님의 품 안이다.

축복을 잃어버린 세계

세속화될 대로 세속화된 우리 시대는 복을 그저 의례적인 말 정도로 치부한다. 룻기는 그렇지 않다. 룻기는 지성적 존재이신 하나님이 우리 삶을 주관하셔서 선하고 복되게 하시려 함을 전제로 한다. 룻기의 첫말도 축복이고 마지막 말도 축복이다. 각기 다른 사람들 또는 집단들이 열 번이나 서로를 축복한다. 이로써 화자가 복에 대해 우리에게 뭔가 말하려 함을 알 수 있다.[6]

서구인들은 복의 개념보다 복의 부정인 저주에 더 익숙해져 있다. 저주란 뭔가가 잘못되기를 비는 기도다. 저주는 말의 위력으로 뭔가를 파괴하려 한다. 반대로 축복은 말의 위력으로 뭔가를 창조한다. 축복은 하나님께 그분의 신비로운 방식으로 타인의 삶을 잘되게 해달라고 청하는 기도다. 축복이나 저주에는 두 가지 전제가 깔려 있다. (1)말에는 위력이 있다. (2)세상은 보이지 않게 서로 얽혀 있다. 히브리인들의 축복에는 다음과 같은 전제가 깔려 있다. 하나님은 우주의 능동적 행위자이시며, 인간의 말을 들으시고 선을 행하시는 창조적 능력이시다.[7]

우리 삶은 낙심으로 채색될 때가 너무 많다. 그 속에서 축복은 곧 격려다. 예수께서도 사람들을 치유하시기 전에 격려해 주곤 하셨다. 나인 성 과부의 아들을 다시 살리시기 전에 그분은 "울지 말라"는 말씀으로 그녀를 격려해 주셨다(눅 7:13). 축복은 그냥 기분 좋은 말이나 인사치레가 아니다. 축복하면 하나님의 능력이 역사한다. 축복은 내 힘으로는 줄 수 없는 선물을 가져다준다. 소원만 크고 능력은 작은 나의 괴리를 메꾸어 준다. 그뿐 아니라 축복의 대상을 하나님의 더 큰 소원, 하나님의 더 큰 능력과 연결시켜 준다. 축복은 뭔가를 이루어 낸다. 축복은 사랑의 물꼬를 튼다.

복이 임하는 원리와 이유는 불투명하다. 그래서 복을 "재수"나 "재능" 탓으로 돌리기 쉽다. 원인이 보이지 않으니 원인이 없다고 생각한다. 하지만 사랑과 희망처럼 삶의 가장 좋은 것들은 모두 보이지 않는다. 하나님의 임재도 마찬가지다. 시편 기자는 하나님에 대해 이렇게 말했다.

주의 길이 바다에 있었고
주의 곧은길이 큰물에 있었으나
주의 발자취를 알 수 없었나이다(시 77:19).

예수께서는 하나님의 활동이 바람과 같다고 하셨다. "바람이 임의로 불매 네가 그 소리는 들어도 어디서 와서 어디로 가는지 알지 못하나니"(요 3:8). 바람을 감지하려면 속도를 늦추고 이야기에 주목해야 한다.

우리가 복을 심각하게 받아들이지 않는 이유는 18세기의 계몽주의가 세상을 현실과 비현실, 물질세계와 영의 세계로 갈라놓았기 때문이다. 측정되지 않는 것은 현실이 아니다. 그래서 복은 산타클로스와 '프로스티 더 스노우맨'Frosty the Snowman(미국 아이들에게 인기 있는 캐릭터이자 눈사람 모양의 캐릭터—옮긴이)의 세계로 전락했다. 상대의 행운을 비는 생각 정도로 내려앉은 것이다.

하나님이 존재하지 않거나(무신론) 멀찍이 떨어져 계시다면(이신론) 축복의 말은 무의미한 덕담에 지나지 않는다. 하지만 주권적인 사랑의 하나님이 우리 삶을 빚고 계시다면, 축복의 말은 하나님의 능력이 상대의 삶 속에 임하기를 청하는 기도다. 기독교가 내리막길을 걷기 전까지만 해도 서구인들은 늘 그 일을 했었다. "하나님이 당신과 함께 계시기를"God be with you이라고 서로에게 말했었다. 그런데 지금은 그것이 "굿바이"good-bye로 축약되고 말았다.

축복의 말을 상대의 기분을 좋게 해주는 덕담 정도로 생각하지 말라. 우리의 삶은 오프라 쇼The Oprah Winfrey Show가 아니다. 축복이란 살아계신 하나님께 그분의 **행동**과 구체적인 개입을 청하는 일이다. 작은 창조의 행위다. 내 딸 코트니는 그것을 이렇게 표현했다. "내 생각에 축복이란 우리도 창조주를 본받아 무에서 유를 불러내는 것이다. 축복은 단순히 소원을 비는 정도가 아니라 하나님의 선하심이 나타나기를 기도하는 것이고, 내가 직접 손발이 되어 그 선하심을 보여주는 것이다."

하나님의 복이 실제임을 알면 감당하기 힘든 삶의 현실 앞에서도 용기를 얻어 담대히 나아갈 수 있다. 내 인생이 바닥을 치고 미래가 사라져 버린 적이 있었다. 나는 내가 주도하여 세운 비영리기관에서 지도자가 되지 못하고 탈락되었다. 수치심과 절망감으로 힘들었지만 신임 지도자의 취임식에 갔다. 그는 훌륭하고 경건한 사람이었다. 그를 찾아가 따뜻하게 인사하며 그의 사역에 하나님의 더없이 풍성한 복이 임하기를 빌어 주었다. 진심이었다. 나는 그가 잘되기를 바랐다. 그는 당황하는 기색이 역력했다. 축복의 말이 이미 효력을 발하고 있었다. 나는 원수를 축복하라는 예수의 명령에 따른 것뿐이다. 그 사람이 나의 원수는 아니었지만 원리는 똑같다.

온 세상이 나를 대적하는 것 같아 걷잡을 수 없는 낙심이 몰려올 때가 있다. 그럴 때 우리는 누군가에게 단순한 기도를 베풀 수 있다. 다른 사람이 잘되기를 빌어 줄 수 있다. 이렇게 예수를 따르면 고약한 심보의 삶이 제대로 무너진다. 우리는 악 앞에서 전혀 무력해질 필요가 없다.

13.
겸손: 사랑의 길

롯은 베들레헴에 들어설 때도 두려웠고 혼자 과감히 밭으로 나갈 때도 두려웠다. 사랑의 대가가 느껴졌다. 그래서 롯이 자신을 축복하는 보아스에게 한 대답은 "남편이 죽은 뒤로 막막한 세월을 보내다가 드디어 크게 내쉬는 기쁨과 안도의 한숨소리"처럼[1] 들린다. "롯이 이르되 '내 주여, 내가 당신께 은혜 입기를 원하나이다. 나는 당신의 하녀 중의 하나와도 같지 못하오나 당신이 이 하녀의 두려움을 달래 주시고 마음을 기쁘게 하는 말씀을 하셨나이다' 하니라"(룻 2:13).[2]

"마음을 기쁘게 하는 말씀을 하셨나이다"를 원문 그대로 옮기면 "가슴에 대고 말씀하셨나이다"라는 뜻이다. 상대의 가슴에 고개를 누이고 말하는 광경을 떠올려 보라. 고요한 힘의 결정체인 롯은 보아스의 "달콤한 위무의 말"을[3] 그대로 느꼈다.

앞에서 롯은 민족의 장벽마저 뛰어넘는 보아스의 친절에 감탄을 표했다("나는 이방 여인이거늘 당신이 어찌하여……나를 돌보시나이까").

이번에는 계층이 다른데도 자신을 돌보아 주는 그에게 감격한다("나는 당신의 하녀 중의 하나와도 같지 못하오나"). 룻이 사용한 "쉬프카"라는 단어는 가장 낮은 계층의 여종을 가리킨다.[4] 룻의 말은 사실상 "나는 천민 중의 천민도 못 된다"라는 뜻이다. 룻은 나오미를 사랑한 대가로 사회의 밑바닥 인생이 되었지만, 그래도 낮은 지위를 밀쳐 내지 않았다. 예수처럼 룻도 **낮은 자리를 취했다**. 사랑과 겸손은 불가분의 관계다.

섬김에 겸손이 곁들여지면 섬김이 즐거워지다시피 한다. 그 어떤 선물을 받아도 감사가 넘친다. 반대로 교만은 불공평한 사랑의 무게를 감당하지 못한다. 룻이 아주 다른 사람이었다고 상상해 보라. 피해의식에 찌든 현대의 룻은 밭으로 나가면서 나오미 때문에 속이 부글부글 끓는다. 나오미가 어제는 자기를 무시하더니 오늘은 돕지도 않기 때문이다. 룻은 자기를 취약한 상황에 홀로 두신 하나님께도 부아가 치민다. 그래서 보아스가 도움을 베풀 때도 룻은 마지못해 감사하는 정도다. 자기 인생이 얼마나 고달프며 무엇을 포기했는지 보아스가 알 턱이 없기 때문이다. 그동안 잃은 모든 것들이 어떻게 그의 작은 선물로 보상될 수 있겠는가? 들끓는 원한과 사무친 억울함이 삶의 기쁨을 앗아가 버린다. 교만은 다른 사람들의 기쁨을 가식이라 여기며, 자기 자신의 기쁨의 가능성마저 비웃는다. 교만은 솔직함 치고는 아주 괴상한 것이라서 남들도 나처럼 우울해져야 한다고 고집한다.

룻의 대답을 듣고 나서 보아스는 어떻게 되었던가? 베들레헴 귀향길의 나오미처럼 보아스도 할 말을 잃었다. "예의를 다하면서도 최종 발언은 룻의 몫이었다."[5] 겸손과 사랑은 거의 물리적 위력이 있어 사

139

람을 불시에 덮쳐 유구무언이 되게 한다. 프랜시스 러셀[Frances Russell]도 하버드에서 테레사 수녀의 강연을 듣고 그렇게 되었다.

> 점점 어두워져 가는 오후에 나는 앉아서 듣고 있다. 서로 사랑하라. 이미 태어난 아이들과 아직 태어나지 않은 아이들을 사랑하라. 가난한 이들을 사랑하라. 모두가 너무 불가능할 정도로 단순하다. 그녀는 말한다. "모두에게 할 수는 없으니 한 사람으로부터 시작합시다. 진실한 사랑은 아플 수밖에 없습니다." 지칠 줄 모르는 강인한 여자가 말한다. 그녀는 캘커타의 거리에서 죽어 가는 이들을 거두는 일부터 시작했다. 하수구에 처박혀 있던 한 남자에게 손을 내밀었더니, 그가 하는 말이 사람 손의 온기를 느껴 본 지가 언제인지 모르겠다고 하더란다. 나이 많은 급우들과 함께 앉은 자리에서 천주교 신자도 아닌 나의 두 뺨에 눈물이 주르르 흐른다.[6]

권력은 사랑을 위해 사용되어야 한다

보아스는 자신의 권력을 사랑을 위해서 사용했다. 그리하여 타인의 어려운 형편 속으로 이끌려 내려갔다. 겸손은 그런 결과를 낳는다. 우리를 낮은 자리로 데려간다. 보아스는 사회의 한 밑바닥 인생을 알게 되었다. 낮은 데로 가면 상대와 더 가까워진다. 그는 자신의 힘을 젊은 남자들로부터 룻을 보호하는 데 사용했다. 젊은 남자들은 권력을 사랑과 분리시켜 사랑의 미명하에 룻을 이용할 소지가 높았다.

예수께서도 능력을 사랑과 분리시키지 않으셨다. 광야에서 닥쳐온 세 차례의 시험은 모두 예수께 자신을 위해 힘을 행사하라고 부추겼다. 신적 능력을 구사하여 돌로 빵을 만들고, 신성을 휘둘러 인성의 온갖 제약으로부터 자신을 보호하라는 것이었다. 그러나 그분은 거부하셨다. 성전 꼭대기에서 뛰어내리라는 유혹은 사랑과 전혀 무관한 표적이었다. 성전에 운집한 수많은 예배자들에게 예수가 참으로 하나님의 아들이심을 보여줄 수 있을 뿐이었다. 바리새인들은 늘 예수께 표적을 구했다. 거창한 기적을 통해 자신의 정체를 세상에 입증하라는 것이었다. 하지만 그것은 사랑 없는 능력이다. 그 길로 간다면, 예수께서는 즉시 유명인사가 될 것이다. 십자가 따위는 필요 없다. 우리는 그런 데 유혹을 느끼지만, 예수께서는 역겨워하신다. 바리새인들에게 그분은 "악하고 음란한 세대가 표적을 구"한다고 말씀하셨다(마 16:4).[7]

보아스는 또한 주의력이 예리하다. 아래로 내려가면 더 잘 보이는 법이다. 룻이 나오미의 문제의 핵심을 간파했듯이 보아스도 룻의 핵심을 꿰뚫어 본다. 다른 사람들에게 룻은 자기네 곡식을 가져가는 모압 여자로 보였지만, 보아스에게는 희생적 사랑을 실천하는 믿음의 거장으로 보였다.

룻의 겸손은 이야기 속에 계속 등장한다.

사랑은 받아들인다

다음 장면을 BC 12세기의 고등학교 점심시간이라 생각해 보라. 고등학교 2학년 때 당신의 집이 이사를 갔다. 당신은 친구들을 떠나 새 학교로 전학했다. 그렇다면 이제 하루 중 최악의 시간은 언제인가? 점심시간이다! 교사의 눈길이 미치지 않는 이 시간에는 당신을 받아 주는 집단이 세상 무엇보다도 중요해진다. 자, 당신은 어디에 앉을 것인가? 기분은 어떤가?

천생 보호자인 보아스는 룻의 불안한 마음에 미리 대처했다. "식사할 때에 보아스가 룻에게 이르되 '이리로 와서 떡을 먹으며 네 떡 조각을 초에 찍으라' 하므로 룻이 곡식 베는 자 곁에 앉으니 그가 볶은 곡식을 주매 룻이 배불리 먹고 남았더라"(룻 2:14).

"곡식 베는 자 곁에 앉으니"라는 히브리어의 표현은 룻이 일꾼들의 옆쪽이나 바깥쪽에 앉았다는 뜻이다. 안으로 초대받았을 때도 룻은 겸손히 끝자리를 택했다.

여기서 잠시 겸손의 특성을 생각해 볼 만하다.

1. **겸손은 물리적이다.** 물리적으로 더 낮은 자리를 택한다.
2. **겸손은 분명히 드러난다.** 겸손은 모호하지 않다. 보아스에게 말할 때 감사가 넘치는 룻에게서 겸손을 볼 수 있다. 이삭을 주우려고 나오미의 승낙을 구하는 모습, 고마움에 겨워 보아스의 발치에 엎드리는 모습, 무리의 끝자리에 앉는 모습에서도 마찬가지다.
3. **당신이 투명 인간처럼 느껴질 수 있다.** 겸손하게 행하면 사람들이 당신을 알아주지 않는다.
4. **분노와 질투와 다툼 같은 많은 죄는 낮은 자리를 싫어하는 데서 비롯된다.** 우리를 냉대하는 사람들은 대개 우리를 낮은 자리에 둔다. 그러면 우리는 분통을 터뜨린다. 낮은 자리가 싫기 때문이다.
5. **일단 충격에서 헤어나면 낮은 자리는 영혼의 깊은 안식의 자리다.** 다

윗은 시편 131편에서 자신의 삶이 낮은 자리에 있다고 했다. "내 눈이 오만하지 아니"한 거기서, 그는 "내 영혼으로 고요하고 평온하게 하기를 젖 뗀 아이가 그의 어머니 품에 있음 같게" 했다(시 131:1-2).

6. **낮은 자리에서 사람들을 만난다.** 마치 친구들로 가득한 캄캄한 방에 들어서는 것과 같다. 처음에는 아무도 보이지 않아 혼자인 것 같다. 그러나 어둠에 눈이 익어지면 어디에나 친구들이 보인다. 높은 데 있을 때는 눈에 띄지 않던 사람들일 수도 있다.

7. **낮은 자리의 큰 기쁨은 거기가 하나님이 거하시는 자리라는 것이다** (사 57:15). "끝자리에 앉으라"(눅 14:10) 하신 예수의 말씀은 잠언 25:6-7을 인용하신 것이다. 그분의 생애 전체가 자신을 낮추신 삶이었다(빌 2:1-11). 남이 우리를 낮은 자리에 두어도 우리가 자진해서 거기로 갈 수 있다. 하나님이 허락하신 삶의 조건을 그대로 받아들일 수 있다. 낮은 자리를 택하면 "너와 나 사이의 싸움"이 "나와 함께하시는 하나님"으로 바뀐다. 룻도 끝자리를 택했다.

보아스의 이전의 지시들이 룻을 물리적으로 받아들였다면, 점심시간의 초대는 룻을 사회적으로 받아들였다. 그는 명쾌하고 공적인 일련의 명령으로 룻을 공동체의 한복판으로 끌어들였다. 그는 직접 룻을 섬겼고 룻의 곁을 맴돌다시피 하며 시중까지 들었다. 옆에서 보기에 거의 민망할 정도였다.

보아스의 명령은 명확하여 조금도 모호한 구석이 없었다. 그래서 룻은 자신이 따를 길을 명확히 알 수 있었다. 이로써 침투할 수 없을 만큼 긴밀했던 공동체의 외벽이 뚫렸다. 풋볼 팀의 주장이 점심시간에 당신을 옆으로 불러 자신의 샌드위치를 나누어 먹는다고 생각해 보라. 다른 선수들이 질투할지는 몰라도 고등학교의 아이콘에게 감히 시비를 걸 사람은 아무도 없다.

"그가 볶은 곡식을 주매"에서 "주다"로 번역된 동사는 구약성경에서 여기에만 나온다. 그래서 그 의미가 확실하지 않다. 칠십인역(히브리어 성경을 BC 200년경에 번역한 헬라어 역본)은 아예 새 단어를 지어내 보아스가 룻 앞에 음식을 "쌓아 올렸다"고 표현했다. 룻의 음식이 남은 것으로 보아 일리가 있는 표현이다. 역사적으로 중동 지방의 손님은 일부러 음식을 남겼다. 음식을 다 먹으면 주인이 손님에게 충분히 차려 내지 않았다는 뜻이 되기 때문이다. 한밤중의 친구에 대한 예수의 비유에도 그런 인식이 깔려 있다. 그래서 주인은 이웃에게 필요 이상으로 떡 세 덩이를 청했다. 보아스는 룻에게 넘치도록 채워 주고 싶었고, 자신의 사랑을 무한히 느끼게 해주고 싶었다. 비어 돌아왔다는 나오미의 애통을 보아스는 소리 없이 확 뒤집었다.

고대 근동에서는 함께 식사할 때 사람들 사이에 유대감이 싹트고 언약이 이루어졌다. 음식을 함께 먹은 사람은 결코 해치지 않고 존중할 수밖에 없었다. 하지만 남자와 여자는 직계가족이 아니고는 함께 먹지 않았다. 그런데 보아스는 문화적 통념을 깨뜨리고 여자를 초대했을 뿐 아니라 직접 시중까지 들었다.[8] 구약성경에 남자가 음식 시중을 들었다는 기록은 여기 말고 아브라함이 천상의 손님들을 섬겼을 때밖에 없다(창 18:1-8). 하지만 그들은 세 귀인(하나님과 두 천사)이었다! 반면에 룻은 가난한 모압 여인이었다.

보아스의 점심식사는 훗날 예수께서 오천 명을 먹이실 사건의 전조다. 그때도 사람들이 배불리 먹고 음식이 풍성히 남았다(막 6:42-43). 동일한 방식이 최후의 만찬을 거쳐 지금의 성찬식과 궁극적으로 어린양의 혼인 잔치에서도 계속된다. 예수께서는 그 혼인 잔치를 내다보시며 자신에 대해 이렇게 말씀하셨다. "주인이 띠를 띠고 그 종들을 자리에 앉히고 나아와 수종 들리라"(눅 12:37). 보아스처럼 예수께서도 자기 신부의 곁을 맴돌면서 시중을 들고 잔을 채워 주며 정성껏 섬기실 것이다.

예수처럼 보아스도 사랑하기를 즐겼다. "보아스는 평범한 시간을 영광스러운 기회로 승화시켜 긍휼과 아량과 수용을 베풀었다. 한마디로 이것이 성경의 헤세드 개념이다."⁹ 보아스는 룻과 첫인사를 나눌 때 시작한 축제를 그 뒤로도 쭉 이어 갔다. 헤세드는 그냥 사랑하는 게 아니라 사랑을 즐긴다. 잔치를 벌이기를 좋아한다.

사랑은 사람을 드러낸다

우리는 겸손해지면 자신이 소멸될까 봐 못내 두려워한다. 하지만 겸손한 섬김은 보아스를 소멸시키기는커녕 오히려 사람됨을 드러내 주었다. 전통 문화의 관점에서 보자면 보아스가 룻을 섬긴 것은 믿기 힘든 일이었다. 전통 문화의 남자들은 대개 여자를 섬기지 않았다. 여자의 세계 속에 들어갔다가 괜히 남자의 체통을 잃을까 봐 우려했다. 보아스도 그랬다면 그냥 룻을 취약하게 혼자 두었을 것이다.

반면에 지금 같은 진보 문화에서는 남자들이 여자를 평등하게 대하는 데 신경 쓰느라 여자를 섬기지 않는다. 남자들은 여자 앞에서 수동적이다 못해 용기가 없다. 보아스도 그랬다면 룻을 수용하기는 했겠지만 적극적으로 보호하거나 챙겨 주지는 않았을 것이다. 보아스의 적극적인 애정은 양극단의 위험을 모두 물리쳤다. 남자의 성품을 드러내는 진짜 시험은 여자들을 어떻게 대하느냐 하는 것이다.

보아스는 생명을 주는 사람이자 생명을 보호하는 사람이다. 그는 정성스레 아량을 베풀어 지극히 낮은 사람의 필요를 채워 주었다. 정말 남다른 모습이다. 부자의 주변에는 수많은 사람들이 몰려든다. 여기에 위협을 느낀 부자들은 정신을 잃지 않기 위해서라도 사방에 벽을 친다. 자신도 모르게 권력을 이용하여 사랑을 밀어낸다. 보아스의 끈질긴 아량이 남다른 이유가 거기에 있다. 어느 학자는 그것을 이렇게 표현했다. "보아스는 처음 입을 열 때부터 마지막 발언을 할 때까지(룻 4:9-10) 말투에서 긍휼과 은혜와 아량이 풍겨난다. 밭일하는 모압 여자에게 말을 거는 이 남자 안에서 헤세드가 육신이 되어 인류 가운데 거한다."[10] 이것이 진정한 인간성이다.

보아스는 리더십의 책임도 회피하지 않았다. 그는 한창 더울 때 밭을 찾아와 일꾼들과 함께 머물렀다. 젊은 남자들에게 처음에는 주의를 주었고, 나중에는 아량을 베풀도록 지시하여 문제를 미연에 방지했다. 그러고도 불과 몇 시간 만에 열네 개의 명령을 내려 룻을 챙겨 주었다. 이런 수고의 이면에 도덕적 용기가 숨어 있다.

로널드 레이건Ronald Reagan도 도덕적 용기의 위력을 알았다. 그는 베를린 장벽 앞에 서서 소련의 정상에게 "이 벽을 허무십시오"라고 말했다. 보아스는 룻의 취약성을 알았기에 일꾼들에게 공개적으로 명하여 룻의 순결을 보호하게 했다. 흔히 리더들은 돈이 아까워서 위험을 무릅쓰지 않는다("생산성이 높은 최우수 직원들의 비위를 건드리고 싶지 않다"). 그러나 보아스를 지배한 것은 하나님의 율법이었다. 그의 심령은 반사적으로 율법대로 움직였다. 남자들이 지배하던 세상에서 보아스는 젊은 남자들에게 명하기를, "아래로 내려서서" 한 취약한 여자를 보호하게 했다. 그는 부지런히 동참하며 늘 현장을 지켰다. 룻처럼 보아스도 사랑할 때 살아난다.

14.
사랑은 공동체를 창조한다

룻이 점심을 먹고 일어나자 보아스는 젊은 남자들에게 은밀히 지시한다. "룻이 이삭을 주우러 일어날 때에 보아스가 자기 소년들에게 명령하여 이르되 '그에게 곡식 단 사이에서 줍게 하고 책망하지 말며 또 그를 위하여 곡식 다발에서 조금씩 뽑아 버려서 그에게 줍게 하고 꾸짖지 말라' 하니라"(룻 2:15-16). 룻이 "이삭을 주우러 일어"난 후에야 보아스가 소년들에게 말한 것으로 보아 룻이 제일 먼저 일어났음을 알 수 있다. 화자는 계속 우리에게 룻을 알려 주되, 룻이 어떤 사람이라고 말하지 않고 룻의 성품을 보여준다.

보아스는 일꾼들에게 아예 다발에서 곡식을 뽑으라고 명했다. 몰래 아량을 베풀라는 뜻이다. 보아스가 룻을 환영하고 챙겨 준 것은 율법의 문자에 따른 일이었다. 그러나 이번의 새로운 명령은 그가 율법의 정신을 이해하고 있음을 보여준다. 율법의 정신은 바로 "네 이웃 사랑하기를 네 자신과 같이"(레 19:18) 하라는 것이다. 그는 처음에는

148

십일조를 계산했으나 이제는 자기 주머니에서 돈을 한 움큼씩 뽑아 주었다. 보아스는 사랑으로 룻을 감동시키고 싶었다. 하나님이 재물의 복을 주시면 우리는 처음에는 후히 베풀지만 곧 뒤로 물러나기 쉽다. 베푸는 삶에서 헤어나지 못할까 봐 걱정이 되어서다. 하지만 보아스 는 그렇지 않았다. 오히려 정반대로 했다.

보아스의 아량이 더 깊어진 까닭은 무엇인가? 우리는 모른다. 다만 헤세드의 위력은 다른 사람들 안에도 사랑을 불러일으킨다. 단순히 따라하는 정도가 아니다. 헤세드는 당신을 끌어들이고 매혹한다. 당신 도 그 속에 들어가 그 아름다움을 소유하고 싶어진다. 룻의 사랑은 보 아스를 끌어들였고, 보아스는 일꾼들까지 끌어들여 사랑의 사람이 되 도록 권했다. 사랑의 연쇄 반응을 부른 것이다. 예수께서도 요한복음 15:9에서 사랑의 연쇄 반응을 말씀하셨다. "아버지께서 나를 사랑하 신 것 같이 나도 너희를 사랑하였으니 나의 사랑 안에 거하라." 예수 의 수난도 그와 같아서 초대 교회에 완전히 새로운 사랑의 기준을 제 시했다. 그래서 그들은 순교를 상(賞)으로 여기게 되었다. 마찬가지로 룻의 사랑도 보아스에게 새로운 기준을 제시했다. 그 사랑이 보아스 의 삶뿐 아니라 베들레헴 성읍을 온통 들쑤셔 놓았다. 삶이란 고립된 시간 속에 사는 게 아니라 궤도 속에 사는 것임을 잊지 말라. 룻의 사 랑을 보면서 보아스의 사랑의 궤도도 더욱 깊어졌다. 그는 다른 사람 들까지 그 속으로 초대했고, 역행하는 악의 궤도를 발 빠른 조치로 미 리 제압했다.

헤세드 사랑 대 방어적 사랑

보아스는 일꾼들에게 룻을 적극적으로 안으로 받아들이게 했는데, 사실 이것은 그들의 질투를 부를 수 있었다. 질투는 굉장히 기만적이다. 여태까지 내가 속했던 공동체나 기관에서 가장 파괴적인 죄는 단연 질투였다. 그런데도 질투를 언급하거나 자백하는 말은 좀처럼 듣기 힘들다. 질투는 늘 뭔가 다른 것으로 위장한다. 은밀한 비방을 줄줄이 지어내 상대를 끌어내린다. 질투는 머리가 여럿인 히드라와 같다. 질투는 남의 성공을 배 아파하는 마음으로 시작되어 험담으로 새어 나오다가 급기야 비방으로 분출한다. 헤세드는 자신을 내주고 잃지만, 질투는 남을 짓밟고 얻으려 한다. 전자는 순전한 복음이고 후자는 악의 응어리다. 제9계명("거짓 증거하지 말라")과 제10계명("탐내지 말라")은 질투의 핵을 겨냥한 것이다. 밀턴^{John Milton}은 『실낙원』^{Paradise Lost}에서 사탄의 반역죄의 뿌리를 질투로 보았다.

1990년에 나는 퇴근길에 기차역으로 걸어가다가 내 마음속의 질투를 보고 회개했다. 그 회개를 계기로 하나님이 내 안에서 새롭게 일하셨고, 그것이 아직도 내 삶에 영향을 미치고 있다. 걷다가 깨달았는데, 나는 다른 선교단체의 성공을 질투하고 있었다. 내가 일하던 선교단체를 하나님께 넘겨 드리고 회개했다. 그때부터 내 삶을 새로운 방식으로 예수께 드리고 복종했다. 내 모든 소유를 수시로 예수께 의탁했을 뿐 아니라 나를 온전히 다스려 주시기를 기도했다. 하나님은 그 기도를 진지하게 받으셔서 나에게 고난을 허락하셨다. 그것은 나를 아들 예수와 사랑에 빠지게 하시려는 아버지의 귀한 선물이었다.

보아스는 질투의 문제에 미리 대처하여, 일꾼들에게 룻을 망신시키지 말라고 명했다. 흔히들 질투는 감추고 사랑만 드러내지만, 보아스는 그런 잘못된 관행을 거꾸로 뒤집었다. 그는 룻에게 굴욕감을 주고 싶지 않았다. 그래서 선심 쓰는 척하지 않고 몰래 베풀었다. 예수께서도 그런 마음으로 가나의 혼인 잔치의 기적을 숨기셨다. 신혼부부는 포도주가 모자라 난처해지기는커녕 오히려 인심 좋게 나중까지 최상급 포도주를 남겨 두었다는 칭찬을 들었다. 초점이 예수께 있었다면 그 부부는 실패자처럼 보였을 것이다. 최고의 사랑은 대개 숨어 있다.

하루가 끝난 후에 보아스가 직접 룻에게 남몰래 곡식을 더 주었다면 차라리 쉬웠을 것이다. 그런데도 그가 일꾼들의 원성을 무릅쓴 것은 룻을 안으로 받아들이기 위해서였다. 특히 "곡식 다발에서 조금씩 뽑아 버"리라는 명령은 여자들에게 한 것이다. 남자들이 벤 곡식을 다발로 묶는 것은 여자들의 일이었기 때문이다. 보아스는 여자들도 자기처럼 룻을 환영하기를 원했다. 그는 남자들은 룻과 떼어 놓고 여자들은 룻에게로 떠밀었다. 양식을 공적으로 줌으로써 그는 룻에게 양식만 준 게 아니라 친구들도 주었다.

이것은 수확하는 일꾼들에게 어떤 영향을 미쳤을까? 다발에서 곡식을 몰래 뽑아 땅에 버릴 때 기분이 어땠을까? 거의 재미있다시피 하루가 달라졌을 것이다. 주인은 그들에게 권하여 자기 양식을 주라고 했다. 그들 입장에서는 손해 볼 게 하나도 없었다! 오히려 착해 보였을 뿐이다. 그 결과는 무엇인가? 룻이 안으로 받아들여졌다.

공동체의 문제

방금 우리는 보아스가 한 외부인을 공동체 안으로 맞아들이는 모습을 보았다. 현대인들이 추구하는 공동체는 그야말로 천차만별이다. 어디로 가면 내가 사랑받을 곳을 찾을 수 있을까? 어떻게 하면 교회가 사교 클럽이 아니라 진정한 공동체가 될 수 있을까? 어떻게 하면 결혼 생활에 친밀함을 이룰 수 있을까?(친밀함은 공동체가 소규모로 강화된 상태라 할 수 있다)

우리는 좋은 공동체가 어떤 것인지 본능적으로 안다. 그곳은 나를 받아 주는 안전한 곳이다. 나를 알고 사랑해 주는 곳이자, 나 또한 사람들을 알고 사랑하는 곳이다. 포괄적 공동체를 만드는 일은 현대 문화의 성배(聖杯)다. 하지만 막상 실천하려면 굉장히 어렵다. 긴밀한 공동체를 구성하는 특성들 자체가 외부인을 받아들이는 데 방해 요소로 작용한다. 마치 물과 기름을 섞는 일과 같다. 공동체는 거의 언제나 공통 관심사나 전체적 관계를 중심으로 세워진다. 그런데 소위 외부인에게는 그것이 공통 관심사가 아니다. 공감대가 없는 사람을 어째서 받아들인단 말인가?

우리 딸 킴이 학교생활을 하는 내내 우리는 딸이 배척당하는 문제로 힘들었다. 물론 자폐증 때문에 킴을 이해하거나 킴과 소통하기가 어려울 수 있다. 하지만 조금만 노력하면 거의 누구나 킴을 즐거워할 수 있다. 안타깝게도 교회가 학교보다 더 안 좋았다. 적어도 장애아가 아주 많은 학교에서는 동료 학생들이 킴을 따뜻하게 대했다. 학교 바깥에서도 킴에게 다가와 "킴, 나 기억나?" 하고 말하곤 했다. 하지만 교회에서는 대다수 사람들이 킴을 피했다. 그들은 킴을 즐거워하는 법을 배우지 않았다. 하지만 킴의 장애 같은 장애들이야말로 공동체의 진주를 만들어 내는 모래알이다.

예수께서는 포괄적 공동체를 만드는 데 앞장서셨다. 다른 길은 없었다. 다른 공동체들은 안으로만 향하는 인력(引力)이 너무 강했다. 한번은 저녁 만찬석상에서 예수께서 주인에게 모두 엉뚱한 사람들만 청했다고 말씀하셨다.

> 네가 점심이나 저녁이나 베풀거든 벗이나 형제나 친척이나 부한 이웃을 청하지 말라. 두렵건대 그 사람들이 너를 도로 청하여 네게 갚음이 될까 하노라. 잔치를 베풀거든 차라리 가난한 자들과 몸 불편한 자들과 저는 자들과 맹인들을 청하라. 그리하면 그들이 갚을 것이 없으므로 네게 복이 되리니 이는 의인들의 부활 시에 네가 갚음을 받겠음이라(눅 14:12-14).

그리스도의 몸에서 모압인과 장애인은 환부에 해당한다. 사실 우리는 그들을 즐거워하고 높여야 한다. 그 모습을 볼 때 세상은 예수를 본다. 진정한 사랑이야말로 우리의 믿음을 보여주는 가장 강력한 논증이다.

공동체를 만드는 비결

완벽한 공동체를 찾으려 하는 사람들의 가장 큰 문제는 바로 그것, 곧 찾으려 한다는 것이다. 공동체란 **찾는** 것이 아니라 당신이 사랑으로 만드는 것이다. 그것을 염두에 두면, 낯선 사람들이 모여 있는 방에 들어설 때 당신의 마음가짐이 달라진다. 우리의 본능적인 생각은 "내가 아는 사람이 누구지? 누구한테 가야 편하지?"이다. 그것이 잘못된 물음은 아니다. 하지만 공동체를 만드는 예수의 물음은 "나의 사랑이 필요한 사람이 누구지? 소외되어 있는 사람이 누구지?"이다.

본능적으로 우리는 내 기분을 좋게 해줄 교회나 공동체를 찾으려 한다. 물론 환영받는 곳에 있는 것은 좋은 일이다. 하지만 그런 추구를 중심으로 삼으면 우상숭배가 된다. 모든 우상숭배가 그러하듯 이것도 결국 우리를 실망시킨다. 그러나 헤세드 사랑을 추구하는 사람은 어디를 가나 공동체를 만들어 낸다. 여기 공동체의 성립을 위한 두 가지 상반된 공식이 있다.

나를 사랑해 줄 공동체를 찾으려 한다 ⇨ 공동체에 실망한다
헤세드 사랑을 베푼다 ⇨ 공동체를 만들어 낸다

첫 번째 공식을 따르면 우리는 비판적이 되고 결국 외로워진다. 두 번째 공식은 우리의 삶을 넓혀 주고 깜짝 놀랄 일로 가득 채워 준다. 어떤 상황에서든—독신이든, 결혼 생활이 행복하든, 이혼했든, 결혼 생활이 힘들든—사랑으로 공동체를 만들 수 있다. 우리는 사랑을 기다리지 않고 사랑에 힘쓴다.

결혼 생활에서도 우리는 똑같이 한다. "참 사랑"을 찾고 친밀함을 찾겠다는 것은 곧 나를 이해해 주고 챙겨 줄 사람을 찾겠다는 것이다. 그런 바람은 아주 좋은 것이다. 하지만 일단 상대의 깊은 결함을 알

고 나면 대개 우리는 모든 것이 잘못됐다고 생각하며 뒤로 물러난다. 잘못된 부부 관계란 어느 쪽도 사랑의 고된 수고를 하지 않는 관계다. 그러나 한쪽에서 헤세드를 베풀기 시작하면, 그 즉시로 잘못된 부부 관계는 사라진다(결혼 생활이 쉬워진다는 말이 아니라 본질적 결함이 없어진다는 뜻이다). 까다로운 배우자를 사랑하는 일은 우리에게 남겨진 선한 도전이다.

자신도 모르게 우리는 공동체를 찾는 데 혈안이 된다. 친밀함을 찾는 일은 내 기분이 좋아지려는 위장된 요구에 지나지 않을 수 있다. 친밀함과 공동체는 사랑의 산물이다. 그 반대가 아니다. 그러므로 우리는 친밀함부터 요구할 게 아니라 사랑에 힘써야 한다. 그래야만 친밀함에 이를 수 있다. 룻도 그렇게 했다. 나오미를 위한 룻의 생죽음이 둘 사이에 끈끈한 공동체를 만들어 냈다. 요한은 예수의 죽음에서 그 원리를 짚어 "예수께서 그 민족을 위하시고……하나님의 자녀를 모아 하나가 되게 하기 위하여 죽으실 것"이라 해석했다(요 11:51-52). 사랑으로 죽으면 연합의 가능성이 열린다.

그리스도의 몸에서 환부는 곧 은혜의 도관이다. 그런데 우리는 그런 환부를 밀어낸다. 이 환부는 독선적인 배우자일 수도 있고 까다로운 자녀일 수도 있다. 고집스런 남편이나 독선적인 아내를 사랑으로 견디면 공동체가 생겨난다. 불공평한 사랑과 더불어 살면 된다. 내 친구 피터에게서 그것을 보았다. 그는 가벼운 정신분열증에 걸린 아내를 매시간 주까지 찾아가곤 한다. 그가 사랑으로 견딘 세월이 내가 지켜본 것만도 어언 20년이다. 그의 두 딸도 적잖은 어려움을 겪었지만 지금은 둘 다 기독교 신자와 결혼하여 행복하게 살고 있다. 그중 하나는 남편이 목사다. 언젠가 우연히 나와 마주친 한 딸이 이런 말을 했다. "아빠가 사랑으로 견뎌 우리 가정을 구했습니다." 어머니를 견디는 아버지를 보며 두 딸은 주변 세상이 무너져도 사랑하는 법을 배웠던 것이다.

예수께서 부활하신 후에 막달라 마리아에게 "내가 내 아버지 곧 너희 아버지, 내 하나님 곧 너희 하나님께로 올라간다"(요 20:17)라고 말씀하셨다. 예수의 이 어법은 룻의 말을 닮은 동시에("어머니의 하나님이 나의 하나님이 되시리니") 또한 그분이 죽음과 부활로 만들어 내신 공동체를 암시한다.[1] 우리를 향한 예수의 헤세드 곧 그분의 상한 몸이 상한 심령들의 공동체를 새로 만들어 냈다. 거기서 우리는 동료 형제자매들로서 그분과 하나로 연합한다. 자아를 죽이는 사랑이야말로 모든 공동체를 만들어 내는 비결이다.

독신자도 사랑을 지속할 수 있다

공동체가—특히 결혼이—자꾸만 멀리 달아나면 어찌할 것인가? 당신의 보아스나 룻이 영영 나타나지 않으면 어찌할 것인가? 우리 문화의 엘리트층은 수십 년에 걸쳐 남성성을 공격해 왔다. 그것이 드디어 위력을 발휘하고 있다. 많은 남자들은 스포츠에 중독되고 섹스에 열광하는 자아상에 홀려 있거나, 아니면 헌신적 관계가 두려워 조용히 뒷전으로 물러나거나 둘 중 하나다. 둘 다일 수도 있다. 그들은 친구로서는 훌륭하지만 사랑하는 데는 형편없다. 여기서 사랑이란 헌신적 사랑의 삶 속에 거침없이 뛰어드는 헤세드를 말한다.

지금 우리는 원대한 꿈을 성취하던 프로메테우스의 시대에서 심드렁한 냉소에 빠진 페트로니우스의 시대로 넘어가고 있다. 페트로니우스Petronius는 네로의 오락 담당자이자 『사티리콘』Satyricon의 저자다. 이 책은 한 젊은 남자를 성적으로 얻어 내려고 싸우는 두 남자 연인의 이야기다. R. R. 리노Reno는 페트로니우스에 대해 이렇게 말했다.

> 그는 조롱과 풍자에 능한 구경꾼일 뿐이다. 죄를 심판 없이 기술하고 악을 저항 없이 풀어낸다.……그가 팽배하게 지어 내는 피상적 분위기는 사건의 영적 의미를 완전히 없애 버린다. 그의 책의 등장인물들은 현실적이지만, 실체와 영혼이 없고 진중함도 전혀 없다. 도덕성을 찾아볼 수 없고 고상한 비전의 목소리도 들어 있지 않다.

계속해서 리노는 이런 변화가 우리 문화에 깊이 배어들어 있음을 지적한다.

> 포스트모더니즘의 문화는……위험이 따르는 참여자가 아니라 아무런 위험도 없는 구경꾼이 되려는 우리의 욕망을 부채질한다. 페트로니우스의 인본주의는 모든 힘과 권력을 중화시키려 한다.……아이러니, 풍자, 비판적 궤변 같은 방벽을 뚫고 들어갈 어떤 역동도 허용되지 않는다. 영혼은 변화되지 말고 목석처럼 있어야 한다.

이런 시대정신을 흡입하면 당신이 싸워야 하는 주된 죄가 교만과 권력 대신 다음과 같이 새로운 것들로 바뀐다.

게으름과 비겁함은……둘 다 시급한 죄의 자각을 피해 도망친다. 둘
다 외부의 요구와 기대라는 예리한 칼날을 두려워한다. 둘 다 냉소와
아이러니와 표면적 동조에만 관심이 쏠려 있다. 지금 우리 문화를 지
배하는 것은 교만이 아니라 이 두 가지 악이다.[2]

그래서 남자들은 거세되어 헌신을 두려워하고, 어여쁜 젊은 여자들은
홀로 남겨진다. 해결책은 무엇인가? 남자들에게 보아스를 닮도록 권
면해야 한다. 어린아이의 일을 버리고, 비디오게임을 끄고, 참 사랑에
빠지도록 독려해야 한다. 이것은 의무 조항들이 아니라 헤세드의 시
작이다. 그 여정이 우리를 J형 곡선으로 끌어들여, 예수의 "고난에 참
여"하여 "그의 죽으심을 본받"게 한다(빌 3:10).

　자칫 우리가 망각하기 쉬운 사실이 있다. 룻의 사랑의 승리는 하나
같이 다 독신인 상태에서 이루어졌다. 결혼할 후보자조차 없었다. 사
실 룻의 가장 큰 승리는 독신인 상태를 사랑의 장으로 받아들인 일이
다. 룻은 관계의 막다른 골목 같은 곳에서 독신의 몸으로 누군가를 돌
보았다.

　고대 문화는 결혼을 예찬했지만 성경은 독신을 칭송한다. 성경의
가장 위대한 두 지도자인 예수와 바울은 둘 다 독신이었고 독신을 권
했다. 독신으로 살면 제약 없이 많은 사람들을 사랑할 수 있기 때문이
다. 최근에 발굴된 고고학 자료에 보면 예수께서 1세기의 에세네파 운
동과 우호적 관계였음이 암시되어 있다. 그 운동에 속한 유대인 남녀
들은 독신으로 공동생활을 했다. 정황 증거로 보면 예수의 세 독신 친
구인 마리아와 마르다와 나사로도 유대의 에세네파 공동체와 연계되

었을 수 있다.[3] 현 상태(독신, 기혼, 이혼, 사별 등)는 우리 힘으로 어찌할 수 없을지 몰라도 거기에 대한 반응만은 우리가 하기 나름이다. 우리는 예수의 아름다움을 되살리는 선택을 할 수 있다.

공동체의 핵심은 예수의 임재다

모든 오래가는 공동체의 핵심은 예수의 임재다. 그분이 자신의 죽음과 부활의 사랑 속으로 우리를 인도하신다. 구속자께서 작은 구속자들을 만드신다. 그것을 정리하면 다음과 같다.

> 나를 위해 죽으신 예수의 사랑
> ⇨ 다른 사람들을 위해 죽는 나의 사랑 ⇨ 공동체

동일한 개념을 간단히 줄이면 이렇게 된다.

> 믿음 ⇨ 사랑 ⇨ 공동체

앞서 보았듯이 중간 과정 없이 공동체에 곧장 도달할 수는 없다. 그러려고 하면 포괄적 공동체가 아니라 똑같이 생각하고 행동하는 패거리를 만들게 된다. 부부간에도 곧장 친밀함부터 이루려 하면 오히려 요구를 일삼으며 배우자를 밀어내게 된다. 그보다 당신은 결혼 생활 속에서 구속자가 되어 사랑으로 죽어야 한다. 그러면 공동체가 생겨난다.

아침마다 킴과 나는 기도 시간에 함께 작은 공동체를 이룬다. 기도하는 킴의 모습을 곁에 앉아 바라보는 게 즐겁다. 킴의 기도를 즐거워 하다가 킴의 말이 막힐 때는 내가 살짝 물꼬를 터 준다. 킴은 분노에 찬 사람들을 위해 기도하다가 키득거리곤 한다. 나도 덩달아 씩 웃는다.

15.
사랑은 부활을 부른다

고단하지만 복되었던 룻의 하루가 저물었다.

룻이 밭에서 저녁까지 줍고 그 주운 것을 떠니 보리가 한 에바쯤 되는지라. 그것을 가지고 성읍에 들어가서 시어머니에게 그 주운 것을 보이고 그가 배불리 먹고 남긴 것을 내어 시어머니에게 드리매(룻 2:17-18).

보리를 모으려고 룻은 다목적 겉옷을 바닥에 펼쳐 놓고 보릿대를 한 줌씩 손에 쥔 뒤 낫으로 쳐서 이삭의 끝부분만 수건에 떨어뜨렸다(그림 15.1의 2단계). 온종일 주운 것을 그렇게 한 줌씩 다 떨고 나니 곡물이 가득 쌓였다. 한 에바나 되는 엄청난 양이었다. 한 에바는 약 22리터로 한 사람이 적어도 보름 동안 먹기에 충분한 양식이다. 3단계와 4단계는 수확철이 끝날 때 하게 된다.

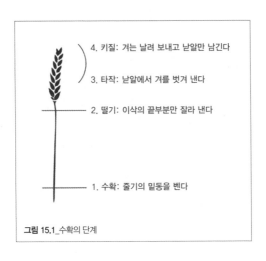

그림 15.1_수확의 단계

롯은 보리를 겉옷에 싸서 등에 지고 터벅터벅 성읍으로 돌아간다. 열여섯 시간이나 일한 뒤라 밤이 늦은 시각이었다. 고대에는 곡식이 곧 수입이었으므로 "롯은 하루 만에 보름 치 임금을 번 셈이었다."[1] 그뿐 아니라 점심을 먹고 남은 음식까지 챙겨다 나오미에게 주었다. 롯은 한시도 사랑하지 않을 때가 없다.

나오미의 반응

나오미는 충격을 받았다. "시어머니가 그에게 이르되 '오늘 어디서 주웠느냐. 어디서 일을 하였느냐. 너를 돌본 자에게 복이 있기를 원하노라' 하니 룻이 누구에게서 일했는지를 시어머니에게 알게 하여 이르되 '오늘 일하게 한 사람의 이름은 보아스니이다' 하는지라"(룻 2:19).

나오미는 흥분하다 못해 거의 신바람이 나서 대답을 기다리지도

162

않고 속사포처럼 질문을 퍼부었다. 그러더니 다짜고짜 누군지도 모르는 그 남자를 축복했다.[2] 남자가 룻을 도와준 것은 보나마나 뻔한 일이었다. "너를 돌본 [남자]에게 복이 있기를 원하노라." 남자 보호자가 없이는 그렇게 많은 곡물을 주울 수 없었다.

룻은 드라마의 박진감을 더하듯 보아스의 이름을 감질나게 맨 나중에 밝혔다. "오늘 일하게 한 사람의 이름은⋯⋯보아스니이다." 이 작은 드라마의 배후에는 이중의 즐거운 아이러니가 숨어 있다. 나오미는 룻이 보아스의 밭에서 일한 것을 몰랐고 룻은 보아스가 누구인지 몰랐다![3]

하나님은 말 그대로 나오미를 충만하게 채워 주신다. 한 끼 식사 정도가 아니라 수확기 내내 일할 수 있는 완벽한 계획과 룻을 보호할 방책까지 마련해 주신다. 하나님은 애통하는 나오미에게 설교가 아니라 사랑으로 반응하신다. 감당 못할 아량으로 나오미가 틀렸음을 부드럽게 입증하신다. 하나님은 나오미에게 헤세드를 베푸신다. 그분의 사랑이 나오미의 비통함을 능가한다.

그나저나 이날 나오미가 룻에게 베푼 도움은 얼마나 되었던가? 하나도 없었다. 나오미는 룻에게 보아스의 밭으로 가라고 일러 주었던가? 아니다. 보아스에 대해 말해 주었던가? 아니다. 이런 상황에서 사랑하면 당신이 정화된다. 잡다한 동기가 깨끗이 정리된다. 당신에게 돌아올 게 하나도 없기 때문이다. 자아라는 동기가 사라진다. 당신의 행위가 당신에게는 아무런 도움도 되지 않기 때문이다. 자아가 죽는다. 남들이 챙겨 주지 않으니 이제 하나님이 당신을 챙겨 주실 수 있다. 여기서 또 한 번 깨닫듯이, 죽음의 한복판에서 우리는 부활을 바라

보아야 한다.

헤세드 사랑은 부활과 변화를 창조한다

룻을 도와준 사람이 보아스임을 알고 나자 나오미의 말투는 더한층 바뀌어 그녀의 입에서 경배가 터져 나온다. "나오미가 자기 며느리에게 이르되 '그가 여호와로부터 복 받기를 원하노라. 그가 살아 있는 자와 죽은 자에게 은혜 베풀기를 그치지 아니하도다' 하고"(룻 2:20).[4]

"살아 있는 자와 죽은 자"라는 표현은 나오미의 비극의 정곡을 찌르는 말이다. 그것은 수차례의 비참한 사별을 가리킬 뿐 아니라 그 결과로 가문이 끊겼다는 뜻이었다. 상대가 보아스임을 알자마자 나오미는 상황의 전모를 알아차렸다. 룻이 보아스와 결혼하여 대를 잇는 게 가능했던 것이다. 하나님은 나오미(살아 있는 자)와 엘리멜렉(죽은 자) 둘 모두에게 헤세드를 베푸신다. 평소에 늘 신중하던 나오미는 이 가능성을 아직 발설하지 않았다.[5] 나오미가 침묵한 덕분에 룻은 그 뒤로도 지극히 자연스럽게 행동할 수 있었다.

나오미의 변화는 전폭적이다. 보다시피 "나오미는 솟구치는 기운으로 절망에서 일어난다.……나오미 자신도 죽은 자나 마찬가지였는데 이제 확실히 다시 살아난다."[6] 나오미를 향한 룻의 헤세드가 이 부활을 가능하게 했다. 우리를 향한 하나님의 헤세드도 아들이라는 선물을 통해 우리에게 부활을 가져다주었다. 이것이 사랑이 하는 일이다. 사랑은 부활의 기회를 열어 준다.

나오미는 자신을 "괴로운 나오미"라 불렀지만 하나님은 그러지 않으셨다. 헬라 세계관이나 이교 세계관은 사람을 고정된 수식어 안에 가두어 버린다. 호메로스의 "민첩한 율리시즈"처럼 말이다. 이교는 경직되어 있다. 당신에게 붙은 딱지가 당신을 규정한다. 하지만 성경 인물들은 늘 주변을 놀라게 한다. 하나님의 은혜가 침투하므로 변화가 가능하다.[7] 그래서 "성난 모세"나 "교활한 야곱" 같은 말이 없는 것이다.

그런데 이상하게도 그리스도인들은 나오미에게는 "괴로운 나오미"라는 딱지를 붙였다. 하지만 우리의 죄나 환경은 우리를 규정짓지 못한다. 우리는 자신의 변덕이나 절망에 갇히지도 않는다. 무한하신 하나님이 우리 삶에 직접 세세히 관여하시기 때문에 우리는 변화될 수 있다. 우리는 하나님의 형상을 지닌 존재이므로 자비를 간구할 수 있고, 환경 속에나 우리 마음속에 역사하시는 하나님을 볼 수 있다. "비판하지 말라"(마 7:1) 하신 예수의 말씀은 사람들에게 변화의 여지를 주라는 명령이다. 그들을 무조건 부정적으로만 보지 말고 뒤로 물러서라는 뜻이다. 자칫 우리는 이교에서 하듯이 상대의 부정적 측면만 보기 쉽다. 특히 장기적 관계에서 그런 위험이 크다.

내 친구 중에 특수교육 교사가 있는데, 그녀가 가르치는 초등학교 2학년 학생 하나에게 심리 치료사가 조울증이라는 딱지를 붙였다. 이 딱지는 그 아이를 떠나지 않을 것이다. 결국 다른 교사들도 그를 그 렌즈로 보며 행동에 대한 기대치를 낮출 것이다. 그들에게 그는 언제라도 변화되어 주변을 놀라게 할 수 있는 사람이 아니라 대중 심리학의 한 범주에 갇힌 **조울증 환자**다. 혹시 말썽이라도 부리면 "너는 조울증 환자라 바뀔 수 없다"고 말해 줄 것이다. 우리 문화에 이교의 정신이 고조되면서 배우자를 하나의 범주로 생각하는 사람들이 점점 더 늘고 있다. 잔소리꾼 수^{Sue}나 치사한 조^{Joe}와 같은 식이다. 물론 당신의 배우자가 잔소리를 하거나 치사하게 굴 수도 있다. 하지만 배우자를 그런 틀에 가두는 것은 일종의 비판이다. 그러면 상대를 변화가 가능한 존재로 볼 수 없다.

우리 사회는 비판을 예술의 경지로 끌어올렸다. 나는 매일 질을 위해 기도할 때, 내 마음의 비판적 성향을 꺾고자 우선 하나님께 아내로 인한 감사부터 드린다. 내 기도 카드에 예수를 닮은 질의 모습들이 빼곡히 적혀 있다. 아내를 보는 내 시각에 균형을 잡으려는 게 아니다. 내 마음이 늘 부정적으로 기울기 때문에 자꾸 균형을 되찾으려는 것이다.

비뚤어진 영혼의 치유

나오미는 마지막으로 룻에게 주의를 당부한다.

> 모압 여인 룻이 이르되 "그가 내게 또 이르기를 '내 추수를 다 마치기까지 너는 내 소년들에게 가까이 있으라' 하더이다" 하니 나오미가 며느리 룻에게 이르되 "내 딸아, 너는 그의 소녀들과 함께 나가고 다른 밭에서 사람을 만나지 아니하는 것이 좋으니라" 하는지라(룻 2:21-22).

미세한 차이에 주목하라. 보아스는 "너는 내 **소년들에게** 가까이 있으라"고 했는데 나오미는 "너는 그의 **소녀들과** 함께 나가고"라고 했다. 보아스의 말은 악의 없는 일반적 의미였을 것이다. 하지만 나오미는 빈틈없고 예리하게 룻의 순결을 보호한다.

나오미의 조언에 요즘처럼 "내 일은 내가 알아서 한다"는 식으로 반응한다고 상상해 보라. "아직도 나한테 이래라저래라 하시다니 기가 막히네요! 어머니는 오늘 나를 도와주지도 않았고 보아스의 밭이 어디 있는지 알려 주지도 않았어요. 내가 변고를 당할 수도 있었다는 걸 알기나 하세요? 일은 몽땅 나한테 떠넘기더니 이제 와서 어머니가 어울리라는 사람들과만 어울리라고요? 그럴 수는 없겠네요. 나는 어머니를 위해 모든 것을 포기했는데, 어머니는 내 미래에 관심조차 없겠지요. 그래서 남자들을 알 기회조차 차단하는 거잖아요." 이렇게 한바탕 퍼부어 카타르시스를 맛보는 일이 우리 문화의 우상처럼 되다시피 했다. 그만큼 절절하고 솔직하고 후련하기 때문이다. 사람들은 그것을 내면의 평화와 친밀한 관계에 이르는 길로 생각하지만, 사실 그것은 둘 중 어느 것도 가져다주지 못한다. 그저 파괴할 뿐이다. 독선적으로 퍼붓는 이런 솔직함은 가짜다. 사실은 내 감정을 떠받들고 내 방식을 고집하면서 그렇게 위장하는 것뿐이다.

나오미의 조언에 삐딱하게 반응할 수 있다는 내 말이 과장처럼 들릴지도 모른다. 어쩌면 그 당시의 사람들은 더 착했을지도 모른다. 하지만 사실은 그렇지 않다. 예수께서 들려주신 탕자의 비유에 보면, 아버지가 문제아 아들을 위해 푸짐한 잔치를 벌이자 맏아들은 위에 말한 것과 비슷하게 고함을 질렀다. "내가 여러 해 아버지를 섬겨 명을 어김이 없거늘 내게는 염소 새끼라도 주어 나와 내 벗으로 즐기게 하신 일이 없더니 아버지의 살림을 창녀들과 함께 삼켜 버린 이 아들이 돌아오매 이를 위하여 살진 송아지를 잡으셨나이다"(눅 15:29-30). 인간의 심보는 예나 지금이나 똑같다. 삐딱한 성질은 만인 공통의 것이다.

어쩌면 당신은 그런 식으로 퍼붓지 않고 속으로만 안달복달할지도 모른다. 조금씩 새어 나오는 낮은 수준의 짜증은 사랑의 여정에서 커다란 유혹이다. 당신은 기분 내키는 대로 행동할 권리가 있다고 느낀다. 자신이 얻어 낸 권한처럼 느낀다. 하지만 이것은 실망스러운 삶을 향한 정서적 복수다. 성질을 부리면 당장은 후련하지만 언제나 자아의 분열이 뒤따른다. 겉으로는 손을 놀려 행동하지만 속으로는 아니다. 사랑의 몸짓만 보일 뿐 속은 분노에 사무쳐 있다. 고함이 부글부글 끓고 있다. 예수를 판 유다처럼 겉으로는 입을 맞추지만 속으로는 배신하고 있다. 그 결과는 무엇인가? 자신이 분열된다. 주께 말없이 복종하는 길에서 내 의지가 떨어져 나간다. 겉모습만 남아 있다. 더 이상 사는 재미가 없어진다. 이대로 그냥 두면 내면의 변덕이 내 심령을 변질시켜 자칫 냉소에 빠질 수 있다. 그러면 원한으로 치닫는 내리막길이 시작된다. 좋은 길은 아니다.

이 내리막길을 부추기는 것은 긍휼이 안으로 굽어진 자기연민이다. 우리는 그리스도의 상처를 묵상하는 게 아니라 자신의 상처를 꼭 끌어안고 산다. 자신을 피해자로 보는 시각은 문화 전체를 삼켜 버린 우리 시대의 거대담론이다. 유태인 지성인 피터 베이나트[Peter Beinart]는 저서 『시오니즘의 위기』[The Crisis of Zionism]에서 역설하기를, 이스라엘은 유태인을 피해자로 보는 시각 때문에 정작 자신들이 팔레스타인인을 어떻게 대하는지는 보지 못한다고 했다. 정말 상처를 입은 사람에게 피해 의식은 아주 솔깃한 유혹이다. 하지만 자기연민은 또 다른 형태의 독선이며, 모든 독선과 마찬가지로 당신을 높이면서도 고립시킨다. 높인다 함은 자기연민으로 인해 당신이 상대보다 나아 보이기 때문이다. 즉 당신은 피해자다. 고립시킨다 함은 당신이 자신의 내면세계에 갇혀 그 양분만 먹고 살기 때문이다. 그러면 외부의 비판을 들을 수 없다.

삶이 공평하지 않을 때 우리의 심령은 다음과 같이 다섯 가지 악수(惡手)를 둘 수 있다.

1. **자기연민**. 피해 의식을 품는다. 안으로 굽어진 긍휼이다.
2. **원한**. 부글부글 끓는 마음으로 하나님께 내 삶에 정의를 행하실 것을 요구한다.
3. **냉소와 조롱**. 상대를 조롱하여 균형을 회복한다.
4. **험담과 비방**. 내 고통을 보고 공감해 줄 사람들로 공동체를 만든다.
5. **정서적 복수**. 내 마음을 거두어들여 상대에게 벌을 가한다.

이 모두가 기쁨을 앗아간다. 풍요가 넘쳐흐르는 나라에서 미국인들은 갈수록 더 성질이 사나워지고 있다. 에머슨과 소로를 따라 자아를 떠받드는 인생관이 우리의 과민성을 부추긴다. 행복한 기분이 목표가 되면 결국 우리는 늘 과민해진다. 삶이 공모하여 우리를 대적하기 때문이다. 스티븐 마치는 행복을 추구하는 일이 우리를 녹초로 만든다면서 "행복해지려 할수록 덜 행복해진다"고 썼다.[8] 하지만 사랑이 목표가 되면 우리는 기쁨을 수확한다. 아무도 사랑을 앗아갈 수 없기 때문이다.

비뚤어진 영혼의 치유는 회개로 시작된다. 내가 성질을 부리는 것은 내 인생이 특정하게 풀려야 한다는 요구와 같다. 그것을 깨달아야 한다. 아버지께서 허락하신 삶에 순복하면 그분의 날개 아래서 쉴 수 있다. 그제야 비로소 나는 다시 온전해지며 또한 놀랍도록 즐거워진다.

복종, 개성에 이르는 길

룻은 시어머니의 조언에 말없는 순종으로 반응했다. "이에 룻이 보아스의 소녀들에게 가까이 있어서 보리 추수와 밀 추수를 마치기까지 이삭을 주우며 그의 시어머니와 함께 거주하니라"(룻 2:23).

복종에 대한 우리의 알레르기 반응의 이면에는 자신이 소멸되거나 개성을 잃을지 모른다는 두려움이 도사리고 있다. 그러나 룻에게 복종은 오히려 개성을 얻는 길이었다. 룻은 나오미에게만 복종한 게 아니라 주어진 상황에 복종했고, 하나님이 허락하신 삶에 복종했고, 복종에 종종 수반되는 굴욕에 복종했다. 룻은 독립이라는 잘못된 안식처를 구하지 않았다. 자신이 소멸될 것도 두려워하지 않았다. 어떤 의미에서 이스라엘 하나님의 날개 아래로(룻 2:12) 이미 자신이 소멸되었기 때문이다. 하나님 안에 숨겨져 있으면 "나오미 아래에" 있기를 두려워할 필요가 없다. 사도 바울이 "이스라엘 안"에서 "그리스도 안"으로 옮겨 갔듯이 룻도 위치를 바꾸었다.

16.
사랑은 배수의 진을 친다

룻이 보아스의 이름을 언급하자 나오미는 거기서 부활의 밑그림을 보았다. "나오미가 또 그에게 이르되 '그 사람은 우리와 가까우니 우리 기업을 무를 자 중의 하나이니라' 하니라"(룻 2:20).

룻을 도와준 보아스가 하필 그 집안의 "기업을 무를 자" 곧 구속자였다. 구속자(히브리어로 "고엘"*goel*)란 가문의 남자 구성원으로서 어려운 일을 당한 다른 구성원—대개 여자—을 구해 주던 사람이었다.[1] 죽은 형제의 아내와 결혼하는 것도 고엘의 소임을 다하는 한 방법이었다. 모든 집안의 남자 가장은 잠재적인 고엘이었다. 고엘은 규정뿐 아니라 사람을 담보로 내놓는다는 점에서 특이한 법의 화신이었다. 오늘날 미국 정부가 죽어 가는 은행을 살려 내듯이, 고엘은 죽어 가는 집안을 살려 냈다. 고엘은 재산을 되찾고, 노예가 된 친척을 다시 사오고, 친척을 죽인 사람에게 보복하고, 소송을 지원하고, 친척에게 정의가 시행되게 하는 일 등을 했다.[2]

구속자는 문제를 자신의 것으로 떠안는다

고엘이 하는 일과 우리가 흔히 남을 돕는 방식의 근본적 차이는 문제를 내 것으로 떠안는 정도에 있다. 사람들에게 조언해 주거나 도움 받을 곳을 알려 주는 일은 비교적 쉽다. 그러나 고엘은 문제를 자신의 것으로 떠안는다.

킴의 사회복지사가 잔뜩 들떠 우리에게 전화했던 일이 기억난다. 킴에게 해당되는 복지 혜택을 찾아냈던 것이다. 그녀는 그것을 우리에게 어서 알려 주고 싶었다. 다음번 만날 때 그녀는 우리 카운티 내 지원기관들의 전화번호부를 가져왔다. 물론 고마운 일이지만 고엘이 일하는 방식은 그렇지 않다. 고엘은 전화기를 들고 예약을 한 다음 직접 당신을 거기로 데려간다. 고엘은 끝까지 문제를 자신의 것으로 떠안는다. 고엘은 후속 조치를 취하고, 일이 되게 만들고, 난관을 헤쳐 나간다. 고엘은 돈만 내주는 게 아니라 무거운 짐을 자기가 직접 진다.

예수께서 들려주신 선한 사마리아인의 비유에서 나무랄 데 없는 고엘의 모습을 볼 수 있다. 구타당한 사람의 무거운 짐은 고스란히 사마리아인의 몫이 되었다. 이 일은 그의 일정(행보를 멈추었다), 물자(환부에 기름과 포도주를 부었다), 안락(자신의 짐승에 태웠다), 돈(주막 주인에게 돈을 냈다), 관심(다시 오기로 약속했다) 등에 두루 영향을 미쳤다.

최근에 나는 질이 킴의 한 친구에게 작은 고엘이 되어 주는 모습을 보았다. 낸시는 평생 사탕을 엄청나게 많이 먹은 데다 몇 년째 이를 닦지 않아 이가 완전히 썩어 있었다. 언젠가 우리가 낸시를 캠프에 데려갈 때는 낸시의 엄마가 사탕을 큰 자루에 하나 가득 담아 보낸 적도 있었다. 낸시는 그야말로 찢어지게 가난했다. 낸시의 엄마가 세상을 떠난 뒤로 질이 자원하여 낸시를 돌보았다. 질은 저렴한 비용으로 낸시의 이를 교체해 줄 치과의사를 찾아냈다. 낸시를 병원에 데려가는 일부터 무척 힘들었다. 낸시는 예약 날이 되면 어디론가 사라진 뒤 거짓말을 둘러대곤 했다. 질은 낸시의 두려움과 부정직을 해결했고, 직접 치과로 데려갔으며, 끝까지 병원에 함께 있었고, 후속 조치를 취했다. 질은 문제를 자신의 것으로 떠안았다.

구속은 흙탕물을 뒤집어쓴다

내가 처음으로 고엘이 될 기회 중 하나는 필라델피아 뉴 라이프 교회에서 집사로 섬길 때 찾아왔다. 다른 집사가 자기 이웃인 폴라를 돕고 있었는데, 폴라가 필라델피아의 우리 집 근처로 이사를 왔다. 질과 나는 폴라를 친구처럼 도왔다.

폴라는 자녀가 다섯이었는데 모두 아버지가 달랐다. 아버지들은 이미 그녀의 삶에서 사라져 버렸고 맨 위의 세 자녀도 마찬가지였다. 폴라는 복지 수당을 받고 있었는데 그것만으로는 먹고살기에 부족해 우리가 보조금을 주었다. 종종 저녁때면 폴라가 나에게 전화해 두 아들의 훈육을 도와달라고 했다. 나는 두어 주에 한 번씩 그녀의 아파트로 달려가 아이들을 상대하곤 했다.

나는 도심의 한 기독교 학교의 교장이었으므로 폴라의 두 아들을 그곳에 입학시킬 방도를 궁리했다. 우리도 예산이 부족했던 터라 폴라를 학교 청소부로 고용하고 등록금을 면제해 주었다. 그녀는 일주

일에 이틀씩 내 차에 함께 타고 고속도로를 달려 웨스트필라델피아로 출근했다. 차 안에는 여덟 명의 아이들이 함께 타고 있었다. 나는 그게 폴라에게 일솜씨를 길러 줄 최적의 방법이라 생각했다. 하지만 곧 막막해졌다.

그녀의 일솜씨는 최악이었다. 폴라는 슬리퍼와 트레이닝복 차림으로 출근하여 복도에 발을 질질 끌고 다니며 창턱의 먼지를 터는 둥 마는 둥 했다. 청소한 뒤에도 불결하기는 마찬가지였다. 그녀는 청소할 줄을 몰랐다. 사실은 일할 줄을 몰랐다. 이전에 그녀는 전화로 모발 관리 용품을 판매한 경력이 있었다. 상사는 그녀에게 그곳이 큰 회사인 척하도록 가르쳤다. 그녀는 "접수 직원"의 목소리로 전화를 받은 다음, 잠시 수화기를 들고 있다가 "영업 직원"의 목소리로 바꾸고, 다시 잠시 들고 있다가 끝으로 "배송 직원"의 목소리로 바꾸어야 했다! 결국 나는 전임교사 겸 교장의 업무에 더하여 폴라에게 일까지 가르치기 시작했다. 그녀는 썩 내키지 않아 했다.

곧 나는 그녀에게 기술이 필요함을 깨달았다. 그렇지 않으면 평생 저임금 일자리를 면할 수 없을 터였다. 그녀가 간호사가 되고 싶다기에 우리는 자금을 모아 2년제 학위를 받도록 해주었다. 그녀는 졸업하여 간호 보조사가 되었고 처음으로 정식 직장에 취직했다.

머잖아 알고 보니 그녀는 가까운 친구들과 아무런 상의도 없이 약혼한 상태였다. 약혼자는 나이지리아 사람이었는데 아무래도 영주권을 따려고 결혼하려는 것 같았다. 그러던 중 나는 그녀의 거실에서 두 사람의 부적절한 사진을 보았다. 사진에 대해 물었더니 그녀는 부적절한 일은 없었다며 무조건 부인했다. 하지만 누가 보아도 뻔한 사실이었다. 결혼한 지 1-2년 만에 그 남자는 행방을 감추어 버렸다.

그렇게 6년 동안 폴라를 "구속"하다가 나는 도심의 학교를 떠났고 그녀와도 연락이 뜸해졌다. 그녀가 간호 보조사로 취직하면서부터 우리는 재정 지원을 중단했고 그녀는 교회를 옮겼다. 하지만 솔직히 나는 폴라가 선택하는 삶의 방식들에 염증이 났었다. 몇 년 후에 그녀는 암으로 세상을 떠났다.

물론 폴라의 이야기는 룻기에 댈 게 못 된다. 지금이라면 나는 어떻게 다르게 할까? 다르게 할 게 아주 많다. 그녀의 영혼을 돌보는 데 시간을 더 많이 들일 것이다. 꼭 제자 훈련을 받게 할 것이다. 자신의 삶을 깊이 생각하게 할 것이고, 언약 없는 성생활로 즉각적 만족을 추구하던 습성을 돌아보게 할 것이다. 그녀의 삶은 감정에 휩쓸리는 방탕한 문화에 중독되어 있었다. 그런데 나는 그 부분에 충분히 진지하게 대처하지 못했다. 우리의 도움을 고마워하는 모습만 보고 당연히 그녀가 회개했으려니 생각했다. 하지만 그렇지 않았다. 나는 그녀의 상황만 도와주었지 영혼을 돕지는 못했다. 무엇보다도 가장 큰 후회는 그녀의 아들들에게 계속 연락하지 못한 점이다. 나는 그들과 아주 사이가 좋았으므로 조금만 노력했더라면 그들의 삶을 안정시켜 주는 역할을 할 수 있었을 것이다. 나는 헤세드 사랑에 큰 실수를 범했다. 헤세드 사랑은 시작하기는 쉬워도, 그것만큼 끝마치기 어려운 일은 없다. 구속은 흙탕물을 뒤집어쓴다. 나는 구속자로서 결함이 있었다.

그래도 잘되었던 부분은 무엇일까? 내가 폴라의 삶 속에 들어간 것이다. 나는 그녀에게 시간과 에너지와 지혜를 쏟았다. 구속이란 돈만 주는 게 아니라 삶을 바쳐 돌보아 주는 것이다. 고엘은 헤세드를 실천한다. 고엘은 어떤 난관 속에서도 버틴다.

상위 사랑, 내부 사랑

폴라를 돕던 일이 끝나 갈 무렵, 나는 부친과 함께 해외 선교기관을
세웠다. 우리 기관의 첫 팀은 우간다 서부에서 일하고 있었다. 나는
1986년에 그곳의 우리 선교사들을 방문했다. 그들은 나를 루웬조리
산맥 너머로 데려갔다. 아프리카의 가장 가난한 부족들이 살고 있던
오지 중의 오지였다.

그중에 바브위시 부족이 있었다. 우리 팀은 그 산맥 너머로 이주할
뜻을 품고 있었다. 그렇게 되면 자원이 엄청나게 지출될 것이었다. 서
부 산지에서 바브위시족과 함께 노숙하면서 이런 생각이 들었다. "나
는 이 사람들을 위해 사랑으로 견딜 수 있다. 이들은 내가 누구인지
모르겠지만 나는 이들을 기억할 수 있다. 이들의 짐을 질 수 있다." 나
는 속으로 하나님과 언약하며 그들에게 나 자신을 바쳤다. 이후 10년
에 걸쳐 나는 팀을 모집하고, 돈을 모금하고, 전략을 수립했다. 팀 리
더 하나, 의사 둘, 엔지니어 하나, 교회 개척자 여럿이 포함되었다. 그
중에는 지금까지 20년째 그곳에서 일하는 사람들도 있다.

폴라와 바브위시족을 구속하는 데는 주의력과 고된 수고와 인내가
필요했다. 하지만 나는 그들을 "위에서" 사랑했다. 마찬가지로 보아스
도 룻을 위에서 사랑했다. 그로서는 그것이 룻을 사랑**할 수 있는** 유일
한 방법이었다. 그가 룻의 위에 있었기 때문이다. 하지만 룻이 베푼 구
속은 완전히 달랐다. 예수처럼 룻도 나오미의 세상 "안으로" 들어갔

다. 보아스는 거기에 큰 충격을 받았다. 룻이 돌아갈 수 없는 다리를 자진해서 건넜다는 것을 알았기 때문이다. 룻은 장차 성육신하실 하나님의 전조였다. 하나님은 사랑으로 우리에게 자신을 얽어매시고 영원히 인간이 되셨다. 이것이 사랑의 정수다.

동남아시아의 한 선교사가 사랑이라는 말을 번역하느라 애를 먹고 있었다고 한다. 파^{pa}라는 단어가 맞을 것도 같았지만 왠지 망설여졌다. 그 낱말로는 사랑의 의미를 담아내지 못할 것 같았다. 그러던 어느 날, 이 선교사가 원주민 여자 몇과 함께 임시 나룻배를 타고 물이 불어 오른 강을 건너다가 모두 급류에 휩쓸리고 말았다. 그는 목숨을 내걸고 그들을 구조했다. 강둑에서 몸을 말리고 있는 그에게 원주민들이 말했다. "그게 바로 체^{che}(사랑)입니다. 당신이 그들과 함께 저 안에 있었으니까요." "파"는 안전하게 바깥에서 베푸는 도움이지만, "체"는 위험을 무릅쓰고 안에서 돕는 것이다. 그게 헤세드 사랑이다.

위험도가 낮다면 당신은 기부자다. 물론 그것도 훌륭한 일이다. 모든 그리스도인은 기부하고 베풀어야 한다. 하지만 조심해야 한다. 단순히 기부자일 때는 조언과 기도가 쉽게 나올 수 있다. "상담을 받아 보셔야겠네요." "기도해 드리겠습니다." 그러나 구속자는 문제를 자신의 것으로 떠안는다. 상대의 삶의 짐을 자기가 직접 진다.

요컨대 남을 돕는 데는 세 가지 차원이 있다.

1. **기부자**는 멀리서 사랑한다. 재물을 주어 상대를 돕는다. 위험이 별로 없다.

2. **구속자**(보아스와 나)는 위에서 사랑한다. 재물도 주지만 헤세드 사

랑도 함께 베푼다. 사랑의 대상에게 자신을 얽어맨다. 위험이 더
커진다.

3. **성육신 구속자**(룻과 예수)는 안에서 사랑한다. 자신의 목숨을 바친
다. 극도로 위험해진다.

고엘 곧 구속자는 이스라엘에만 있었던 개념으로 알려져 있다. 고엘
은 예수의 전조다. 예수께서는 율법의 화신이 되어 자기 백성을 구속
하셨다. 그분은 이스라엘을 두루 다니며 병자들을 고치시고 가난한
자들을 돌보시며 아웃사이더들을 받아들이셨다. 이스라엘은 고엘이
되는 데 실패했으나 그분은 고엘이 되셨다. 예수께서는 이스라엘을
완성시키셨다. 나아가 그분은 십자가에서 죽으심으로 온 세상의 고엘
이 되셨다. 하나님은 우리에게 고작 지침서를 보내신 게 아니라 자기
아들을 보내셨다. 그냥 조언만 해주신 게 아니라 자신의 몸을 주셨다.
그냥 방법만 일러 주신 게 아니라 자신이 직접 하셨다. 죽기까지 하셨
다. 예수는 완벽한 고엘이시다.

예수 그리스도의 교회에 고엘이 더 많지 않아 무척 가슴이 아프다.
예수를 따른다는 것은 곧 고엘이 되는 것이다. 여태껏 학자들은 신약
에 나오는 구속자라는 단어의 헬라적 배경에 주로 초점을 맞추었다.
하지만 구속자는 히브리인의 의식 속에 깊이 각인되어 있던 고유한
히브리적 개념이다. 구약성경에 구속자(고엘, 기업을 무르는 자)라는 단
어가 50번이 나오는데, 그중 18번은 하나님이 구속하시는 데 쓰였고
32번은 우리가 서로를 구속하는 데 쓰였다. 우리는 구속자라는 말을
우리를 구원하시는 예수께로 국한시킨다. 구속자의 영적 의미에 대한

이해는 정확하지만, 우리 주변에서 부르짖고 있는 일상적 구속의 필요성에는 눈을 감는다. 우리의 삶은 구속하시는 예수의 삶을 닮아야 한다. 그렇게 되면 우리는 하나의 삶이 아니라 수많은 삶을 살게 된다.

III

생각하며 사랑하는 법 배우기

— 〈룻기 3장〉

17.
생각하며 사랑하라

봄철의 추수는 조용히 지나간다. 그 시간에 나오미는 며느리와 보아스의 결혼 가능성을 생각하고 구상할 수 있었다. 그런데 룻은 중개자 역할을 맡아 줄 아버지나 오빠가 없었다. 나오미는 어떻게 상황을 연출할 것인가? 룻은 강력하고 설득력 있게 그러면서도 은밀하게 의사를 전해야 했다. 그것도 집집마다 숟가락 개수까지 훤히 다 아는 마을에서 말이다. 설상가상으로 보아스는 유지이다 보니 늘 주변에 사람들이 있었다. 게다가 룻에게는 확실한 출구 전략도 필요했다. 그래야 혹시 보아스가 제안을 거절하더라도 보아스도 룻도 민망해지지 않을 수 있었다.

이런 많은 장애물에도 불구하고 나오미는 계획을 짜내 룻에게 알렸다. 아마 집 안의 은밀한 곳에서 말했을 것이다. 그 장면을 머릿속에 그려 보라. 네 개의 방으로 이루어진 이스라엘의 전형적 집은 석유 등잔의 은은한 누런빛을 받아 어렴풋이 형체만 보인다. 나란히 붙은 세

개의 긴 방은 두 줄의 기둥으로 구분되어 있고, 뒤쪽 벽 너머로 네 번째 방인 창고가 있다.[1] 전체 면적은 가로 6미터 세로 3미터를 넘지 않는다. 바닥에 자갈이 깔려 있는 방에서 염소와 양 몇 마리가 조용히 여물을 뜯고 있다. 옆쪽 벽에 사다리가 있어 위층의 침실로 올라가게 되어 있다. 구석의 작은 화덕 옆에서 나오미가 가만가만 소리를 죽여 룻에게 말한다.

> 룻의 시어머니 나오미가 그에게 이르되 "내 딸아, 내가 너를 위하여 안식할 곳을 구하여 너를 복되게 하여야 하지 않겠느냐. 네가 함께하던 하녀들을 둔 보아스는 우리의 친족이 아니냐. 보라, 그가 오늘 밤에 타작마당에서 보리를 까불리라. 그런즉 너는 목욕하고 기름을 바르고 의복을 입고 타작마당에 내려가서 그 사람이 먹고 마시기를 다 하기까지는 그에게 보이지 말고 그가 누울 때에 너는 그가 눕는 곳을 알았다가 들어가서 그의 발치 이불을 들고 거기 누우라. 그가 네 할 일을 네게 알게 하리라" 하니 룻이 시어머니에게 이르되 "어머니의 말씀대로 내가 다 행하리이다" 하니라(룻 3:1-5).

나오미의 목표는 "너를 위하여 안식할 곳을 구하"는 것이었다. 이는 나오미가 처음에 룻과 오르바를 축복하던 말을 연상시킨다. 그때 모압을 떠나오던 길에서도 나오미는 그들에게 안식(룻 1:9에 "위로"로 번역되었다—옮긴이)이 임하기를 빌었었다. 하지만 나오미는 복이 하늘에서 떨어지기만 기다리고 있지 않았다. 자기가 친히 기도 응답이 되어 룻에게 헤세드를 베풀었다. 나오미는 룻이 샬롬을 누리기를 원했다.

샬롬은 남편과 자녀와 안전을 포괄하는 안정된 평화의 복이었다. 나오미는 샬롬을 실현시킬 계획이 서 있었다.

얼마나 대담한 계획인가! 남이 보기에는 룻이 취할 행동이 창녀의 행동과 다를 바 없었다. 한 학자는 이렇게 말했다. "여자가 목욕하고 향수를 바르고 야음을 틈타 남자가 잠자는 밭으로 나가 이불을 걷어 그의 다리를 드러낸다. 이런 여자를 어떻게 볼 것인가?"² 만약 발각되면 좋아 보일 리가 없었다. 만약 내 딸이 그런 계획을 제안했다면 내 입에서 "너 미쳤냐?"는 소리부터 나왔을 것이다.

나오미의 계획은 거의 모든 부분에서 틀어질 수 있었다. 우선 룻이 발각될 수 있다. 또 캄캄해서 엉뚱한 사람에게 갈 수도 있다. 보아스에게 접근하는 시점이 너무 이를 수도 있다. 그가 잠들지 않았다면 다른 사람들도 아직 깨어 있을 수 있다. 드디어 보아스에게 자신을 드러냈다 해도 보아스가 룻을 유혹하거나 거부할 수도 있다.

사랑할 때 소홀히 여기는 것

나오미의 기발한 종합 계획은 이 모든 문제를 최소화시켰다. 나오미의 말대로 캄캄할 때 가서 보아스가 잠든 후에야 접근하면 룻이 발각될 가능성이 없어진다. 또 보아스가 눕는 곳을 잘 보아 두면 엉뚱한 사람에게 갈지도 모르는 문제가 해결된다. 보아스를 잠들 때까지 두면 둘의 대화를 다른 사람들이 엿들을 위험성이 줄어든다. 그의 발치에 자리를 잡으면 보아스의 눈에 띄지 않을 위험성이 줄어든다. 끝으로 나오미는 룻을 욕보이지 않을 보아스의 성품을 믿었다.

이제 유일하게 남은 문제는 보아스가 룻의 제의를 거절할 수 있다는 점이었다. 하지만 나오미의 계획대로 보아스의 기분이 제일 좋을 때 룻이 직접 호소하면 이 위험성마저도 줄어든다. 설령 보아스가 거부한다 해도 사방이 어둠에 묻혀 있기 때문에 일이 점잖게 마무리될 수 있다. 그래도 나오미는 그런 일은 없을 거라고 확신했다. "그가 네 할 일을 네게 알게 하리라."

나오미가 이 계획을 추수가 끝나기까지 기다렸다가 털어놓은 것도 의미심장하다. 그동안 나오미는 자신을 추스르고 다시 공동체 안에서 입지를 다질 수 있었다. 또한 이 기간은 보아스가 날로 좋아지는 룻의 평판을 확인할 수 있는 기회였고, 사랑이 자랄 수 있는 기회였다. 기다림은 갈망을 간절하게 만든다. 처음부터 결혼을 제의했다면 너무 주제넘고 건방진 일이 되었을 것이다. 지혜는 삶의 궤도에 민감하다. 심고 거두는 주기(週期)는 서둘러서 될 일이 아니다. 무작정 서두르면—너무 빨리 승진하고, 너무 빨리 부자가 되고, 너무 빨리 결혼하면—장기적으로 일이 더 악화될 수 있다. 한꺼번에 새로운 일을 너무 많이 시도하면 하나가 다른 하나를 망쳐 놓을 수 있다. 예컨대 보아스가 거부했다면 룻은 그의 밭에서 계속 일하기가 불편했을 것이고, 그러면 룻과 나오미의 식량 공급에 차질이 생겼을 것이다. 나오미의 자상한 배려 덕분에 룻은 한시도 걱정할 필요가 없었다. 내가 룻이라면 나오미의 계획을 몰랐던 것에 감사할 것이다. 그 황당한 계획에 대해 생각할 시간이 있었다면 공포에 질렸을 테니 말이다!

이 일은 사랑할 때 경시되는 한 가지 측면을 잘 보여준다. 바로 지혜라는 측면이다. 우리 문화는 "사랑에 빠지는" 것만 중시하고 "생각하는 사랑"은 무시한다. 나오미는 달랐다. 그녀는 사랑을 성사시킬 방법을 궁리했다. 그것이 지혜다. 지혜가 없었다면 나오미와 룻의 상황은 조금도 달라지지 않았을 것이다.

현대인들은 사랑을 감정의 세계에 헌납했기 때문에 대개 생각과 계획을 사랑과 분리시킨다. 과도하게 비판적인 우리 문화는 나오미가 생각해 낸 계획을 "조종"이라 속단한다. 하지만 그것은 순전히 로맨스가 사랑이라는 단어를 강탈해 버렸기 때문이다. 집을 사거나 사업을 시작할 때 우리는 은행이나 투자자에게 계획을 제시한다. 그들은 우리의 결정이 심사숙고의 결과임을 확인한다. 집을 사거나 사업을 시작하려는 것은 조종이 아니다. 그런데 왜 결혼만은 달라야 하는가?

로맨스의 성적 긴장감

나오미는 룻에게 지시하기를 **타작마당**으로 가서 보아스의 **발을 드러내고** 거기 **누우라고** 했다. 그러면 그가 **알아서** 할 것이라고 했다. 여기서 히브리어를 좀 살펴볼 필요가 있다.

- **발**은 남자의 성기를 완곡하게 표현하는 말로 쓰였다.
- **벗은 몸을 드러낸다**는 말은 성관계를 지칭한다.
- **눕는다**는 말도 성관계를 나타내는 은유다.
- **타작마당**은 금지된 섹스가 행해질 수 있는 곳이었다.
- **안다**는 단어는 성관계를 완곡하게 표현하는 말로 쓰였다.

모두 성적인 의미가 내포된 말이라서 우리는 민망해질 수 있다. 하지만 히브리인들은 고상한 체하지 않았다. 유대인들은 결혼식이 끝나면 하객들이 주변에서 축하하는 가운데 부부가 신부의 장막에 들어가 섹스를 했다. 히브리인들은 모든 피조물이 선하다고 믿었으므로 섹스도 더러운 게 아니었다. 헬라 문화와 달리 히브리 문화는 물질과 영혼을 분리하지 않았다. 물질은 악하고 영혼은 선하다고 보지 않았다. 그런데 우리는 "거룩하다"라는 말과 "섹스"라는 말을 한 문장 안에 잘 두지 못한다. 물질을 악하게 보던 헬라의 신플라톤주의가 초대 교회에 미친 영향 때문이다.

나오미가 선택한 이런 어휘들 때문에 이 장면은 로맨틱한 느낌과 "미묘한 관능적 성격"을 띤다.[3] 그래서 분위기가 고조되고 성적인 긴장감마저 감돈다. 헤세드 사랑을 공약할 날을 기다리는 약혼한 커플을 보면, 서로를 원하는 그들의 갈망이 거의 느껴진다. 그들은 신체 접촉을 자주 하며 서로의 눈을 들여다본다. 옆에서도 에너지가 느껴진다. 최근에 안 사실인데 결혼식에 신부가 입장하여 모두의 시선이 신부에게 쏠릴 때면, 내 아내는 신랑의 얼굴을 보며 그의 사랑과 정열을 가늠해 본다고 한다. 순결은 정열을 낳는다.

하나님은 성적 매력을 통해 남녀가 헤세드 사랑 안에서 서로 끌리게 하셨다. 성적 친밀함은 우리 안에 있는 하나님의 형상, 곧 삼위일체 하나님의 친밀함을 닮은 것이다. 그래서 나오미는 룻의 외모에 신경을 썼다.[4] 예전에 내가 여제자로 훈련했던 젊은 신학생은 결혼을 간절히 원했으나 외모가 약간 추레했다. 나는 그녀에게 십일조를 제하고 1천 달러를 떼서 옷장의 옷을 몽땅 새로 바꾸라고 권해 주었다. 20년이 지나 그 조언을 잊은 지 오래였는데 그녀가 내게 그 방법이 통했음을 상기시켜 주었다. 결혼에 성공했던 것이다!

앞에서 나오미와 보아스는 룻의 순결을 지켜 주었다. 이번 계획으로 나오미는 룻을 외롭지 않게 해주려 했다. 우리 문화는 이와 정반대다. 순결을 지켜 주지 않음으로써 외로운 인생들을 만들어 낸다.

룻기에서 성적 매력은 지혜와 순결의 테두리 안에서 신기한 힘을 발휘한다. 반면에 "사랑에 빠지는" 디즈니의 패러다임은 거의 초자연적 위력을 자랑한다. 생각할 필요도 없고 관계다운 관계도 필요 없다. 그래서 「신데렐라」Cinderella에서 왕자와 신데렐라는 딱 10초쯤 대화하고 나서 결혼한다. 「잠자는 숲속의 공주」Sleeping Beauty에서도 왕자가 오로라 공주와 말하는 시간은 대략 30초밖에 되지 않는다. 생각하고 말 것도 없다!

사랑은 위험을 무릅쓴다

룻은 계획의 실행에 착수했다. 계획만 대담한 게 아니라 룻이 보아스에게 해야 할 요청도 대담했다. 룻은 모압 사람이고 보아스는 이스라엘 사람이다. 여자 쪽에서 남자에게 청혼한다. 종이 지주에게 부탁한다. 가난한 사람이 부자에게 탄원한다. 젊은 여자가 중년의 남자에게 접근한다. 그런데도 룻은 특유의 복종과 용기로 나오미의 계획을 **거의** 글자 그대로 수행했다.

그가 타작마당으로 내려가서 시어머니의 명령대로 다 하니라. 보아스가 먹고 마시고 마음이 즐거워 가서 곡식 단 더미의 끝에 눕는지라. 룻이 가만히 가서 그의 발치 이불을 들고 거기 누웠더라(룻 3:6-7).

룻은 목욕하고 기름을 바르고 겉옷을 입은 뒤에 땅거미가 질 즈음 키질하는 마당으로 나갔다(키질이란 겨와 낟알을 가르는 작업이다. 바람에 곡물을 까불거나 부채로 부치면 가벼운 겨는 날아가고 무거운 낟알만 남는다). 추수는 즐거운 잔치의 시간이다. 보아스도 아마 늦게까지 일꾼들과 함께 웃음꽃과 이야기꽃을 피웠을 것이다. 룻이 접근할 때는 보아스의 "마음이 즐거워"진 후였다. 여기서도 나오미의 기발한 지혜를 볼 수 있다. 서서히 웃음이 잦아들면서 추수하는 일꾼들이 자리에 웅크려 누웠다. 마지막 기름등잔마저 꺼지자 보아스는 낟가리의 끝으로 가서 누운 뒤에 자기 옷을 덮었다. 다들 잠들었을 때쯤 룻은 천천히 고개를 들고 주변을 살폈다. 그리고 잠시 머뭇거리다가 가만가만 발끝걸음으로 보아스가 잠든 곳으로 갔다. 룻은 보아스의 옷을 들고 그 발치에 누운 다음 기다렸다. 얼마나 대담한 여자인가. 보통 배짱이 아니다.

세 시간쯤 지나 보아스가 몸을 꿈틀거렸다.

밤중쯤에 그 남자가 몸을 한 번 떨며 돌아누워 보니 한 여자가 자기 발밑에 누워 있었다. "네가 누구냐"는 그의 말에 여자는 "나는 당신의 여종 룻이니 당신의 옷깃을 펴서 여종을 덮으소서. 당신은 기업을 무를 친척입니다"라고 대답했다.[5]

화자는 보아스와 룻을 "남자"와 "여자"로 지칭함으로써(히브리어 원문
과 저자가 사용하는 ESV에 그렇게 되어 있다—옮긴이) 보아스가 필시 느
꼈을 혼란과 당혹감을 우리도 경험하게 한다. 보이는 것이라곤 한 남
자와 한 여자가 함께 있는 모습뿐이다. 둘의 성별을 부각시키니 성적
인 긴장감이 더해진다.

생각이 깊은 사람은 나오미뿐만이 아니었다. 룻도 최선을 다해 자
신의 의도를 아주 명확히 밝혔다. "당신의 옷자락을 펴……덮으소서"
라는 말은 청혼의 표현으로, 남자의 옷깃을 펴서 아내 될 사람을 덮는
다는 뜻이다.[6] 이렇듯 룻의 행동(보아스의 옷깃 아래에 누운 일)은 룻의
말("당신의 옷자락을 펴……덮으소서")과 일치한다. 나오미에게 헌신한
룻의 헤세드가 룻의 삶과 일치하는 것과 마찬가지다.[7] 룻은 성품은 성
실하기 이를 데 없다.

보아스는 룻을 처음 만났을 때 하나님의 날개 아래로 보호받으러
온 룻을 보고 축복했다. 이번에는 룻이 보아스에게 그 날개가 되어 달
라고 청한다. 보아스의 축복 기도에 보아스 스스로 응답해 달라고 한
셈이다. 하나님은 보아스를 통해 룻을 그분의 날개 아래에 품어 주셨
다. 하나님은 나오미의 위험한 계획과 룻의 대담한 순종과 보아스의
사랑을 통해 역사하셨다. 한 학자는 그것을 이렇게 요약했다. "나오미
의 삶에 영향을 미친 죽음을……하나님은 그들의 평범한 희망과 계획
과 행동을 통해 뒤집으셨다.……하나님은 흔히 그분의 사람들의 평범
한 동기와 사건을 통해 세상에서 그분의 목적을 이루신다.……당신과
나 같은 보통 사람들을 통해서 말이다."[8] 이들 세 중심인물에게서 수
동적 자세는 조금도 찾아볼 수 없다. 하나님의 주권은 그들을 꼼짝 못

하게 만든 게 아니라, 오히려 그들에게 대담한 용기를 주었다.

롯이 **정확히** 나오미의 계획대로만 한 것은 아니다. "그가 네 할 일을 네게 알게 하리라"는 나오미의 말대로라면, 롯은 보아스의 눈에 띈 뒤로는 기다려야 했다. 하지만 롯은 즉시 입을 열어 말함으로써 보아스가 자신의 의도를 오해할 수 있는 여지를 일체 차단했다. 그뿐 아니라 나오미는 롯에게 남편을 구해 주려 했을 뿐이지만 롯은 결혼 이상을 구했다. 기업을 물러 달라는 말은 곧 나오미의 상속자가 될 아이를 낳아 달라는 뜻이었다. 이렇게 롯은 자기 자신보다 나오미의 처지를 앞세웠다. 그야말로 주체할 수 없는 사랑이다.

거기서 끝나지 않는다. 롯은 보아스에게 도움을 청한 게 아니라 명했다. "제발 부탁입니다"라고 말하지 않고 "당신의 옷자락을 펴 당신의 여종을 덮으소서. 이는 당신이 기업을 무를 자가 됨이니이다"라고 말했다. 물론 그렇게 당당히 요청하기에 앞서 롯은 보아스를 미리 준비시켜 주었다. "여종"이라는 단어를 택해 "나는 당신의 여종 롯이오니"라고 말했다. 보아스를 처음 만났을 때는 자신을 "쉬프카" 곧 "낮은 계층의 종"으로 칭했던 롯이 이번에는 "아마"라는 단어를 썼다. "아마"는 결혼할 자격이 있는 "시녀"를 뜻한다. 보아스에게 요청할 때 롯은 이 단어를 강조하려고 두 번이나 되풀이했다.

생각과 계획과 문제 해결이 로맨스와 사랑과 대담성과 완전히 맞물려 있다. 삶이란 그런 것이다. 사랑을 생각과 분리시키면 사랑이 이상해지고 얄팍해진다. 그런 사랑은 결국 비참해져 사람들의 삶을 망가뜨린다. 그 모두가 "사랑에 빠진다"는 미명하에 벌어지는 일이다. 사랑에 빠질 때도 생각하며 사랑하는 게 좋다.

18.
질서가 잘 잡힌 사랑

한밤중에 룻은 성읍에서 가장 유력한 사람의 발치에 누워 있었다. 그녀는 방금 그에게 자기와 결혼하여 시어머니를 "구속해" 줄 것을 부탁했다. 사실상 명령이었다. 누구든 이 순간의 룻보다 더 취약해질 수는 없다. 그녀는 이 일에 모든 것을 걸었다. 보아스의 말이 긴장을 깨뜨렸다. "그가 이르되 '내 딸아, 여호와께서 네게 복 주시기를 원하노라. 네가 가난하건 부하건 젊은 자를 따르지 아니하였으니 네가 베푼 인애가 처음보다 나중이 더하도다'"(룻 3:10).

보아스의 뜨거운 마음이 느껴지는가? 그는 사랑에 빠져 있다! 룻에게 홀딱 반해 버렸다. 그는 룻을 존중하여 "딸"이라 부른다. 정서적으로 배려하여 룻을 축복해 준다. 하나님의 능력이 룻의 삶에 임하기를 구한다. 보아스의 애정은 신시아 오지크Cynthia Ozick의 말을 빌려 "고금의 사람들을 매료했다. 예리한 분별력과 세심한 도덕성을 갖추었으면서도 너그럽고 원숙한 애정이었다."[1]

이어 보아스는 룻을 칭찬한다. "네가 베푼 인애가 처음보다 나중이 더하도다." 여기 "인애"가 원문에는 "헤세드"다. 이 말을 이렇게 번역해도 무방하다. "룻이여, 이번에는 네가 너 자신마저 극복했구나!"[2] 보아스는 "네가 가난하건 부하건 젊은 자를 따르지 아니하였으니"라고 했는데, 이는 룻이 외모나 힘이나 지위나 재력을 탐하지 않고 나오미를 향한 사랑을 더 중시했다는 뜻이다. 최상의 남자를 고를 수 있는데도 보아스를 택했다는 뜻이다. 룻의 애정은 나오미를 향한 헤세드에서 비롯되었다. 그래서 룻은 완벽한 남편을 구하는 완벽주의자가 아니다.

"그리고 이제 내 딸아, 두려워하지 말라. 내가 네 말대로 네게 다 행하리라. 네가 현숙한 여자인 줄을 나의 성읍 백성이 다 아느니라"(룻 3:11). 보아스는 계속 룻을 정서적으로 배려하여 두려움을 없애 준다. 그러면서 자신이 룻의 종이 된다. "내가 네 말대로 네게 다 행하리라." 둘의 역할을 뒤집은 셈이다. 나오미는 룻에게 보아스의 말대로 다 하라고 했는데, 보아스는 자기가 룻의 말대로 다 하겠다고 했다![3]

끝으로 그는 자신의 동기를 이렇게 설명한다. "네가 현숙한 여자인 줄을 나의 성읍 백성이 다 아느니라." 요컨대 "룻이여, 네가 보석 같은 존재임을 만인이 다 아느니라"는 말이다. "성읍 백성"을 직역하면 "성문의 사람들"이다. 늘 주의력이 예민했던 보아스는 그 사람들이 주고받던 좋은 뒷말을 다 들었다. 다시 말해서 룻은 모든 유력한 사람들의 입에 회자되었다. "마을은 틀리는 법이 없다"는 중세의 속담이 있다. 내 삶의 축적된 영향을 내가 속한 공동체가 언제나 안다는 뜻이다. 룻이 성문을 지나다닐 때마다 사람들이 룻에 대해 나누었을 말들을 한

번 들어 보자.

- "이 꼭두새벽에 일어나다니 참 부지런도 하지."
- "돌아올 때는 또 얼마나 밤늦게 돌아오던가."
- "제 나라까지 등지고 나오미와 함께 살러 왔다니 참 믿기 힘든 일 일세."
- "룻이 수발한 뒤로 요 몇 달 새에 나오미의 달라진 모습을 보았는 가? 다시 옛날로 돌아가 웃음을 되찾았더군."
- "미색인데도 생전 사내랑 시시덕거리는 법이 없이 여자들과만 함 께 있단 말이지. 누가 짝을 지어 주어야 할 텐데."
- "그만하면 신붓감으로 최고지."

룻이 "이런 평판을 얻은 것은 뭔가 대단한 사람이 되려고 해서도 아니고 중요한 사람들과 어울려서도 아니었다. 오히려 그녀가 만인의 칭찬을 받은 것은 시어머니를 향한 헤세드 곧 애정과 충절 때문이었다."4

앞에서 화자가 보아스를 "유력한 자"라 칭했는데, 이제 보아스가 같은 호칭을 써서 룻을 "현숙한 여자"라 부른다(룻 2:1의 "유력한"과 3:11의 "현숙한"은 원문에 "하일"이라는 동일한 단어다—옮긴이).5 보아스는 룻과 결혼하려고 낮아진 것도 아니고, 그렇다고 룻을 자기의 지위로 높인 것도 아니다. 그는 룻의 지위가 이미 자기와 대등함을 인식했다. 성경에 "현숙한 여인"이라는 표현은 여기 말고 딱 한 군데밖에 나오지 않는다. 잠언 31장에 보면, 현숙한 여인의 덕이 칭송되고 있다.

사실 예수 이전에는 성경에서 룻기의 가장 일반적인 위치가 잠언 다음이었다. 다시 말해서 룻은 현숙한 여인의 살아 있는 본보기다. 이런 지위를 부여받은 여자는 성경에 다시없다. 오직 룻뿐이다.[6]

질서가 잘 잡힌 사랑

룻과 보아스는 둘 다 헤세드를 베풀었다. 이들 둘을 갈라놓던 모든 장벽은 그 연합의 요소 앞에서 허물어졌다.[7] 보아스는 계속 룻을 배려하여 자신의 계획뿐 아니라 문제점까지 털어놓았다.

> 참으로 나는 기업을 무를 자이나 기업 무를 자로서 나보다 더 가까운 사람이 있으니 이 밤에 여기서 머무르라. 아침에 그가 기업 무를 자의 책임을 네게 이행하려 하면 좋으니 그가 그 기업 무를 자의 책임을 행할 것이니라. 만일 그가 기업 무를 자의 책임을 네게 이행하기를 기뻐하지 아니하면 여호와께서 살아 계심을 두고 맹세하노니 내가 기업 무를 자의 책임을 네게 이행하리라. 아침까지 누워 있을지니라(룻 3:12-13).

나오미와 그녀의 땅에 대해 "우선권"을 가진 다른 구속자가 있었다. 보다시피 보아스는 이렇게 말하지 않았다. "보라, 우리의 결혼은 천생연분이니 무슨 일이 있더라도 성사시키고 말리라." 아집—"내 손에 넣어야만 한다"—이 등장할 때마다 그 밑에는 우상이 도사리고 있다. 아우구스티누스St. Augustine의 표현을 빌리면, 항상 우상이란 균형을 잃은 사랑, 질서가 어긋난 사랑이다.[8] 바른 질서는 하나님을 중심에 모시고, 덜 중요한 사랑들을 그분께 복종시키는 것이다. 그래서 보아스는 이 결혼이 성사되지 못할 수도 있음을 스스럼없이 지적했다. "사랑에 빠져" 있음에도 불구하고 그는 사랑을 우상화하지 않았다. 룻을 사랑한다는 이유로 규정을 짓밟지 않았다.

보아스는 각종 언약 및 관계 속에 살아가고 있었다. 그는 삶의 그러한 근본 구조를 존중함으로써 하나님께 복종했다. 보아스의 앞에는 다음과 같은 두 갈래 길이 놓여 있었다.

우상숭배. 룻을 중심에 둔다. ⇨ 아집: "지금 룻을 얻어야만 한다."

참된 예배. 하나님을 중심에 둔다. ⇨ 의존: 하나님의 공급을 기다린다.

우리가 예배하고 사랑하는 대상이 곧 우리 삶에 동력과 초점을 가져다주고, 그 동력과 초점은 다시 우리의 의지를 결정한다. 조나단 에드워즈Jonathan Edwards가 그것을 아주 잘 요약하여, 열정이 의지를 형성한다고 말했다.[9] 내가 만일 자동차라면 나의 열정 곧 예배의 핵은 엔진이고 나의 의지는 핸들이 된다.

앞서 소개했던 그 옷을 잘 차려입은 여성은 세미나가 끝나고 나를 찾아와 "천국 문을 두드리느라 손이 피투성이가 되었어요"라고 말했다. 그 말 속에서 아집이 느껴졌다. 그녀의 애통은 요구로 변해 있었다. 나는 그녀를 죽음 곧 "그 고난에 참여함"(빌 3:10)으로 초대했는데, 이는 결혼이라는 우상을 하나님으로 대체하라는 초대였다. 그분은 어떤 라이벌도 용납하지 않으시는 질투의 하나님이시다. 하나님을 산

타클로스로 보는 자유주의의 병든 관점은 질투의 하나님을 질색한다. 아무것도 상관하지 않으시는 관대한 하나님을 선호한다. 감정만 있고 그 감정을 행동화할 능력이나 의지는 없는 하나님이다. 하지만 상대를 진정 사랑한다면, 그 사랑을 침범하는 자들을 질투할 수밖에 없다. 사랑의 대상을 보호하지 않는 사람은 바람둥이일 뿐이다.

성적 부도덕의 궤도도 이와 비슷하다. 혼외의 성적 친밀함은 언약의 헌신보다 쾌락을 앞세우는 우상숭배에서 비롯된다. 그것은 하나님의 제한 속도를 어긴 채 즉각적 만족을 요구한다. 그렇게 되면 사랑이 질서를 잃고 만다.

죽음이 부활로 되돌아오다

룻에게 "아침까지 누워 있을지니라"고 말할 때, 보아스는 일부러 성적인 어감이 없는 단어를 썼다. 이 단어는 단순히 "묵다, 머물다"라는 뜻이다. 분위기 자체는 자못 성적이고 로맨틱한 상황이었지만, 화자는 보아스와 룻의 순결한 행위를 부각시킨다. 여기 "누워"로 번역된 히브리어 원어는 룻이 나오미에게 "어머니께서 **머무시는** 곳에서 나도 **머물겠나이다**"라고 할 때 쓴 단어와 똑같다. 보아스는 룻의 헌신의 말을 취하여 축복으로 변화시켰다. 사랑으로 죽은 룻의 말은 부활의 말이 되어 자신에게 되돌아왔다. 이렇게 맞물리는 어휘를 통해 화자가 우리에게 일깨워 주는 사실이 있다. 진정한 삶이란 순종과 축복의 길, 충성과 희망의 길에서 얻어진다는 것이다. 하나님이 순례 길을 인도하시면 우리는 거기서 희망을 얻어 사랑으로 견딜 수 있다.

끝으로, 룻이 나오미를 향한 헌신을 맹세로 보증했듯이 보아스도 자신의 헌신을 맹세로 보증했다. 그는 이 새로운 사랑에 삶의 전력을 쏟아부을 참이었고, 거기에 대해 의심의 여지를 남기고 싶지 않았다. 룻을 우상으로 삼지 않는다 해서 보아스에게 정열이 없는 것은 아니다. 사실 C. S. 루이스의 말마따나 사랑의 질서가 잘 잡혀 있으면 덜 중요한 사랑들까지도 살아난다.

내게 가장 소중한 사람보다 하나님을 더 사랑하면, 그 사람을 지금보다 더 사랑하게 된다. 그러나 하나님을 제쳐 두고 **그분 대신** 그 사람을 사랑하면, 결국 그 사람을 전혀 사랑하지 못하게 된다. 중요한 것을 첫 자리에 두면 그 다음 것들은 억눌리는 게 아니라 더 커진다.[10]

보아스의 덜 중요한 사랑은 아침까지 그의 발치에 누워 있었다. 아마 둘 다 한잠도 자지 못했을 것이다.

룻을 보내는 보아스

룻이 새벽까지 그의 발치에 누웠다가 사람이 서로 알아보기 어려울 때에 일어났으니 보아스가 말하기를 "여인이 타작마당에 들어온 것을 사람이 알지 못하여야 할 것이라" 하였음이라. 보아스가 이르되 "네 겉옷을 가져다가 그것을 펴서 잡으라" 하매 그것을 펴서 잡으니 보리를 여섯 번 되어 룻에게 지워 주고 성읍으로 들어가니라(룻 3:14-15).

보아스는 룻의 평판을 배려하여 새벽 어스름 녘을 틈타 그녀를 집으로 돌려보냈다. 곡물을 준 데는 여러 가지 목적이 있다. 우선 그것은 풍성한 양식의 선물이었다. 보아스가 지워 주어야 했을 만큼 묵직한 양이었다. 또한 그것은 은폐물의 역할도 했다. 혹시 룻이 남의 눈에 띄었다 해도 그냥 밤늦도록 타작하다 돌아오는 것처럼 보였을 것이다. 아울러 이 선물은 룻을 구속하겠다는 보아스의 헌신을 상징했다. 그의 사랑에 대한 보증금이었던 셈이다.[11] 룻의 배를 채워 줄 씨(곡식)는 장차 룻의 자궁을 채워 그녀를 구속해 줄 씨(후손)를 암시했다. 이것은 단순히 추론만은 아니다. 고대 히브리 문화는 자연계의 음양의 원리를 잘 알고 있었다. 보아스의 사랑은 질서가 잘 잡혀 있을 뿐 아니라 철철 흘러넘쳤다.

19.
사랑의 여정에서 하나님을 발견하라

아직 어두운 새벽 시간에 룻은 큼직한 곡물 자루를 지고 집으로 돌아 갔다.

> 룻이 시어머니에게 가니 그가 이르되 "내 딸아, 어떻게 되었느냐" 하 니 룻이 그 사람이 자기에게 행한 것을 다 알리고 이르되 "그가 내게 이 보리를 여섯 번 되어 주며 이르기를 '빈손으로 네 시어머니에게 가지 말라' 하더이다" 하니라. 이에 시어머니가 이르되 "내 딸아, 이 사건이 어떻게 될지 알기까지 앉아 있으라. 그 사람이 오늘 이 일을 성취하기 전에는 쉬지 아니하리라" 하니라(룻 3:16-18).

보다시피 보아스는 룻에게 **"빈손으로 네 시어머니에게 가지 말라"**고 했다. 일찍이 나오미는 온 성읍이 듣는 데서 "내가 풍족하게 나갔더니 여호와께서 내게 **비어** 돌아오게 하셨느니라"고 탄식했다(룻 1:21). 공공연한 애통이었던 만큼 성읍 사람들이 다 아는 일이었다. 두 달 후에 보아스는 나오미의 애통을 떠올리며 똑같이 "비다"라는 단어를 썼다. 그는 수동적으로 하나님을 기다린 게 아니라 직접 나오미에게 선을 베풀 뜻으로 보증금을 건넸다. 그는 나오미의 애통에 응답하고 싶었고 사랑으로 그녀를 덮어 주고 싶었다. 그녀의 믿음을 북돋아 주고 싶었다. 즉 선한 목자께서 그녀를 푸른 풀밭으로 인도하시고 원수의 목전에서 상을 차려 주신다는 믿음이었다. 이제 나오미는 J형 곡선의 오르막길로 접어들었다.

보아스가 선물로 준 곡물은 순전히 시(詩)다. 나오미가 은유로 말한 빈손을 그는 은혜로 채워 주었다. 고대 히브리인들은 시와 삶이 하나로 통합된 세계에 살았다. 따라서 그들은 삶의 얼개에 스며 있는 은유들을 금방 알아차렸다. 설계자 하나님의 절묘한 예술성을 간파한 것이다. 예컨대 요셉은 옷(두 벌을 잃었다)과 은(그가 노예로 팔린 값)의 은유를 써서 그 두 가지 모두를 자신을 배신한 형들에게 주었다. 원한의 은유를 용서로 바꾸었던 것이다. 히브리인들은 오늘에 충실한 게 아니라 하나님이 자신의 삶 속에 짜 넣고 계신 은유에 충실했다.

이제 룻이 할 일은 무엇인가? 아무것도 없다. 그냥 쉬면 된다. "그 사람이 오늘 이 일을 성취하기 전에는 쉬지 아니하리라"는 나오미의 말은 굳이 예측이랄 것도 없다. 본래 보아스는 무슨 일을 하든 "쉬지 않고 일을 끝내는" 사람이었다. 매사에 신속하고, 사려 깊고, 용의주도하고, 철저하고, 단호한 사람이었다.

"쉬지 아니하리라"는 나오미의 표현은 나오미가 룻과 오르바를 축복하던 때를 연상시킨다. 그때 나오미는 하나님이 그들에게 안식(룻

1:9에 "위로"로 번역되었다—옮긴이)을 주시기를 빌었다. 룻은 사환의 말대로 "잠시……쉰 외에"(룻 2:7) 밭에서 나오미를 위한 양식을 주웠고, 이제 그 결과로 자신이 복을 받았다. 나오미는 "내 딸아, 내가 너를 위하여 안식할 곳을 구하여[야]……하지 않겠느냐"(룻 3:1)던 자신의 기도에 친히 응답했다. 이제 보아스는 룻을 쉬게 하고자 자신이 "쉬지 아니"할 것이다. 사랑 때문에 이들의 삶은 서로 맞물린 시(詩)가 되었다.

하나님의 디자인을 발견하라

히브리인들은 삶의 시적 특성을 예민하게 감지했다. 디자이너 되신 하나님이 자신들의 삶을 빚으심을 알았기 때문이다. 당신의 삶도 잘 보면 디자이너의 손길이 보일 것이다.

그것을 설명하기 위해, 앞서 3장에서 언급했던 이야기를 계속할까 한다. 킴이 새벽에 방 안을 왔다 갔다 하면 질은(얼마 후에 나도) 킴에게 다시 자리에 누우라고 소리를 질렀다. 대개 하나님은 내 기도에 응답하실 때 나를 동참시키시는데, 내가 킴을 위해 기도하기 시작했을 때도 그런 일이 벌어졌다.

2007년 하반기에 처음으로 킴과 함께 기도하러 위층으로 올라갔을 때였다. 뜻밖에도 내 마음속에 찾아드는 분명한 생각이 있었다. "킴은 영적으로 성장할 능력과 자신의 행동에 책임질 능력이 있는데 네가 그것을 과소평가하고 있다." 이듬해 내내 하나님께 받은 그 감화를 머릿속에서 떨칠 수 없었다. 아침에 킴과 함께 경건의 시간을 갖기 시작했으나, 기도 시간이 되면 나는 설거지와 병행했다. 나 자신의 묵상을 마치고 킴의 아침식사까지 거들고 나면 더 이상 여유를 부릴 수 없었다(일손을 잡고 기도에 대한 책을 써야 했다!) 그러다 보니 말하는 컴퓨터를 이용한 킴의 기도는 형식적인 수준을 벗어나지 못했다.

결국 2008년 말부터 나는 킴이 기도하는 동안 설거지를 중단하고 곁에 함께 앉았다. 거의 즉시로 킴의 기도 생활이 피어나면서 감사가 넘치기 시작했다. 킴은 디즈니월드, 최근에 보았던 영화, 꾸준히 자기를 놀리는 짓궂은 오빠나 남동생으로 인해 하나님께 감사했다(작년에 존은 디즈니월드에 가기 전날 "킴, 디즈니가 올해는 문을 닫았대"라고 놀렸다). 오빠나 남동생이 유난히 못되게 군 날이면 킴은 기도하다 말고 "그들에게 주먹을 날리곤" 했다. 킴의 기도 생활은 2009년 내내 활짝 피어났다. 그때부터 킴은 사람들에게 기도해 주겠다고 말했고, 어떤 때는 그 자리에서 바로 그들에게 손을 얹고 기도했다. 자기가 분노로 아주 힘들었기 때문에 분노의 문제가 있는 사람들을 위해 기도하기를 특히 좋아했다. 2009년에 우리 손자 벤저민이 세상을 떠나면서 킴의 기도도 새로운 전기를 맞이했다. 천국에 대한 생각과 장차 거기서 만나게 될 사람들에 대한 생각이 더 많아졌다.

이듬해에 우리는 장애인 가정들을 위한 조니 캠프Joni Camp에 참석했는데, 거기서 킴이 예전에 골절되었던 팔꿈치의 통증을 호소했다. 거의 막무가내여서 일단 응급실로 데려갔다. 통증에다 병원을 겁내는 마음까지 더해져 킴은 수속이 진행되는 동안 완전히 미친 듯이 날뛰었다(덕분에 아주 신속한 서비스를 받을 수 있었다!) 그렇게 날뛰는 동안 킴은 수화(手話)로 "예수님, 도와주세요"를 정신없이 연발했다. 예수라는 단어는 가운데 손가락을 반대편 손바닥에 대서 표현하는데, 이는 못 박히신 그리스도의 손을 가리킨다. 킴은 진찰실에 이르러서야 조용해졌다. 팔꿈치 엑스레이를 찍은 결과 아무 이상이 없었다.

일주일쯤 후에 킴이 난데없이 이런 글을 입력했다. "응급실에서 하나님이 저에게 말씀하셨어요." 내게 든 생각은 "킴, 우리는 장로교인이야. 하나님은 우리에게 말씀하지 않으셔"였다. 물론 반은 농담이지만, 우리가 "하나님이 나에게 말씀하셨다"라는 표현을 조심하는 것만은 사실이다. 그만큼 그 말이 오용되고 있기 때문이다. 그러니 킴도 무엇을 들었을 리가 없었다. 킴의 말에 어찌나 놀랐던지, 나는 이틀이 지나서야 하나님이 뭐라고 말씀하셨느냐고 물었다. 답은 간단했다. "두려워하지 마라. 내가 너와 함께 있다. 다니엘처럼 되어라." 이 경험은 킴에게 하나의 분수령이 되었다.

킴은 개들을 산책시키는 사업을 하고 있는데, 중간에 우리 사무실에 들러 점심을 먹는다. 최근에 사무실 직원 다이앤은 킴이 점심을 먹다 말고 즉석에서 기도하는 모습을 보았다. 킴은 계몽주의 사상가 칸트Immanuel Kant의 영향을 크게 받지 않았으므로 기도와 나머지 삶을 분리시켜야 함을 모른다. 누가 어떤 문제를 언급하면 킴은 대화 중에 바로 기도를 시작한다. 킴 덕분에 점심시간이 즐겁다.

그렇다면 시(詩)는 어디에 있는가? 내가 하나님의 음성("너는 킴을 과소평가하고 있다")에 민감했더니, 결국 킴도 하나님의 음성을 들을 수 있게 되었다. 내가 킴을 위해 기도하기 시작했더니, 킴도 다른 사람들을 위해 기도하기 시작했다. 내가 킴에게 손을 얹었더니, 킴도 똑같이 하고 있다. 킴에게 인내심을 주시도록 기도할 때만 해도 나는 내게도 비슷한 문제가 있음을 몰랐다. 나는 조급증을 내며 한꺼번에 몇 가지 일을 병행하곤 했었다.

숨어 계시는 하나님

킴의 이야기와 룻의 이야기는 하나님이 자신을 계시하시는 방식을 아주 잘 보여주는 사례다. 우리는 자신의 이야기 속에서 그분을 발견한다. 이야기 속에 살고 있는 우리는 삶을 마치 뒤로 걷듯이 경험한다. 미래는 전혀 미지의 영역이고 현재는 안개처럼 어렴풋하게 보인다. 과거만이 어느 정도 선명하며, 그 선명도는 시간이 갈수록 더 높아진다. "룻기의 인물들은 여호와의 행동을 사후에야 알게 된다."[1] 자신의 이야기를 돌아볼 때 우리는 거기 숨어 있는 하나님의 사랑, 곧 우리를 향한 헤세드를 발견한다. 나오미도 점차 그 자리로 가고 있다. 하나님의 사랑이 가시화되고 있다. 냉소적인 세상에서 유익한 존재가 되어 충실한 사랑의 삶을 살아갈 때, 우리는 하나님의 일관된 사랑을 발견한다.

하지만 우리가 선호하는 것은 그게 아니다. 우리는 좀 더 선명한 것을 좋아한다. 매달 천국에서 트위터Twitter 메시지가 오거나 가끔씩 하늘의 유튜브YouTube에 동영상이 뜬다면 좋을 것이다. 요컨대 우리는 좀 더 명백한 하나님을 원한다. 그런데 그분은 이야기 속에 숨어 계신다. 그렇지 않다면, 그분은 친구가 아니라 우주의 요정이 될 것이다. 한 학자는 이것이 룻기에 어떻게 나타나는지를 다음과 같이 설명했다.

여호와께서는 인간사를 이끄실 때 단속적으로 기적을 행하신 뒤 장기간 뒷전으로 물러나 계시는 것처럼 이끌지 않으신다. 오히려 그분의 활동은 인간 행위자들의 활동의 배후에 숨어 있다. 그러면서도 그분은 사건의 암시적이고 내재적인 원인으로 전제된다. 따라서 삶의 가장 작고 시시콜콜한 "우연"까지도 그분에게서 기인한다.……룻기를 든든히 떠받치는 신학적 기초 하나는 하나님이 숨어 계시면서도 지속적으로 모든 일의 작인(作人)이시라는 믿음이다.[2]

우리의 삶 속에서 경험하는 하나님의 임재도 룻기에서 보는 그분의 임재와 비슷하다. 즉 그분은 희미하다. 그분은 이집트에 재앙을 내리시던 모세 시대처럼 그렇게 "확 튀지" 않으신다. 만일 하나님이 홍해 때나 부활 때처럼 수시로 자신을 드러내신다면, 관계가 깊어질 여지가 없어진다. 그런 극적인 자기계시는 오히려 하나님의 임재를 제대로 아는 데 방해가 된다. 그분의 임재를 훨씬 더 깊고 풍성하게 알려면 다른 신자들과의 관계 속에서 살아가야 한다.

하나님은 이야기의 언저리에 숨어 계심으로써 믿음의 필요성과 나아가 친밀한 관계의 필요성을 불러일으키신다. 숨어 계신 하나님 덕분에 우리 믿음의 근육이 튼튼해진다. 보아스와 나오미와 룻처럼 우리도 노력하고 생각해야 한다. 내가 킴과 함께 기도하는 데도 노력이 필요했다. 그 결과 킴도 나도 더 성숙해졌고, 우리 자신의 힘 대신 하나님을 신뢰하는 법을 배웠다.

하나님이 희미하신 덕분에 우리는 달라진다. 그 결과는 무엇인가? 하나님을 닮은 공동체가 형성된다. 하나님은 우주의 로봇이 아니다. 그분은 우리를 자신께로 끌어들여 구애하시는 연인이시다. 하나님의 전부를 본다면 우리는 도저히 감당할 수 없을 것이다. 성경에서 그분을 그렇게 본 사람들은 다 엎드러졌다(이사야 6장, 요한계시록 1장). 하나님의 전부를 보면 건물의 공기가 다 빨려나가 숨을 쉴 수 없다. 에밀리 디킨슨^{Emily Dickinson}은 하나님이 자신을 계시하시는 방식을 이렇게 표현했다.

모든 진리를 말하되 빗대어 말하라.……
진리는 서서히 빛나야 하리니
그렇지 않으면 모두 눈이 멀리라.[3]

하나님은 숨어 계시다가 삶의 언저리에만 나타나신다. 그리하여 그분과의 진정한 관계가 깊어질 여백을 확보하신다. 그분은 우리의 시야를 압도하지 않으신다. 덕분에 우리 삶 속에 우리와 그분이 동시에 나타날 수 있다. 우리는 하나님과 자기 자신을 동시에 알아간다.

숨어 사는 법을 배우라

사랑한다는 것은 룻처럼 숨어 사는 법을 배우는 것이다. 물론 예수께서도 숨어 사셨다. 종종 대화 중에도 그분은 일부러 언저리에 작은 자로 계셨다. 다른 사람들이 드러날 수 있도록 말이다. 그분의 겸손 덕분에 사람들이 살아날 수 있었다. 예수의 삶에서 이런 습성을 대략 훑어보면 다음과 같다.

- 누가복음 7장에서 예수께서 시몬의 집에 계실 때, 죄인인 한 여자

가 잔치의 흥을 깨뜨렸다. 여자가 그분의 발치에서 우는 몇 분 동안 예수께서는 아무런 말씀이나 행동도 하지 않으셨다. 예수께서 "여백"을 허락하신 덕분에 여자의 사랑과 시몬의 비판이 겉으로 드러났다.

• 마태복음 15장에서 예수께서는 귀신들린 딸을 둔 수로보니게 여인에게 일부러 거리를 두셨다. 그 여백 속에 그녀의 믿음이 드러났다. 예수께서 그녀에게 믿음의 근육 운동을 시키신 결과였다.

• 요한복음 8장에서 간음하다 잡힌 여자가 예수 앞에 끌려왔을 때, 그분은 몸을 굽혀 모래에 글씨를 쓰심으로 여백을 확보하셨다. 그 짧은 시간에 바리새인들의 비판이 드러났다. 그분은 기다림을 통해 그런 상황을 유발하셨고, 그래서 그들의 심령을 향해 말씀하실 수 있었다.

• 요한복음 9장에서 예수께서는 맹인을 보고 나서 처음에는 제자들이 반응하도록 말없이 계셨다. 그들의 비판이 드러난 후에야 예수께서는 맹인과 그분 자신을 보는 전혀 새로운 관점을 제시하실 수 있었다.

• 요한복음 20장에서 예수께서는 사랑하는 두 제자에게 일부러 자신을 숨기시고 막달라 마리아를 기다리셨다. 마리아를 만나셔서도 곧바로 자신을 드러내지 않으셨다. 덕분에 예수를 찾던 그 잠깐 동안 그녀가 한 인간으로 드러났다. 그제야 예수께서는 "마리아야"라는 한마디 말씀으로 자신을 밝히셨다.

• 누가복음 24장에서 예수께서는 엠마오 도상의 두 제자에게 자신의 정체를 숨기셨다. 그들은 식사가 성찬으로 바뀐 후에야 그분을

알아보았다.

- 요한복음 21장에서 갈릴리 해변에 서신 예수께서는 제자들에게
자신을 알리지 않으셨다. 그들은 고기가 엄청나게 많이 잡히는 기
적을 통해 그분을 알아보았다.

이렇듯 예수께서는 매번 "여백"을 남기셨다. 그런데 우리는 그것을 여
백으로 느끼지 못하고 불확실함과 애매함으로 느낀다. 그 뒤에는 즉
시 나 홀로 잊힌 느낌이 따라오고, 그것은 다시 슬그머니 절망과 불안
으로 변한다. 우리는 이런 "나쁜" 감정들을 피해 달아나지만, 사실은
바로 거기가 사랑이 자라는 자리다.

　내가 예수의 이런 면을 처음 깨닫던 때가 기억난다. 1991년에 안식
년이 시작되어 복음서에 흠뻑 빠졌을 때였다. 알고 보니 세례 요한은
예수의 주변에 있을 때면 자신이 감추어지기를 원했다. "그는 흥하여
야 하겠고 나는 쇠하여야 하리라"(요 3:30). 그것이 나를 두렵게 했다.
나는 감추어지고 싶지 않았다. 오히려 알려지고 싶었다. 숨어 사는 것
은 죽음처럼 느껴진다. 하지만 그것은 생명을 낳는 죽음이다. 당신이
작아지기 때문에 당신 안에 계신 예수께서 더 커지신다.

　B. B. 워필드Warfield의 말처럼, 예수께서는 "자아를 갈고닦지 않으셨
다. 신적 자아이심에도 말이다. 그분은 자아를 애지중지하지 않으셨
다. 자기 영혼의 구석에 파묻혀……병적으로 자신의 필요에 골몰하지
않으셨다.……그분은 사람들을 향한 사랑에 이끌려 세상으로 들어가
셨고, 사람들의 필요를 채워 주느라 자신을 망각하셨으며, 긍휼의 제
단 위에 단번에 자아를 제물로 바치셨다."[4]

사랑하면 자신이 감추어진다. 사랑의 대상에 온통 집중하느라 자신을 내보일 마음이 없어진다. 이는 교만의 반대다. 학자들은 복음서의 저자들—마태, 마가, 누가, 요한—이 각자의 저작 속에 왜 그렇게 숨어 있는지 의아해하곤 한다. 학자들이 모르는 사실이 있다. 예수와 어울려 다니면 우리는 사라지고 싶어진다. 그분의 아름다움에 완전히 매료되기 때문이다.

룻도 이제부터 조용히 사라질 것이다. "그가 내게 이 보리를 여섯 번 되어 주며"(룻 3:17). 나오미에게 한 이 말을 끝으로 이 이야기 속에 룻의 발언은 더 이상 나오지 않는다. 룻은 사랑을 제대로 알았던 사람이다.

사랑하면 하나님이 드러난다

룻은 매번 자신의 사랑으로 이야기를 진행시킨다. 룻이 나오미를 위해 자신의 삶을 포기하지 않았다면, 성읍 사람들은 룻이 얼마나 놀라운 여자인지 몰랐을 것이다. 먼 길을 오느라 녹초가 된 룻이 아침에 일찍 일어나지 않았다면, 우연히 보아스의 밭에서 그를 만날 일도 없었을 것이다. 룻이 밭에서 그렇게 열심히 일하지 않았다면, 보아스는 룻에게 감동하지 않았을 것이다.

관건은 룻의 지속적 순종이었다. 룻의 순종은 금색 실처럼 그녀의 여정을 짜 수려한 융단을 만들어 냈다. 한 걸음 물러나 전체를 보면 어디에나 하나님이 보인다. 그분이 지휘하시고 빚으시고 구속하심을 알 수 있다. 하지만 룻의 순종이 없었다면 이 이야기 속에 하나님이 드러나지 않았을 것이다. 사랑할 때 우리는 이야기 속의 하나님을 발견하게 된다.

기도를 배운 킴의 이야기를 이끈 것도 순종이었다. 그리고 순종은 회개에서 기인했다. 나의 첫 회개는 킴에게 소리를 지르던 내가 위층에 올라가 킴과 함께 기도한 일이다. 이를 계기로 그간 킴의 능력을 과소평가한 나 자신을 깨달았다. 킴은 영적으로 성장할 능력과 자신의 행동에 책임질 능력이 있었다. 이 회개의 후속 조치로 아침마다 킴과 함께 경건의 시간을 보내면서 나는 한꺼번에 몇 가지 일을 병행하던 내 조급증을 깨달았다. 하나의 실 가닥이 다른 가닥으로 이어졌다.

우리는 믿음에 기초한 지속적 순종을 통해 하나님을 발견한다. 룻의 순종으로 은혜의 문이 열렸다. 순종이 룻을 구원한 것은 아니다. 하지만 순종은 심고 거두는 은혜 충만한 궤도에 룻을 올려놓았다.

믿음과 사랑은 춤 동작처럼 함께 역사한다. "사랑으로써 역사하는 믿음"(갈 5:6)이라는 바울의 공식은 종교개혁의 위대한 발견이었다. 루터Martin Luther가 깨달았듯이, 그리스도인의 삶은 믿음으로 시작되어야 한다. 사실은 우리가 하는 모든 일이 그렇다. 사랑으로 시작하려 한다면 이는 당신 자신으로, 자신의 힘으로 시작하는 것과 같다. 절대로 불가능한 일이다. 하지만 그리스도인의 삶에는 흔히 간과되는 두 번째 원리가 있다. 예수께서 죽으시기 직전에 그것을 이렇게 설명하셨다. "나의 계명을 지키는 자라야 나를 사랑하는 자니 나를 사랑하는 자는 내 아버지께 사랑을 받을 것이요 나도 그를 사랑하여 그에게 나를 나타내리라"(요 14:21).

보다시피 예수께서는 우리의 순종이 하나님과의 친밀함 또는 더 깊은 믿음을 낳는다고 말씀하신다. 전체적 흐름은 다음과 같다.

믿음 ⇨ 사랑 ⇨ 더 깊은 믿음

이것은 무엇을 의미하는가? 우리는 믿음으로 시작했고, 믿음 안에서 우리를 향한 하나님의 사랑이라는 기초로 끊임없이 되돌아간다. 그 상태에서 이제 우리는 사랑으로 밖으로 나가야 한다. 이것이 헤세드다. 우리를 위하여 죽으신 예수의 사랑도 그러했다. 예수의 삶(사랑) 속에 들어가면 그분과의 더 깊은 교제(더 깊은 믿음) 속으로 끌려든다. 그러면 "내 아버지께 사랑을 받을 것이요 나도 그를 사랑하여 그에게 나를 나타내리라." 이렇듯 우리는 J형 곡선에 더 많이 동참할수록 하나님의 사랑을 더 깊이 깨닫게 된다. 사랑하면 믿음이 깊어진다.

많은 그리스도인들이 헤어나지 못하는 벽이 있다. 그들은 믿음을 키움으로써 믿음을 키우려 하고, 예수께 가까워짐으로써 예수께 가까워지려 한다. 그래서 영적 훈련(말씀과 기도)도 실천하고 자신을 향한 하나님의 사랑도 묵상한다. 하지만 그래서는 일정 수준을 벗어날 수 없다. 사실 이런 방법은 오히려 영적인 감정 기복을 낳을 때가 많다. 당신은 자신을 향한 하나님의 사랑을 얼마나 알고 있는지 의문이 들어 늘 자신의 맥박을 재게 된다. 또는 끝없이 자신의 우상을 추격하느라 양파 껍질처럼 죄를 속까지 다 벗겨 내려 든다. 그러다 보면 역으로 자아에 함몰될 수 있다. 일종의 영적 나르시시즘이다.

룻이 하나님과 그분의 복을 발견한 것은 순종을 통해서였다. 하나님이 허락하신 삶의 환경에 복종한 결과였다. 그러므로 당신도 정말

고생스러운 일을 피해 달아날 게 아니라, 오히려 그것을 하나님의 선물로 받아들이라. 그것을 통해 하나님은 당신을 그분의 삶 속으로 끌어들이신다.

정말 힘든 일 받아들이기

우리는 정말 힘든 일을 피하는 경향이 있다. 그것을 잘 보여주는 예가 아우구스티누스의 회심이다. 4세기 말에 그리스도인이 된 그는 14년 동안 동거했던 여자를 그 아들과 함께 버리고 순결한 삶에 헌신했다. 아우구스티누스에게 회심과 순결은 불가분의 관계였다. 마음이 워낙 정욕에 찌들어 있던 터라 그는 단칼에 끊어 버렸다.

아우구스티누스가 영적 친밀함을 나눈 여인은 오랜 세월 그를 위해 기도해 온 어머니 모니카였다. 나중에 두 사람은 하나님의 이상(理想)을 공유했다. 그것은 정말 좋은 일이다. 어머니의 기도가 응답되어 아들이 회심하고 순결을 택했다. 하지만 서구 사상의 형성에 지대한 공헌을 한 아우구스티누스도 다음 부분에서만은 복음을 삶에 적용하지 못했다. 신플라톤주의의 영향을 입은 그는, 아름다움을 추구하는 영역을 물질세계에서 영의 세계로 옮겼다. 덜 중요한 사랑(예컨대 자신의 연인에 대한 헌신)이 가장 중요한 사랑(하나님)에 들어서는 문임을 그는 몰랐다. 만일 아우구스티누스가 자신의 연인(이름조차 알려져 있지 않다)과 결혼하고 아들에게 사랑을 베풀었다면, 그는 그리스도의 고난과 부활에 동참했을 것이다. 그래도 아우구스티누스가 수도원장으로 지내던 후기의 삶을 보면 그렇게 사랑으로 죽는 모습이 나타난다.[5]

영의 세계와 하늘의 이상(理想)을 직접 추구하는 사람은 하나님을 경험하려 애쓴다. 하지만 하나님은 경험되기를 좋아하지 않으시고, 우리가 그분을 알기를 원하신다. 하나님을 향한 사랑은 그분을 직접 추구함으로써 깊어지는 게 아니라, 사랑의 선행을 통해 깊어진다. 즉 우리가 복음 속에 들어가 그리스도의 생활방식이 우리의 것이 되어야 한다. 물론 우리는 항상 우리를 향한 하나님의 사랑에서 출발해야 한다. 그것이 믿음이다. 하지만 일단 믿음의 기초가 놓였으면 이제 사랑해야 믿음이 깊어진다. 그게 바로 J형 곡선의 골자다. 사랑의 삶에 들어설 때 비로소 우리는 하나님을 알아갈 수 있다.

IV

결국 사랑이 승리한다
—— 〈룻기 4장〉

20.
지혜로 추구하는 사랑

잠을 이루지 못했을 긴 밤 동안 보아스는 룻을 얻을 계획을 세웠다. 해가 뜨자, 그는 당장 계획을 실천하러 성문으로 나갔다. 전형적인 성문 단지는 양쪽으로 두 개씩 네 개의 방으로 이루어져 있었고, 각 방은 남자 열두 명이 편하게 앉을 수 있는 크기였다. 방의 한쪽 면은 성으로 드나드는 사람들 쪽으로 트여 있었다. 거기서 벌어지는 일은 만인에게 모두 알려지게 되어 있었다. 보아스는 계획을 실행에 옮기려고 바로 거기로 갔다.

> 보아스가 성문으로 올라가서 거기 앉아 있더니 마침 보아스가 말하던 기업 무를 자가 지나가는지라. 보아스가 그에게 이르되 "아무개여, 이리로 와서 앉으라" 하니 그가 와서 앉으매 보아스가 그 성읍 장로 열 명을 청하여 이르되 "당신들은 여기 앉으라" 하니 그들이 앉으매(룻 4:1-2).

보아스가 앉자마자 "마침……기업 무를 자가 지나"갔다. 이번에도 역시 "마침"이라는 말은 이 사건이 우연히 된 일이 아니라 하나님의 보이지 않는 손길이 섭리하고 계심을 말해 준다. 하나님이 주관하고 계심을 알면 담대하게 계획을 짤 수 있다. 기업 무를 자를 부르는 보아스의 호칭에 그의 의중이 암시되어 있다. 여기 "아무개여"라는 말은 히브리어 원어로도 정말 "아무개"라는 뜻이다. 다른 말로 하자면 "어이, 거기"쯤 될 것이다. 화자는 일부러 이 구속자를 정체불명의 무명으로 처리한다. 가볍게 한 방 먹인 셈이다. 이는 이 사람이 어딘가 약간 어긋나 있다는 암시다.

보아스가 그 기업 무를 자에게 이르되 "모압 지방에서 돌아온 나오미가 우리 형제 엘리멜렉의 소유지를 팔려 하므로 내가 여기 앉은 이들과 내 백성의 장로들 앞에서 그것을 사라고 네게 말하여 알게 하려 하였노라. 만일 네가 무르려면 무르려니와 만일 네가 무르지 아니하려거든 내게 고하여 알게 하라. 네 다음은 나요 그 외에는 무를 자가 없느니라" 하니 그가 이르되 "내가 무르리라" 하는지라. 보아스가 이르되 "네가 나오미의 손에서 그 밭을 사는 날에 곧 죽은 자의 아내 모압 여인 룻에게서 사서 그 죽은 자의 기업을 그의 이름으로 세워야 할지니라" 하니 그 기업 무를 자가 이르되 "나는 내 기업에 손해가 있을까 하여 나를 위하여 무르지 못하노니 내가 무를 것을 네가 무르라. 나는 무르지 못하겠노라" 하는지라(룻 4:3-6).

여기서 보아스의 태도는 이전과 확연히 달라진다. 거의 냉정할 정도

로 사무적이다. 다른 모든 업무 상황에서는 열정과 활기가 넘치던 그
였다. 밭의 새 일꾼, 점심시간의 새 일꾼, 룻의 공식 청혼 등 모두 돈과
대가가 수반되는 일이었는데도 말이다. 아울러 우리는 보아스가 룻과
의 결혼을 간절히 원한다는 것을 알고 있다. 그래서 의문이 든다. 그는
왜 이렇게 착 가라앉아 있는가? 왜 처음부터 룻을 언급하지 않는가?
왜 룻을 숨겨 두는가? 이런 의문에 답하기 위해 먼저 보아스의 제의부
터 살펴보자.

- **첫 번째 흥정: 나오미 단독**. 아무개가 나오미의 땅을 사고 몇 년 동
  안 노파를 먹여 살린다. 나오미가 죽으면 땅은 온전히 아무개의 차
  지가 된다.
- **두 번째 흥정: 나오미와 룻**. 아무개가 나오미의 땅을 사고 몇 년 동
  안 노파를 먹여 살린다. 아울러 그는 젊은 과부 룻과 결혼하여 룻
  의 여생은 물론 자녀까지 부양한다. 룻의 자녀는 아무개의 성(姓)
  이 아니라 룻의 죽은 남편의 성을 물려받는다. 자녀가 장성하면 아
  무개는 땅을 자녀에게 넘긴다.

거래에 룻이 등장하자 아무개에게 땅의 가치가 완전히 달라졌다. 첫
번째 흥정에서는 그의 땅이 늘어날 뿐 손해는 별로 없었다. 그러나
두 번째 흥정에서는 평생 큰돈이 들게 되어 자신의 땅마저 위태로워
진다.

사려 깊은 사랑

나오미처럼 보아스도 사랑을 이룰 최선의 방법을 지혜롭게 궁리했다. 뇌를 꺼 놓고 사랑과 선(善)을 추구한 게 아니라, 오히려 자신의 뇌를 밝게 켰다. 보아스가 확실한 협상의 원리를 어떻게 활용하는지 보라.

1. 상대 쪽에서 먼저 값을 부르게 한다. 이쪽에서 기다리면 파는 사람들은 대부분 일정한 값을 먼저 부르게 마련이다. 보아스는 아무개에게 먼저 그 기회를 넘겼다.

2. 물러설 각오를 한다. 여기가 어려운 부분이다. 이미 룻에게 밝혔듯이 보아스는 물러설 각오가 되어 있었다. "그가 기업 무를 자의 책임을 네게 이행하려 하면 좋으니"(룻 3:13). 우리는 규정을 따라야 하고 하나님이 내게 허락하신 삶의 질서에 순응해야 한다. 그래야 우상숭배가 차단되어, 하나님께 내가 사랑하는 것을 내놓으라고 요구하지 않게 된다. 물러설 각오가 된 사람은 이미 유리한 입장에 서 있다.

3. 상대가 어떤 사람인지 알아야 한다. 보아스는 이미 상대를 파악했다. 그가 보기에 아무개는 욕심이 많고 충동적인 데다 룻을 모르거나 룻에게 무관심한 사람이었다.[1] 두 남자의 대조적인 모습을 보라. 보아스는 나오미가 처음 도착하던 날부터 룻의 이야기의 전말을 알았다. 두 달 후에는 룻의 성품에 대해 온 성읍이 떠들썩했다. 모두가 아는데 아무개만 예외였다. 그는 룻이 나오미와 연관되어 있는지도 모른 채 그저 싼값에 땅을 얻을 수 있다는 말에 혹했다! 동네의 바보 중의 바보였다.[2] 그는 영화 「덤 앤 더머」 Dumb and Dumber에서 짐 캐리가 맡았던 인물과 비슷하다. 액자에 걸린 30년 전의 신문을 보고 "말도 안

222

돼, 사람이 달에 가 있다니!"라고 한 그 사람이다.

4. **나의 패를 보이지 않는다.** 집을 살 때는 중개사에게 당신의 패를 다 보여서는 안 된다. 당신이 중개사에게 하는 말은 집을 팔려는 사람에게 모두 흘러들어 가기 쉽다. 보아스가 처음에 룻을 언급하지 않은 이유도 그것으로 설명된다. 아무개는 첫 번째 제의를 수락함으로써 현행의 가격에 틀림없이 동의했다. 보아스의 탁월함을 알려면 그 점을 이해하는 게 중요하다. 신의를 바탕으로 한 협상에서 일단 액수를 제시했으면 손을 떼기가 사실상 불가능하다. 다른 구매자가 더 좋은 값을 부르며 공공연히 대기하고 있는 상황에서라면 특히 더하다. 거래를 포기할 수는 있어도 당신이 제시했던 가격을 이제 와서 낮출 수는 없다.

이제 아무개는 더 높은 가격에 꼼짝없이 매이고 말았다. 그 가격을 공적으로 불렀기 때문이다. 물론 거기에는 룻과 나오미를 둘 다 책임진다는 의미가 담겨 있었다.[3] 보아스가 처음부터 룻을 언급했다면 아무개는 더 낮은 가격에 수락했을 테고, 그리되면 보아스는 룻을 잃을 수도 있었다. 룻도 거래에 포함되어 있음을 아는 순간, 아무개는 화들짝 놀라 손을 떼 버렸다.

5. **나의 목표를 알아야 한다.** 돈이 거래에 쓰이는 **언어**이긴 하지만, 보아스의 목표는 돈이 아니라 나오미를 돕고 룻과 결혼하는 것이었다. 이 거래는 양쪽 다 승자가 되는 상황이었다. 보아스와 아무개는 각자 서로 다른 목표를 달성했다. 아무개의 목표는 자신의 재산을 지키는 것이었고, 보아스의 목표는 룻이었다. 사랑의 대상을 위해 자신의 재산을 쓰는 것이었다.

돈과 관련하여 예수께서는 우리를 단지 청지기만이 아니라 사랑의 사람이 되도록 부르신다. 청지기 역할에만 집중하면 자신도 모르게 돈을 지키는 일이 중심이 될 수 있다. 예수께서 들려주신 탕자의 비유에서 그것을 볼 수 있다. 아버지의 목표가 청지기 역할이었다면, 결코 빗나간 자식에게 돈을 내주지 않았을 것이다. 그러나 아버지는 사랑의 사람이었기에 아들이 이미 내리막길로 치닫고 있음을 알았다. 평소부터 아들은 아버지가 어서 죽어 자신이 흥청망청 즐길 수 있을 날만 고대했다. 아버지는 분별력 있는 사랑으로 재산의 절반을 내주어 아들의 내리막길을 부채질했다. 조금이라도 일찍 마음이 깨어지도록 아들의 삶을 축약시킨 것이다. **아버지 살아생전에 물려받은 유산의 쓴맛을 보지 않는 한 이 아들은 구제받을 길이 없었다.** 그래서 아버지는 사랑을 심었다. 아들에게 재산의 절반을 내주고는 투자의 배당금을 참을성 있게 기다렸다. 룻의 이야기에서 아무개는 청지기이고 보아스는 사랑의 사람이다.

신중함이 사랑을 지킨다

보아스가 자신의 패를 보이지 않은 것은 부정직한 일인가? 전혀 그렇지 않다. 지난번에 우리 집을 팔 때 나는 중개사에게 길 건너에 육가공 회사가 있음을 밝힐 필요가 있겠느냐고 물었다. 그는 "아닙니다. 그건 누구나 다 아는 정보입니다. 너무 뻔해서 언급할 필요가 없습니다"라고 말했다. 누구나 아는 것을 동네의 바보만 모른다. 보아스는 신중을 기했다.

슬기로운 자는 지식을 감추어도
미련한 자의 마음은 미련한 것을 전파하느니라(잠 12:23).

드디어 보아스는 정식으로 발표하여 거래를 매듭짓는다.

옛적 이스라엘 중에는 모든 것을 무르거나 교환하는 일을 확정하기
위하여 사람이 그의 신을 벗어 그의 이웃에게 주더니 이것이 이스라
엘 중에 증명하는 전례가 된지라. 이에 그 기업 무를 자가 보아스에
게 이르되 "네가 너를 위하여 사라" 하고 그의 신을 벗는지라. 보아
스가 장로들과 모든 백성에게 이르되 "내가 엘리멜렉과 기룐과 말론
에게 있던 모든 것을 나오미의 손에서 산 일에 너희가 오늘 증인이
되었고 또 말론의 아내 모압 여인 룻을 사서 나의 아내로 맞이하고
그 죽은 자의 기업을 그의 이름으로 세워 그의 이름이 그의 형제 중
과 그곳 성문에서 끊어지지 아니하게 함에 너희가 오늘 증인이 되었
느니라" 하니(룻 4:7-10).

이때의 보아스는 남자답기 이를 데 없다. 엄숙하고, 강경하고, 권위 있
고, 명확하고, 신중하다. 정확한 법정 어휘―신중함의 한 예―를 써서 행
여 악용될 수 있는 애매한 구석을 일체 제거한다.

헬라인들에게 신중함이란 자신에게 가장 득이 되는 쪽을 선택한다
는 뜻이었다. 실제적으로 이는 지성으로 감정을 다스린다는 뜻이었다.
그래서 헬라의 스토아학파는 감정을 배격했고, 그것이 교회에까지 영
향을 끼쳤다. 반면에 히브리인들에게 신중함이란 "악한 세상에 나가

하나님을 사랑하고 그분께 순종할 때 어떻게 위험을 피할 것인가?"
라는 뜻이었다. 성경적 신중함은 사랑에 헌신하는 현장에서 조심하는
태도다.

성경적 신중함은 인간관계의 쌍둥이 위험인 순진함과 두려움으로
부터 우리를 지켜 준다. 우리 문화는 연약한 부분까지 내보이는 솔직
함을 떠받듦으로써 순진함을 부추긴다. 가까운 친구에게 당신의 속내
를 털어놓으면, 어느새 당신이 한 말을 만인이 알고 있다. 그러면 당신
은 상처받아 뒤로 물러나고 우정의 가능성에 대해 냉소적이 된다. 물
론 친구가 온 세상에 떠벌이지 말았어야 하지만, 그래도 당신이 신중
하게 말을 잘 가려서 했더라면 더 좋았을 것이다. 이런 의미에서 신중
함은 불필요한 고통을 당하지 않게 우리를 지켜 준다.

신중함은 또한 우리를 두려움으로부터 보호해 준다. 마음을 닫아
걸지 않게 해준다. 세상이 이교로 회귀하면서 옛 이교의 온갖 두려움
이 되살아나고 있다. 사람을 믿기가 점점 힘들어지면서 우리는 본능
적으로 위험을 줄이려 한다. 그래서 이혼한 부모를 둔 젊은 남자는 뒤
로 물러난다. 관계에 헌신하거나 여자를 만나기를 주저한다. 위험을
줄이려고 마음을 닫아거는 것이다. 반면에 보아스와 나오미와 룻은
결코 마음을 닫아걸지 않았다. 그들은 가차 없이 위험한 곳으로 나갔
다. 그러면서도 신중하게 잠재적 위험을 헤아려 조심했다. 신중함은
인간의 전적인 타락을 심각하게 받아들인다.

우리 문화에 되살아나는 옛 이교의 또 다른 측면은 완벽주의다. 완
벽주의는 지저분함을 허용하지 않으며, 불가능한 기준으로 삶을 평가
한다. 결국 사람들은 무력해져 헌신의 모험에 나서지 않는다. 요컨대

사람들은 실패하여 일을 망칠까 봐 두려워한다. 그래서 우리 문화는 비판 정신으로 물들어 있다. 사사건건 가차 없이 잘못을 따진다. 룻은 미지의 나라로 갔고, 혼자 밭으로 나갔으며, 보아스의 발치에서 잤다. 그 결과가 얼마나 지저분해질 수 있는지 생각해 보라. 신중함은 지저분함을 예상하고 위험을 최대한 줄인다. 그리하여 완벽주의의 위험으로부터 우리를 해방시킬 수 있다. 신중함은 마음을 닫아걸지 않는다.

세상은 하나님을 믿는 견고한 믿음을 점점 잃어 가고 있다. 이교로 회귀하는 것은 이런 세상에 대한 우리의 본능적 반응이다. 안전하다는 느낌이 없을 때 인간의 마음은 이교로 되돌아간다. 주권적 사랑의 하나님이 삶을 세세한 것까지 다 지휘하고 계심을 모르기 때문이다. 아무개도 오르바처럼 안전한 길을 택했다. 그는 헤세드를 베풀 마음이 없었기에 무명의 인간이 되고 말았다. 그가 한 일은 사랑의 행위가 아니라 논리적 행위였다.

현대 세계는 **사랑의 감정**을 신성시한다. 그래서 지혜가 들어설 여지나 관계를 시험해 볼 여지가 없다. 감정이 모든 것을 이긴다. 사랑의 마력 하나로 혼전의 성관계가 정당화될 뿐 아니라, 감정이 식었을 때 관계를 끝내는 것까지도 정당화된다. 사랑에 빠진 사람은 생각할 필요가 없다. 그러나 신중함은 악한 세상에서 부정적 위험을 줄여 준다. 신중한 사람은 조언을 구하고, 까다로운 질문을 던지며, 규정을 따른다.

보아스가 룻을 사랑하는 **방식**에서도 신중한 태도를 볼 수 있다. 남자들은 정욕의 문제가 있기에 그는 남자 일꾼들에게 룻을 건드리지 말라고 경고했다. 사람들은 질투의 문제가 있기에 그는 일꾼들에게 룻을 비하하지 말라고 경고했다. 또한 사람들은 비판하는 성향이 있기에 그는 은폐물로 룻에게 곡식 자루를 지워 주었다. 제대로 조심할 때 우리는 거리낌 없이 사랑할 수 있다.

급진적 사랑의 삶

그럼에도 불구하고 신중함은 중심이 아니라 사랑의 부속품으로 남아야 한다. 신중함이 무대의 중심을 차지하면 매사에 조심하느라 아무것도 할 수 없다. 아무개는 사랑 없는 신중함의 화신이다. 최고의 관료주의자다. 화자가 아무개를 통해 우리에게 보내는 세미한 메시지가 있다. "인생을 낭비하지 말라. 급진적 사랑의 삶을 살라." 유태계 미국인 작가인 신시아 오지크가 아무개의 내면세계를 정확히 짚어 냈다.

> 이 가까운 친척은 문득 우리에게 오르바를 어렴풋이 연상시킨다. 오르바처럼 그도 평소 수준의 용기밖에 없었다. 그는 위험과 예기치 못한 상황을 피했고, 순간적으로나마 상상의 날개를 펴 보지도 않았다. 장차 할 수 있는 일이 아니라, 현재 자기 수중에 있는 것만 생각했다. 완벽한 인습주의자인 그는 익숙한 세계에 안주하려 했다. 그러니 그를 평안히 가게 하라. 룻의 남편이 되기에는 너무 평범한 사람이다.[4]

내가 도심의 기독교 학교에 이어 해외 선교기관을 세우던 힘든 시절에 친구 하나가 가끔씩 내게 "보험을 팔아 보라"는 말을 했다. 다시 말해, 나 자신과 가정을 힘들게 하지 말고 본격적으로 돈을 벌라는 말이었다. 그 친구의 도전을 계기로 나는 내 소명에 따르는 대가를 정면으

로 직시했다. 내 대답은 언제나 "인생은 한 번뿐이다. 최선을 다하고
싶다. 의미 있게 살고 싶다"였다. 나는 지금 이 말을 조심스럽게 하고
있다. 보험 판매도 훌륭한 소명이기 때문이다. 나도 40년간 부업으로
세금 보고 대행업을 했으며, 사업을 키우는 도전도 아주 좋아한다. 하
지만 나에게는 고난의 때와 다시 오실 어린양을 위해 신부─교회─를
준비시키려는 열정이 늘 있었다. 이 열정이 나를 놓아주지 않는다. 마
음속에서 그것을 떨쳐 낼 수 없다. 그래서 보아스처럼 나도 룻을 택했
다. 가진 것을 다 팔아 보화가 숨어 있는 밭을 샀다. 독자들 중에도 똑
같이 한 사람들이 많이 있을 것이다.

21.
사랑이 개가를 부른다

이제 마을 사람들은 파티 모자를 꺼내 쓰고 즐거워하기 시작한다. 그동안 참을성 있게 기다리며 언약적 사랑의 의무를 다한 보아스가 마침내 신부를 얻었다. 이 공공연한 입맞춤을 마을 사람들은 한순간도 빼놓지 않고 즐긴다.

성문에 있는 모든 백성과 장로들이 이르되 "우리가 증인이 되나니 여호와께서 네 집에 들어가는 여인으로 이스라엘의 집을 세운 라헬과 레아 두 사람과 같게 하시고 네가 에브랏에서 유력하고 베들레헴에서 유명하게 하시기를 원하며 여호와께서 이 젊은 여자로 말미암아 네게 상속자를 주사 네 집이 다말이 유다에게 낳아 준 베레스의 집과 같게 하시기를 원하노라" 하니라(룻 4:11-12).

잘 보면 화자는 이 장면을 능숙하게 묘사하면서 청중이 점점 불어나게 한다. 처음에는 보아스뿐이었다가 다음에 아무개, 다음에 열 명의 장로, 끝으로 온 마을이 가세한다. 마을 사람들의 축복은 이스라엘을 세운 이야기(라헬과 레아)와 자기네 유다 지파를 세운 이야기(다말과 베레스)로 거슬러 올라간다.

여성성 재정립하기

다말을 언급한 것은 대단한 일이다. 다말은 유다의 며느리였고, 아마도 가나안 사람이었을 것이다.[1] 다말의 남편인 큰아들이 죽자, 유다는 둘째 아들을 다말에게 주어 계대결혼의 의무를 다하게 했다. 그런데 둘째 아들은 다말과의 사이에 아이를 낳고 싶지 않았다. 어차피 자신의 자녀가 될 수 없었기 때문이다. 그래서 성관계 중에 그는 정액을 땅에 흘렸다. 둘째 아들도 죽자, 유다는 셋째 아들이 장성하면 다말과 결혼시키기로 약속했다. 하지만 셋째가 장성했는데도 유다는 다말을 불길하게 여겨 아들을 주지 않았다. 사실은 두 아들이 악해서 하나님이 그들을 치셨는데도 말이다. 졸지에 다말은 아무 잘못도 없이 무자하게 늙어 가는 신세가 되고 말았다.

다말은 계획을 꾸미며 억지로 유다가 도리를 다하게 만들었다. 그가 양을 치러 나와 있는 사이에 창녀의 옷차림을 하고 있다가 그와 성관계를 한 것이다. 다말은 유다가 돈을 치를 때까지 그의 지팡이와 도장을 담보물로 받아 두었다. 사실상 유다는 신용카드를 모두 맡긴 셈이다. 유다의 친구가 돈을 치르러 다시 갔을 때는 다말은 온데간데없었다.

유다의 마을에 다말이 임신했다는 소식이 전해지자, 그는 다말을 불사르라고 명했다. 다말은 사지(死地)로 끌려가는 길에 유다의 지팡이와 도장을 내놓으며 온 마을 앞에 "이 물건 임자로 말미암아 임신하였나이다"라고 말했다(창 38:25). 덫에 걸린 유다는 다말에게 셋째 아들을 주지 않은 죄를 뉘우쳤다. 다말의 잘못이 아니라 자신의 잘못이라고 온 마을 앞에 회개했다. 다말은 쌍둥이를 낳았는데 그중 베레스는 유다의 유력한 가문의 족장이자 보아스의 조상이 되었다.

다말과 룻은 둘 다 무자한 과부이자 홀로 취약한 외국인이었다. 둘 다 마땅히 구속(救贖)받아야 했지만, 정작 본인의 과감한 행동으로 구속을 얻어 내야 했다. 둘 다 상처를 입었지만, 피해 의식 속에 뒹굴지 않았다. 둘 다 과감한 계획과 대담한 설정을 통해 나이 든 남자에게 접근하여 결혼했다.² 그 결과는 무엇인가? 배포가 큰 이 두 여자는 왕조의 조상이요 전설적 존재가 되었다. 마을 사람들이 룻을 보며 다말을 생각한 것도 무리는 아니다!

배짱 좋은 이 두 여자 때문에 여성성의 정의가 달라진다. 그들은 구시대의 여자들처럼 유약하지도 않았고 페미니스트들처럼 과민하지도 않았다. 그들은 우리에게 제3의 길을 보여준다. 그 길에 따르면 여성성을 정의하는 기준은 겸손과 힘의 겸비요, 감수성과 용기의 겸비다. 하나님은 다말의 배포를 통하여 그녀를 유다 지파의 어머니가 되게 하셨다. 그렇다면 룻의 헤세드로는 무엇을 하실 것인가?

은혜의 얼굴들

룻이 성경에 마지막으로 언급된 곳은 마태복음에 실린 예수의 족보다. 룻은 다말, 라합, 밧세바와 더불어 네 여자 중 하나로 언급된다. 굳이 이들을 뽑은 것은 이례적인 일이다. 마태는 쟁쟁한 스타들(하와, 사라, 리브가, 라헬, 레아)을 제쳐 두고 이 아웃사이더들을 집어넣었다. 모두 외국인이었고 모두 성적으로 애매한 부분이 있었다. 다말은 창녀인 척했고, 라합은 창녀였으며, 룻은 겉보기에 창녀처럼 행동했고, 밧세바는 간음했다. 얼마나 엉망진창인가!

성적으로 애매했던 이 여자들의 삶은 예수를 잉태한 마리아를 소개하려는 마태의 포석이었다.[3] 예수께서도 특이한 출생 때문에 멸시를 받으셨다. 탈무드에 그분은 "로마 군인의 아들"로 지칭된다. 하나님은 룻처럼 멸시받는 이들을 택하여 은혜의 표본으로 삼기를 기뻐하신다. 그분은 강한 자들을 낮추시고 약한 자들을 높이신다.

이 여자들은 대담한 면에서도 룻과 비슷하다. 그들은 남자가 지배하는 세상에서 모두 엄청난 장애물에 부딪쳤으나, 그것을 뚫고 나가 성공했다. 배포가 크고 용감한 이 여자들 덕분에 여성성의 정의가 달라진다. 아웃사이더인 그들은 각기 독특한 방식으로 은혜의 산 증거가 되었다. 하나님은 멸시받고 깨어진 사람들을 은혜의 표본으로 삼기를 좋아하신다. 예수께서도 이 여자들이 자신의 족보에 들어 있는 것을 영광으로 여기셨다.

사랑은 복을 가져다준다

복이 계속 쏟아져 들어왔다. "이에 보아스가 룻을 맞이하여 아내로 삼고 그에게 들어갔더니 여호와께서 그에게 임신하게 하시므로 그가 아들을 낳은지라"(룻 4:13).

"그에게 들어갔더니"라는 말은 성적 친밀함을 뜻하는 히브리어의 신중한 은유다. 숨어 계시던 하나님이 여기서 아주 잠깐 등장하신다. "여호와께서 그에게 임신하게 하시므로." 이전에도 한 번 우리는 하나님의 직접적 개입을 살짝 본 적이 있다. 이야기의 초반에 나오미가 "여호와께서 자기 백성을 돌보시사 그들에게 양식을 주셨다 함"을 들었을 때였다(룻 1:6). 여기에 다시 하나님이 언급된 것은 그 중간의 모든 세세한 일을 그분이 지휘하셨음을 은근히 강조하기 위해서다. 히브리인들은 예술가였다. 정제된 표현이 과장된 표현보다 언제나 더 빛을 발한다. 적을수록 많아진다.

아기가 태어나자, 마을의 여자들이 모여 나오미의 기쁨을 함께 나누었다.

> 여인들이 나오미에게 이르되 "찬송할지로다. 여호와께서 오늘 네게 기업 무를 자가 없게 하지 아니하셨도다. 이 아이의 이름이 이스라엘 중에 유명하게 되기를 원하노라. 이는 네 생명의 회복자이며 네 노년의 봉양자라. 곧 너를 사랑하며 일곱 아들보다 귀한 네 며느리가 낳은 자로다" 하니라(룻 4:14-15).

내가 우리 사역기관 seeJesus이 만든 룻기 교재를 가르치던 중에, 이 대목에서 아프리카 출신의 한 여성이 자리에서 벌떡 일어나 말했다. "서아프리카에서 저에게도 이런 일이 있었습니다!" 그녀는 내전 중에 이웃 나라로 피난을 가 중고품 가게를 차렸다. 어느 날 아침에 한 나이 든 이야기꾼을 선두로 마을 여자들이 노래하고 춤추며 그녀의 가게에 들어와 그녀에 삶에 복을 베푸신 하나님을 찬양했다. 다시 말해서 많은 학자들이 룻기의 이 장면을 화자가 지어냈다고 보지만, 사실은 실제로 벌어진 마을의 잔치였다.

사랑의 연쇄 반응

룻은 마지막 사랑의 행위로 자기 아들을 나오미에게 주었다. "나오미가 아기를 받아 품에 품고 그의 양육자[유모]가 되니 그의 이웃 여인들이 그에게 이름을 지어 주되 '나오미에게 아들이 태어났다' 하여 그의 이름을 오벳이라 하였는데"(룻 4:16-17).

나오미는 오벳을 품에 안고 젖을 먹였다. 지금도 중동의 마을에서는 나이 든 여자가 다른 여자의 아기에게 젖을 먹인다.[4] 마을 여자들이 아기에게 지어 준 이름 오벳은 "섬기는 자"라는 뜻이다. 오벳은 태어난 것 자체만으로 고엘 곧 나오미의 종이 되었다. 오벳이 있어 나오미는 노후의 삶을 누릴 수 있었다. 룻이 구속자가 된 덕분에 보아스도 구속자가 되었고, 이제 오벳까지 구속자가 되었다. 사랑은 연쇄 반응을 일으킨다.

1년 전만 해도 나오미는 슬픔에 잠긴 채 자신이 비어 있음을 애통했다. 그런데 이제는 하나님의 복을 차고 넘치게 받았다. 나오미는 함께 즐거워하는 여자들을 말없이 물끄러미 바라보며 희색이 만면했다. 그때는 삶이 몹시 괴로워 "마라"(괴롭다)를 이름으로 삼았는데, 이제는 여자들이 그녀의 후손의 이름을 지어 주었다. 그때는 룻도 아무런

존재감이 없이 숨어 있는 존재였다. 시어머니에게 간과되었고 마을에
도 알려지지 않았었다. 그런데 이제는 이 잊힌, 그러나 배포가 큰 여자
가 잔치의 주인공이 되었다. 삶이 죽음을 몰아냈다. 완벽한 반전이요
부활이다! 이교의 쇠사슬이 끊어졌다. 우리는 고난의 올가미에 갇힌
게 아니라 사랑으로 해방된 존재다.

22.
사랑의 유산

앞에서 보았듯이 룻기는 죽음의 어휘로 시작되었다. "흉년이 드니라.……남편 엘리멜렉이 죽고……말론과 기룐 두 사람이 다 죽고 그 여인은 두 아들과 남편의 뒤에 남았더라"(룻 1:1-5). 그렇게 죽음으로 시작된 룻기가 이제 부활로 끝을 맺는다.

책의 종결부에 나오는 생명과 희망의 모든 어휘를 보라.

이에 보아스가 룻을 맞이하여 **아내로 삼고 그에게 들어갔더니** 여호와께서 **그에게 임신하게 하시므로** 그가 **아들을 낳은지라**. 여인들이 나오미에게 이르되 "찬송할지로다. 여호와께서 오늘 네게 **기업 무를 자가 없게 하지 아니하셨도다**. 이 아이의 이름이 이스라엘 중에 **유명하게 되기를** 원하노라. 이는 네 **생명의 회복자이며** 네 **노년의 봉양자라**. 곧 **너를 사랑하며** 일곱 아들보다 귀한 **네 며느리가 낳은 자로다**" 하니라. 나오미가 **아기를** 받아 품에 품고 그의 **양육자가** 되니 그의 이웃 여인들이 그에게 이름을 지어 주되 "나오미에게 **아들이 태어났다**" 하여 그의 이름을 오벳이라 하였는데(룻 4:13-17).

여인들은 오벳이 "생명의 회복자"라 했는데, 여기 "생명"은 "네페쉬" 곧 "영혼"을 번역한 말이다. 시편 23:3에도 똑같은 두 단어가 쓰였다. "내 **영혼**을 소생[회복]시키시고." 하나님은 나오미의 삶을 반전시키셨다. 하나님을 기다리는 영혼은 언제나 소생되어 그분 안에서 안식을 누린다.

앞서 말했듯이 나오미 남편의 이름 엘리멜렉은 "하나님은 왕이시다"라는 뜻인데, 그때는 그것이 하나님을 조롱하는 듯 보였다. 그런데 이제 "엘리멜렉이라는 이름은 비록 처음에는 서글픈 아이러니였어도, 끝에 가서는 거의 예언적 이름으로 바뀐다. 하나님은 과연 왕이시다."[1] 하나님의 통치는 나오미를 구속하시는 것으로 나타났다. 그분은 자신을 향한 나오미의 원망을 말없이 역전시키셨다.

나오미가 겪은 비극에 대한 설명은 끝내 주어지지 않았다.[2] 그래도 그녀는 끝까지 하나님께 충실했고, 그분이 자신의 삶에 허락하신 이야기 속에서 헤세드를 실행했다. 그랬을 때 하나님은 그녀가 가히 구하거나 상상하지 못할 훨씬 큰 복을 베푸셨다. 룻이 "그 고난에 참여함을 알고자 하여 그의 죽으심을 본받"았을 때(빌 3:10) 룻과 나오미는 부활을 얻었다.

룻 칭송하기

룻기는 나오미에 관한 책이다. 나오미의 이야기다. 그런데도 여인들은 룻을 칭송했다. 룻의 사랑과 충절이 구속을 낳았다. 룻기의 제목을 더 정확히 붙이자면 「나오미의 이야기: 집안을 살리고 백성에게 사랑을 가르친 한 모압 여인의 못 말리는 비범한 사랑」이 될 것이다. "이스라엘 역사상 누구보다도 룻이야말로 이 백성의 기본 윤리인 '마음을……다하여 네 하나님 여호와를 사랑하라'(신 6:5)와 '네 이웃 사랑하기를 네 자신과 같이 사랑하라'(레 19:18)의 화신이다.……이스라엘 백성에게 그 의미를 가르쳐 준 사람이 모압의 이방인이었으니 아이러니다."[3]

이상하게도 복음주의자들은 그 점을 깨닫는 데 늘 더뎠다. 보아스는 대개 그리스도의 예표로 간주된다. 보아스는 정식 고엘이다. 하지만 룻도 그리스도의 예표다. 자신이 죽어 다른 사람들을 살렸다. 한 학자는 그것을 이렇게 표현했다. "첫 장면부터 지금까지 룻이 행한 모든 일 때문에 이 희망의 아이가 태어날 수 있었다. 룻이 나오미에게 성실하고 인자하고 충직했기에 이런 결과가 나왔다. 한마디로 룻의 헤세드 덕분이다."[4] 그것을 모르는 성읍 사람들은 없었다. 그들은 보아스를 칭송하지 않고 룻을 칭송했다. 룻이 일곱 아들보다 낫다는 말로 BC 12세기의 아카데미상을 룻에게 수여했다. 당시에 일곱 아들을 두는 것은 복 중에도 단연 최고의 복이었다. 일곱은 완성과 온전함을 상징하는 숫자다. 히브리 성경에 이보다 더 큰 칭송을 받은 사람은 없다. 여자의 경우는 더 말할 것도 없다.

보다시피 여자들은 룻을 칭송하되 우상화하지는 않았다. 오히려 나오미를 회복시켜 주신 하나님을 찬양했다. "찬송할지로다. 여호와께서 오늘 네게 기업 무를 자가 없게 하지 아니하셨도다." 하나님이 나오미에게 표현하신 사랑은 오벳을 통해 절정에 달했다. 하나님은 나오미를 버리지 않으셨을 뿐 아니라, 헤세드 사랑으로 그녀에게 자신을 얽어매셨다. 오벳의 존재가 그 증거였다. 간혹 나는 한순간 의심이 들 때면 우리 딸 킴의 말하는 컴퓨터를 힐끗 보곤 한다. 킴의 세계를 바꾸어 놓은 그 컴퓨터는 킴을 향한 하나님의 헤세드의 가시적 표현이다. 가장 중요한 사랑이 하나님이었기에 여인들은 덜 중요한 사랑인 룻을 하나님의 선물로 마음껏 즐거워할 수 있었다. 그들의 사랑은 질서가 잘 잡혀 있었다.

에세이 작가 신시아 오지크가 룻기를 누구보다도 잘 요약했다.

룻기는 선(善)에서 선이 자라고 도처에 비범한 모습이 돋보이는 책이다. 하지만 처음에 씨가 뿌려진 땅은 폐허와 사별과 무자와 죽음과 상실과 실향과 빈곤의 땅이었다. 이런 잿더미에서 무슨 싹이 돋을 수 있겠는가? 그런데 룻이 언약의 본질을 꿰뚫어 보면서 이야기에 생기가 흘러든다. 이 줄기에서 자비와 구속이 자라고 룻의 발밑에 꽃밭이 펼쳐진다.……그리하여 결국 룻과 나오미의 후손인 다윗의 싹에서 메시아가 나신다.[5]

"이야기에 생기가 흘러"들려면, 하나님이 짜고 계신 이야기에 주목해야 한다. 사랑을 잘하는 사람들은 관찰도 잘한다. 그들은 하나님이 하고 계신 일에 주파수가 맞추어져 있다. 그렇지 않으면 사랑에 짓눌려 쓰러지고 만다. 요한의 말처럼 "사랑 안에 거하는 자는 하나님 안에 거하고 하나님도 그의 안에 거하시느니라"(요일 4:16).

앞에서 내 친구 데비의 이야기를 했었다. 남편은 더 이상 그녀에게 사랑을 느끼지 못한다며 나가서 다른 여자와 동거했다. 데비는 완전히 비탄에 잠겼다. "분노가 지나고 나자 걷잡을 수 없는 슬픔이 밀려오더군요"라고 내게 말했다. 하지만 데비는 하나님이 짜고 계신 이야기에 주목했다. 또한 아침에 눈뜰 때부터 온종일 틈날 때마다 로버트를 위해 늘 기도했다. 어린아이처럼 데비는 단순한 성경 말씀에 매달렸다. 슬픔과 조바심과 회의 속에서 로마서 12:12을 읽으며 기도했다. "소망 중에 즐거워하며 환난 중에 참으며 기도에 항상 힘쓰며." 그녀는 로버트가 자신의 한계에 도달하게 해달라고 하나님께 기도했다. 하나님은 그렇게 해주셨다.

로버트는 돌아왔다. 그의 영혼이 소생되었다. 지금도 믿기 힘든 일이다. 어느 날 그는 난데없이 데비에게 전화하여 만나자고 했다. 만난 자리에서 "내가 잘못했소. 더 이상 나 자신을 견딜 수가 없소"라고 말했다. 바로 그 주에 그는 자기가 아내에게 돌아갈 것을 동거 중인 여자에게 통보했다. 데비와 로버트는 이혼이 종결된 지 2년 만에 재결합했다. 부활이 이루어진 것이다.

사랑의 유산

이제 우리는 룻기의 마지막 깜짝 놀랄 발표에 도달한다. 룻은 이스라엘의 가장 위대한 왕인 다윗의 증조할머니가 되었다!

그의 이름을 오벳이라 하였는데 그는 다윗의 아버지인 이새의 아버지었더라.

베레스의 계보는 이러하니라. 베레스는 헤스론을 낳고 헤스론은 람을 낳았고 람은 암미나답을 낳았고 암미나답은 나손을 낳았고 나손은 살몬을 낳았고 살몬은 보아스를 낳았고 보아스는 오벳을 낳았고 오벳은 이새를 낳고 이새는 다윗을 낳았더라(룻 4:17-22).

화자는 여기서 마지막 예술적 솜씨를 발휘한다. 이 결말부 내지 종언은 도입부 내지 서언과 똑같이 정확히 71개의 히브리어 단어로 되어 있다. 히브리 족보에서는 대개 일곱 번째와 열 번째 이름이 가장 중요하다. 보아스는 일곱 번째이고 다윗은 열 번째다. 룻은 이스라엘의 가장 위대한 왕조의 시조가 되었다. "고생하던 두 과부의 단순하고 기발한 인간적 이야기가 갑자기 놀랄 만큼 새로운 차원을 띤다. 환하게 빛나는 실 가닥이 되어 이스라엘 나라라는 더 큰 이야기의 피륙을 엮어낸다."[6]

훗날 다윗은 필사적으로 도망 다닐 때 자기 가족들을 모압으로 보냈다. 룻기는 다윗이 모압 사람이라는 소문을 불식시키고 다윗의 혈통에 대한 하나님의 주권을 드러내기 위해 아마 다윗이나 솔로몬 당대에 기록되었을 것이다.[7] "이스라엘의 가장 위대한 왕의 뿌리는 한 가난한 과부와 그 며느리인 모압 여자 그리고 보잘것없는 성읍인 베들레헴의 노총각에게로 거슬러 올라간다.······이는 하나님이 이루신 기이한 일이다."[8] 여기서 우리는 약한 사람이 강해지고 깨어진 사람이 영화롭게 되는 성경의 전형적 틀을 볼 수 있다. 룻기가 기록되고 아주 오랜 세월이 흐른 후에, 또 다른 미천한 여인이 똑같이 보잘것없는 성읍인 베들레헴에서 또 다른 왕조의 어머니가 된다.

처음에 환호를 시작한 사람은 들판에 홀로 선 보아스였다. 그날이 저물 무렵, 그는 일꾼들을 끌어들여 함께 룻을 즐거워했다. 두 달 후쯤 추수가 끝날 때는 마을 사람들이 말없이 보아스에게 합류했다. 1년 후에 아기가 태어나자, 마을의 모든 여인들이 룻의 사랑에 감탄하며 하나님이 룻을 통해 하신 일을 찬송했다. 이 동심원은 계속 넓어져 결국 룻의 증손자가 이스라엘의 왕위에 올랐다. 훗날 이스라엘의 영적 지도자들은 룻의 헤세드를 기려 룻기를 성경에 포함시켰다. 이제는 우리 수많은 사람들이 룻의 가장 위대하신 후손의 은혜를 입고, 우리를 향한 그분의 헤세드 속에 들어가 열방에 그 헤세드를 퍼뜨리고 있다. 룻처럼 우리도 시선을 그분께 돌린 채 말없이 자취를 감추고 싶을 뿐이다.

23.
사랑은 영원하다

룻이 행한 모든 일—감사받지 못하고 무시당하며 성문에 들어선 일부터 갓 태어난 자기 아들을 나오미에게 준 일까지—은 나오미를 향한 사랑의 발로였다. 오명의 위험까지 무릅쓰며 홀로 취약한 모습으로 보아스의 발치에 누운 것도 나오미의 집안을 살리기 위해서였다. 게다가 룻은 나이 든 남자와 결혼했으니 또다시 과부가 될 게 거의 확실했다. 이렇게 자아가 철저히 부재한 모습은 그리스도의 마음을 닮은 것이다. B. B. 워필드는 그리스도의 자기희생에 대해 이렇게 썼다.

그분은 자아를 갈고닦지 않으셨다. 신적 자아이심에도 말이다. 그분은 자아를 애지중지하지 않으셨다. 자기 영혼의 구석에 파묻혀……병적으로 자신의 필요에 골몰하지 않으셨다.……그분은 사람들을 향한 사랑에 이끌려 세상으로 들어가셨고, 사람들의 필요를 채워 주느라 자신을 망각하셨으며, 긍휼의 제단 위에 단번에 자아를 제물로

244

바치셨다. 그리스도는 자기희생 때문에 세상 속으로 들어가셨다. 그분을 따르는 우리도 자기희생 때문에 사람들을 피하는 게 아니라 그들 속으로 들어간다. 인간이 고난당하는 곳마다 우리도 가서 위로한다. 인간이 힘들어하는 곳마다 우리도 가서 돕는다. 인간이 실패하는 곳마다 우리도 가서 일으켜 세워 준다. 인간이 성공하는 곳마다 우리도 가서 기뻐한다. 자기희생이란 시대와 동료 인간에게 무관심하다는 뜻이 아니다. 자기희생이란 다른 사람들 속에 스며든다는 뜻이다. 그들 속에서 자아를 망각한다는 뜻이다. 각 사람의 희망과 두려움, 동경과 절망 속으로 들어간다는 뜻이다. 우리의 심령과 활동과 긍휼이 다양한 형태로 복잡다단하게 반응한다는 뜻이다. 풍요로운 발전을 거듭한다는 뜻이다. 우리가 하나의 삶이 아니라 수많은 삶을 산다는 뜻이다. 넘치는 사랑과 긍휼의 실로 우리 자신을 수많은 영혼에 얽어매면, 그들의 삶이 곧 우리의 삶이 된다.[1]

워필드의 이상(理想)은 "수많은 삶"을 사는 것이었다. "넘치는 사랑과 긍휼의 실로 우리 자신을 수많은 영혼에 얽어매면, 그들의 삶이 곧 우리의 삶이 된다." 이는 그리스도인의 삶을 더할 나위 없이 잘 묘사한 말이다. 어떤 필요나 사람을 대할 때마다, 그것은 우리가 또 하나의 삶을 살 수 있는 기회가 된다. 친구들과 어울리는 것도 좋지만, 그 자체만으로는 패거리주의를 부추길 수 있다. 즉 당신의 정체가 당신이 속한 집단에서 나오게 된다. 누누이 보았듯이, 사랑의 감정을 추구하면 결국 자아가 분열된다. 조종하거나 허세를 부리게 된다. 우리 문화는 비틀비틀 이교의 패거리주의로 회귀하고 있다. 규모만 크다 뿐이지

사춘기 아이들처럼 끼리끼리 따돌림을 일삼는다. 이럴 때일수록 우리
는 예수의 질문을 던져야 한다. "외로운 사람은 누구인가? 겉도는 사
람은 누구인가? 나의 사랑이 필요한 사람은 누구인가?" 우리는 공동
체에 들어가려 할 게 아니라 공동체를 만들어 낼 수 있다. 우리의 삶
은 양자택일의 기로에 서 있다. 자아의 분열 아니면 자아의 배가다. 우
리는 수많은 자아로 분열될 수도 있고, 아니면 수많은 삶을 살아갈 수
도 있다.

나는 워필드가 사랑을 그토록 깊이 터득한 경위가 궁금했다. 그러
다 그의 아내가 신혼여행 중에 플랫폼에서 기차를 기다리다가 벼락을
맞았음을 알게 되었다. 그녀는 평생 몸을 가눌 수 없게 되었다. 워필드
는 고통의 한복판에서 사랑하는 법을 배웠다. 한 친구에게 그 이야기
를 했더니 그는 "아내가 그렇게 된다면 우리가 살아서 무슨 소용이 있
겠는가?"라고 되물었다. 나는 "걱정할 것 없네. 사랑이란 더 깊이 들어
갈수록 더 쉬워지는 법이니까"라고 말해 주었다.

사랑을 이기기란 도저히 불가능하다. 사랑보다 더 겸손해질 수는
없다. 사랑을 억누를 수도 없다. 상대가 당신을 어떻게 대하든 당신은
언제나 사랑할 자유가 있기 때문이다. 상대가 당신의 손에 못을 박으
면 그를 용서하면 된다. 상대가 큰소리로 욕하면 말없이 그대로 받으
면 된다. 사랑이란 억제할 수 없는 것이다.

믿음과 소망은 어느 날 그치겠지만, 사랑은 그렇지 않다. 사랑은 영
원하다.

감사의 말

트렘퍼 롱맨(웨스트몬트 칼리지), 리비 그로브즈, 더그 그린(웨스트민스터 신학교), 프레드 퍼트넘(케언 대학교) 등 히브리어 학자 및 교사들의 조언에 감사한다. 기독 상담 및 교육 재단의 내 친구 데이비드 폴리슨은 늘 나에게 축복이다. 로버트 허버드, 대니얼 블록, 프레드릭 부시 등 본문에 자주 인용한 세 사람의 주석이 특히 도움이 되었다. 독자들에게도 이 주석들을 구하여 더 깊이 연구할 것을 권하고 싶다.

리즈 헤이니의 사려 깊은 편집에 특히 감사한다. 우리가 함께 만든 세 번째 책이다. 고마운 리즈다! 아울러 독자로서 소감을 들려준 다이앤 베이커, 드류 베네트, 줄리 코트니, 린디 데이비슨, 엘렌 에크하르트, 제이크 에크하르트, 리처드 에크하르트, 제인 프렌치, 리네트 헐, 셜리 케니, 로라 맥컬리, 질 밀러, 로즈 마리 밀러, 네사 파크스, 스티브 스크러그즈, 톰 스키너, 코트니 스니드, 글렌 어쿼트, 애니 월드, 저스틴 윌슨에게도 감사한다. 편집을 보조해 준 줄리 코트니와 본문의 그림을 그려 준 세스 구지에게도 감사한다. 레인 데니스가 이끄는 도서 출판 크로스웨이 팀의 저스틴 테일러, 랜디 잔스, 에이미 크루이스, 재니 파이어스톤, 앤서니 고슬링은 탁월한 솜씨를 보여주었다. 톰 노타로의 세심한 교열에 특히 감사한다.

2009년과 2010년에 룻기 교재를 함께 공부한 다음 다섯 무리의 청중들도 훌륭한 교사가 되어 주었다. 그들은 휴가 중의 우리 가족들(존과 팸, 앤드류와 나타샤, 에밀리, 질), 플로리다 주 레이크랜드의 트리니티 장로교회, 펜실베이니아 주 드레셔의 첼튼 침례교회, 펜실베이니아 주 라인 렉싱턴의 라인 렉싱턴 메노나이트 교회, 매사추세츠 주 해밀턴의 제일 회중교회 남성 수련회다.

주

머리말

1. 기밀 유지를 위해 모든 실화의 인명을 바꾸었다.

2. 예컨대 "의"에 해당하는 히브리어 단어 "체데크"는 "곧다, 똑바르다"라는 뜻이다. 이 단어는 시편 23:3의 "의의 길로 인도하시는도다"와 같이 "길"과 짝을 이룰 때가 많다. 이렇게 의를 길로 보는 개념은 히브리인의 사고에 아주 깊숙이 배어 있어, 예수께서도 "내가 곧 길이요"(요 14:6)라고 말씀하셨다. 초대 교회 최초의 자체적 명칭은 "도"(道)였다. 사도 바울은 신자들에게 "성령을 따라 행하라[걸으라]"(갈 5:16; 롬 8:4 참조)고 권했다.

1 | 고난: 사랑을 벼리는 도가니

1. "모압"에 몇 가지 다른 뜻도 있지만, 이스라엘 백성에게는 그 이름이 그렇게 들렸을 소지가 있다.

2. 민수기 22:1-25:9, 신명기 23:3-6. 다음 기사도 참조하라. P. M. Michele Daviau & Paul-Eugene Dion, "Moab Comes to Life," *Biblical Archaeology Review* 28, no. 1 (2002년 1-2월): 38-49, 63.

3. Diane Coutu, "Putting Leaders on the Couch: A Conversation with Manfred F. R. Kets de Vries," *Harvard Business Review* 82, no. 1 (2004): 64-71.

4. Douglas J. Green, "Ruth Lectures," 웨스트민스터 신학교에서 가르친 강좌의 룻기 강의록(연대 미상), 13-15.

5. 역대상 2:19, 50-51에 보면, 갈렙의 두 번째 아내가 에브랏이었다. 에브랏의 아들 훌은 베들레헴의 아버지였다.

6. 프레드 퍼트넘(Fred Putnam)은 2010년 12월 21일에 나에게 보내온 서신에 이렇게 설명했다. "아브라함이 첩의 아들들을 떠나보낸 이야기(창 25장)와 탕자가 유산을 요구한 이야기에 그런 기초가 깔려 있다. 아버지의 사후에도 형제가 아버지 집에 함께 사는 것이 탕자의 형에게나 아버지에게나 당연한 일이었다. 형제가 늘 동거한다는 시편 133편 말씀도 같은 배경에서 나온 것이다. 이런 관습은 고대 근동 특히 메소포타미아의 법률 문서들을 통해 잘 입증된다."

7. Green, "Ruth Lectures," 7.

8. 퍼트넘은 2010년 12월 21일에 나에게 보내온 서신에 이렇게 썼다. "그들이 비교적 젊은 나이로 죽을 것을 부모가 그들의 출생 때부터 알았다는 뜻인가? 그들이 아기 때부터 병치레가 잦아 부모가 '필시 아기로 죽을 텐데 좋은 이름만 버릴 게 뭔가?'라고 생각했단 말인가? 성인이 되어 불린 이름을 아이들에게 언제 어떻게 지어 주었는지 우리는 알 수 없다. 성인의 이름은 사춘기 때나 아이가 젖을 뗄 때(2-4세쯤) 붙여진 것인가? 그렇다면 이름을 짓기 전에 누구나 그 아이의 성격과 기질 따위를 볼 수 있는 시간이 충분히 있었을 것이다. 아이의 이름은 베냐민, 베레스, 세라, 오벳의 경우처럼 늘 출생 때 지어졌는가? 이스마엘과 이삭처럼 태어나기도 전부터 지어진 경우는 얼마나 되는가? 이 부분에서 우리에게 남아 있는 자료가 거의 없다."

9. 나중에 나오미는 베들레헴에 돌아가 "희락"이라는 자기 이름을 들었을 때 이름의 의미에 반응했다.

2 | 출구 전략 없는 사랑

1. Robert Alter, *The Art of Biblical Narrative* (New York: Basic Books, 2011), 93.

3 | 잃어버린 기술, 애통

1. "나는 너희보다 더욱 마음이 아프도다"는 나의 번역이다. 여러 히브리어 학자들에게 자문하여 그렇게 번역했다. 일반적으로는 "나는 너희로 말미암아 더욱 마음이 아프도다"로 옮겨져 있다.
2. Robert L. Hubbard Jr., *The Book of Ruth*, New International Commentary on the Old Testament (Grand Rapids: Eerdmans, 1988), 112.
3. 웨스트민스터 신학교의 히브리어 교수 리비 그로브즈(Libbie Groves)가 2009년 12월에 나에게 보내온 이메일.
4. 허버드는 "원망과 불평이 견고한 믿음의 옷을 입고 있다"고만 보았으나(Hubbard, *Book of Ruth*, 113), 대니얼 I. 블록(Daniel I. Block)은 "아무래도 그녀의 믿음은 일각의 생각만큼 성숙하지 못했거나 정통이 아니었을 것"이라며 허버드의 말에 의문을 제기했다(Block, *Judges, Ruth*, The New American Commentary [Nashville, TN: Broadman & Holman, 1999], 637-38). 블록은 나오미의 발언에서 반어적 양면성을 짚어 낸 필리스 트리블(Phyllis Trible)의 말을 인용했다(Trible, *God and the Rhetoric of Sexuality* [Philadelphia: Fortress, 1978]).
5. C. S. Lewis, *The Four Loves* (New York: Harcourt, Brace, 1988), 121. (『네 가지 사랑』 홍성사)

4 | 사랑은 하나님이 아니다

1. Abhijeet Roy, "Gandhi and His Legacy(or Is It a Legacy)," Something about Gandhi, http://gandhianexperiment.blogspot.com/2006/01/gandhi-and-his-legacy-or-is-it-legacy.html, 2012년 7월 20일 접속. 반면에 아우구스티누스는 때로 원수를 사랑하는 최선의 방법은 원수와 싸우는 것이라고 썼다.
2. Cynthia Ozick, *Metaphor and Memory* (New York: Vintage, 1991), 252, 254.
3. 강인한 여성이면서 동시에 시인인 사례들이 성경에도 증언되어 있다. 예컨대 미리암의 노래(출 15장), 시스라를 물리친 후에 지은 드보라의 시(삿 5장), 사무엘이 태어난 후에 지은 한나의 시(삼상 2장), 마리아의 노래(눅 1장) 등이다. 현대에 와서도 에밀리 디킨슨(Emily Dickinson), 크리스티나 로제티(Christina Rossetti), 루시 쇼(Luci

Shaw) 등 많은 그리스도인 여류 시인들의 작품이 우리의 삶을 풍요롭게 해주고 있다.

4. 이렇게 둘을 짝짓는 것을 학자들은 이어제유법(二語提喩法, hendysis)이라 부른다. 언급되는 두 부분이 사실은 전체를 가리킨다. 다음 책을 참조하라. Fred Putnam, *A New Grammar of Biblical Hebrew* (Sheffield, UK: Sheffield Phoenix, 2010), 39.

5. Adele Berlin, "The Book of Ruth," *Biblical Archaeology Review*, www.bib-arch/online-exclusives/ruth-1.asp.

5 | 죽음: 사랑의 핵심

1. Robert L. Hubbard Jr., *The Book of Ruth*, New International Commentary on the Old Testament (Grand Rapids: Eerdmans, 1988), 118, 120.

2. Katherine Doob Sakenfeld, *Interpretation: A Bible Commentary for Preaching and Teaching: Ruth* (Louisville, KY: John Knox, 1999), 33.

3. 물론 하나님은 사랑으로 **자원하여** 우리에게 자신을 묶으셨다. 그래도 나는 "하나님이 꼼짝없이 갇혀 있다"라는 생생한 표현이 좋다. 하나님의 헤세드 사랑의 구속적(拘束的) 특성을 부각시켜 주기 때문이다. 기독교의 하나님은 자신의 사랑에 구속되어 있다. 반대로 이슬람교의 알라는 완전히 자유자재라서 자신의 신봉자들에게 헌신할 수 없다.

4. 이것은 단지 경건한 깨달음만이 아니다. 룻기 전체의 무게가 거기에 실려 있다. 매번 룻은 나오미의 탁월한 구속자다. 형식적 구속자는 보아스이지만 실질적 구속자는 룻이다. 2장에서 보아스는 온 성읍이 룻의 사랑에 감탄했다고 말한다. 보아스도 룻의 사랑에 경의를 표한다. 4장에서 여인들이 합창하며 칭송한 것은 보아스의 사랑이 아니라 룻의 사랑이다. 룻은 나오미의 비애에 대한 하나님의 응답이다.

5. 여러 주석가들에 따르면, 히브리어 원문에 그들이 말없이 걸었다는 암시가 들어 있다.

6. 프레드 퍼트넘은 2010년 12월 21일에 나에게 보내온 서신에 이렇게 썼다. "룻기에 창세기가 누누이 암시되어 있으므로 아브라함과 룻의 비교는 정당하다. 창세기에서 따온 룻기의 유사점으로는 룻기 2:11과 창세기 2:24, 12:1, 31:13, 룻기 1:1과 창세기 12:10, 26:1, 룻기 3:1-9과 창세기 19:30-38, 룻기 2:20과 창세기 24:27 등이 있다. 룻기 4:18 이하도 창세기의 여러 족보와 유사하다." 아울러 다음 두 책도 참조하라. Daniel I. Block, "Book of Ruth," *Dictionary of the Old Testament: Wisdom, Poetry and Writings*, Tremper Longman III & Peter Enns 편집 (Downers Grove, IL: IVP

Academic, 2008), 680. Frederic W. Bush, *Ruth, Esther*, Word Biblical Commentary (Nashville, TN: Thomas Nelson, 1996), 128. 룻기 1:1과 창세기 12:10에 똑같이 나오는 "그 땅에 기근이 들었다"라는 표현도 이런 관점을 뒷받침해 준다(이 문구는 성경에 딱 두 번만 나온다).

7. Phyllis Trible, "A Human Comedy," *God and the Rhetoric of Sexuality* (Philadelphia: Fortress, 1978), 173. 트리블의 마지막 문장은 약간 과장되었다. 분명히 룻의 믿음은 이삭을 바치던 아브라함의 믿음, 골리앗을 대적하던 다윗의 믿음, 느부갓네살에 맞서던 다니엘과 세 친구의 믿음과 대등한 수준이다.

6 | 상한 심령 속으로 들어가라

1. 이런 전형적 형태의 이스라엘 성문들이 솔로몬 시대나 그로부터 백년 이후의 하솔, 게셀, 므깃도 등지에서 발견되었다. 모압에서도 비슷한 성문들이 발견되었다.

2. 이름을 들으면 즉각적으로 그 의미를 떠올리는 문화들이 있다. 나는 친구 스티브 스몰맨(Steve Smallman)과 함께 케냐에 간 적이 있다. 스티브는 180센티미터가 넘는 장신이다. 케냐 사람들은 그를 보더니 일제히 웃음을 터뜨렸다. 그가 작은 사람(small man)이 아니었기 때문이다. 서구에서 자란 나는 그 전에 한 번도 그의 이름의 의미를 생각해 본 적이 없었다.

3. "전능자"(*El Shaddai*)가 무슨 뜻인지는 확실하지 않다. 이 말의 의미에 대한 복잡한 논의가 다음 웹사이트에 탁월하게 요약되어 있다. www.en.wikipedia.org/wiki/El_Shaddai.

4. Daniel I. Block, *Judges, Ruth*, The New American Commentary (Nashville, TN: Broadman & Holman, 1999), 647. "그녀가 하나님의 주권을 인정한 것은 맞지만 그것은 은혜 없는 주권이고, 긍휼 없는 전능성이며, 자비 없는 사법권이었다." 과거의 기독교는 거의 일관되게 나오미가 원한에 맺혀 있다고 해석했으나, 최근에 와서 학자들이 반대 입장을 내놓았다. 본문을 그대로 따라가 보면, 나오미는 원한으로 힘들어 하되 거기에 굴하지는 않았던 것으로 보인다.

5. 2009년 12월 30일에 나에게 보내온 트렘퍼 롱맨 3세(Tremper Longman III)의 서신.

6. C. S. Lewis, *The Screwtape Letters* (New York: HarperCollins, 1996), 40. (『스크루테이프의 편지』 홍성사)

7 | 사랑의 영광에 눈뜨라

1. Robert Alter, *The Art of Biblical Narrative* (New York: Basic Books, 2011), 158, 144.

2. 다음 기사에 인용된 말이다. Benjamin Schwartz, "The Hitch," *The Atlantic*, 2012년 3월, 78.

3. John Stott, *The Cross of Christ* (Downers Grove, IL: InterVarsity, 1986), 205. (『그리스도의 십자가』 IVP)

8 | 감정을 거슬러 사랑하라

1. 룻기 1:6 "돌아오려", 1:7 "돌아오려고", 1:8 "돌아가라", 1:10 "돌아가겠나이다", 1:11 "돌아가라", 1:12 "되돌아가라", 1:15 "돌아가나니", "돌아가라", 1:16 "돌아가라", 1:21 "돌아오게", 1:22 "돌아왔는데", "돌아왔더라".

2. 일부 학자들은 여기에 이의를 제기하여 이것을 엘리멜렉의 잘못으로 본다. 물론 그가 일가족을 데리고 간 것은 본문에 분명히 나와 있다. 하지만 나오미도 일심동체로 떠난 것으로 보인다. "내가 풍족하게 나갔더니"라는 그녀의 애통에서 후회는 찾아볼 수 없다. 하와는 아담에게 떠넘겼지만, 나오미는 엘리멜렉에게 떠넘기지 않았다.

3. Daniel I. Block, *Judges, Ruth*, The New American Commentary (Nashville, TN: Broadman & Holman, 1999), 613.

4. 처음에 롯은 소돔 근처에 장막을 쳤으나(창 13:12), 나중에는 소돔에 거주했다(14:12).

5. G. K. Chesterton, *Orthodoxy* (New York: Doubleday, 1959), 53. (『정통』 상상북스)

6. C. S. Lewis, *Surprised by Joy* (New York: Harcourt Brace Jovanovich, 1966), 229. (『예기치 못한 기쁨』 홍성사)

7. Stephen Marche, "Is Facebook Making Us Lonely?" *The Atlantic*, 2012년 5월, 69-70.

9 | 사랑의 복음적 원형

1. Michael Homan, "Did the Israelites Drink Beer?," *Biblical Archaeology Review* 36, no. 5 (2010년 9-10월): 48-56.

2. 게셀(Gezer) 달력은 BC 10세기로 거슬러 올라간다. 가장 오래된 히브리어 문서 중 하

나로 저자는 아비야다("아비"는 "나의 아버지"이고 "야"는 "여호와"이므로 "나의 아버지는 여호와이시다"라는 뜻이다). 게셀 달력은 다음과 같다.

- 두 달 동안의 수확
- 두 달 동안의 파종
- 두 달 동안의 늦은 파종
- 한 달 동안의 김매기
- 한 달 동안의 보리 수확
- 한 달 동안의 수확과 잔치
- 두 달 동안의 포도 수확
- 한 달 동안의 여름 과일

3. Robert L. Hubbard Jr., *The Book of Ruth*, New International Commentary on the Old Testament (Grand Rapids: Eerdmans, 1988), 129.

4. Thomas Cahill, *Desire of the Everlasting Hills* (New York: Doubleday, 1999), 60-61.

5. Heraclitus, *Fragments: The Collected Wisdom of Heraclitus*, Brooks Haxton 번역 (New York: Viking, 2001), 15, 45.

6. Cahill, *Desire of the Everlasting Hills*, 61.

7. 다음 기사에 인용된 말이다. Benjamin Schwartz, "The Hitch," *The Atlantic*, 2012년 3월, 78.

8. Robert Alter, *The Art of Biblical Narrative* (New York: Basic Books, 2011), 27. 아울러 134쪽도 참조하라. 얼터는 Herbert Schneidau가 *Sacred Discontent*에 제시한 명제를 요약했다.

9. Douglas J. Green, "Ruth Lectures," 웨스트민스터 신학교에서 가르친 강좌의 룻기 강의록(연대 미상), 10.

10 | 사랑은 뛰어든다

1. 성경에 아무런 언급이 없는 데서 이런 주장이 제기되었다. 나오미의 수동적 태도가 그녀에게 뭔가 문제가 있었기 때문인지는 확실하지 않다. 이런 입장을 소개한 것은 여러

학자들이 그것을 언급했기 때문이다. 또한 이것은 이 시점의 나오미의 삶 전반과 잘 들어맞으며, 원한으로 힘들어하는 사람들의 일반적 모습과도 일치한다.

2. David Brooks, "It's Not About You," *New York Times*, 2011년 5월 30일, A 섹션, 23.

3. 다음 설교에 인용된 내용이다. Tim Keller, "Absolutism: Don't We All Have to Find Truth for Ourselves?," 2006년 10월 8일 뉴욕의 리디머 장로교회에서 한 설교.

4. 이것은 어떤 부정적(또는 긍정적) 요소를 확대 표현하여 오히려 그 반대임을 드러내는 과장법의 한 예다.

5. 이번 장에 설명한 남녀별 수확 팀의 구분은 이집트의 추수하는 그림들에 근거한 것이다. "Ancient Egypt: The Grain Harvest," www.reshafim.org.il/ad/egypt/timelines/topics/harvesting_grain.htm, 2012년 3월 접속.

6. Robert L. Hubbard Jr., *The Book of Ruth*, New International Commentary on the Old Testament (Grand Rapids: Eerdmans, 1988), 138.

7. 밭모퉁이의 기준은 울타리가 아니었다. 따라서 추수하는 사람들은 모퉁이에 이삭을 남기되 그것이 이웃의 밭으로 넘어가지 않게 할 수 있었다. 아울러 모퉁이에는 대개 잡초가 더 많았다.

8. 데이비드 폴리슨(David Powlison)이 2012년 7월 31일에 나에게 보내온 서신.

11 | 사랑은 지켜 준다

1. Frederic W. Bush, *Ruth, Esther*, Word Biblical Commentary (Nashville, TN: Thomas Nelson, 1996), 113.

2. Douglas J. Green, "Ruth Lectures," 웨스트민스터 신학교에서 가르친 강좌의 룻기 강의록(연대 미상), 5.

3. Robert L. Hubbard Jr., *The Book of Ruth*, New International Commentary on the Old Testament (Grand Rapids: Eerdmans, 1988), 162.

4. 리비 그로브즈가 2010년 11월 17일에 나에게 보내온 서신.

5. "잠깐 쉰 것"이라는 표현은 최대한 정확을 기한 추측일 뿐이다. 히브리어 원문을 직역하면 "조금 집에 앉은(또는 거한) 것"이 된다. 우리로서는 알 수 없지만 여기 "조금"이란 말은 기간을 뜻할 수도 있고(잠깐 쉰 것), 규모를 뜻할 수도 있으며(집 또는 추수하다 쉬라고 밭에 지은 헛간이 작다), 마을의 나오미 집에 잠시 다녀왔다는 뜻일 수도 있

주

고(나오미와 함께 잠깐만 집에 있다 왔다), 별로 중요하지 않다는 뜻일 수도 있다(룻은 사실상 밭에서 살았고 헛간은 별 의미가 없었다). "집"이 마을의 집인지 밭의 헛간인지도 확실하지 않다. 허버드가 의견을 제시했으나(*Book of Ruth*, 151) 블록을 비롯한 다른 사람들은 그의 논제를 일축했다. 칠십인역(BC 250년, 구약의 가장 오래된 번역본)에는 7절이 이렇게 표현되어 있다. "룻은 아침에 와서 저녁까지 서 있었고 밭에서 조금도 쉬지 않았다." 이렇게 여러 가지 해석이 가능하지만, 룻이 열심히 일했다는 것만은 대부분 일치한다.

6. Hubbard, *Book of Ruth*, 155.

7. 리비 그로브즈가 2010년 11월 17일에 나에게 보내온 서신.

8. 지금 보아스는 모두가 들으라고 큰소리로 명령하는 것일 수도 있다. 다음 책을 참조하라. Hubbard, *Book of Ruth*, 158.

9. Tim Keller, "The Insider and the Outsider Encounter Jesus," 2012년 2월 8일 옥스퍼드 대학교의 Oxford Inter-Collegiate Christian Union에서 한 강연. 질의응답 시간에 나온 한 질문에 대한 켈러의 긴 답변을 내가 요약했다.

10. Dietrich Bonhoeffer, *Letters and Papers from Prison* (New York: Touchstone, 1997), 43. (『저항과 복종』 대한기독교서회)

11. Kate Bolick, "All the Single Ladies," *The Atlantic*, 2011년 11월, 124.

12. Meg Jay, "The Downside of Cohabiting before Marriage," *New York Times*, 2012년 4월 14일, SR 섹션, 4.

13. Bolick, "All the Single Ladies," 124.

14. 같은 기사, 126.

15. Hubbard, *Book of Ruth*, 163.

16. 같은 책, 157. 다음 사전을 참조하라. "Ayin(눈)," *Theologisches Handwörterbuch zum Alten Testament*, E. Jenni 편집, vol. 2 (München: Kaiser, 1976).

17. 그 밖에도 몇 가지만 예를 들자면, 마태복음 9:36, 마가복음 6:34, 10:21, 누가복음 7:13, 10:33-35, 15:20, 19:5, 41, 요한복음 6:5, 11:33, 19:26 등이 있다. 예수의 삶에 반복되는 이런 모습을 자세히 다룬 책으로 다음을 참조하라. Paul E. Miller, *Love Walked among Us: Learning to Love Like Jesus* (Colorado Springs: NavPress, 2001). (『우리 사이를 거닐던 사랑』 CUP)

1. Robert L. Hubbard Jr., *The Book of Ruth*, New International Commentary on the Old Testament (Grand Rapids: Eerdmans, 1988), 164.

2. Daniel I. Block, *Judges, Ruth*, The New American Commentary (Nashville, TN: Broadman & Holman, 1999), 661.

3. 여기 "경배한다"는 말은 샤말란이 사용한 것과 같은 의미다. 즉 누군가나 무언가에 매혹되었다는 일반적 의미다. 물론 우리는 하나님 한분만 경배한다. 하지만 우리 모두는 아우구스티누스가 말한 "덜 중요한 사랑"으로 낮은 수준의 경배를 표하곤 한다.

4. "보답하다"는 히브리어로 "샬롬"이다.

5. Block, *Judges, Ruth*, 663. Hubbard, *Book of Ruth*, 165-66.

6. (1)나오미가 룻과 오르바를 축복한다(룻 1:8-9). (2)보아스가 자기 일꾼들을 축복한다(룻 2:4). (3)일꾼들이 보아스를 축복한다(룻 2:4). (4)보아스가 룻을 축복한다(룻 2:12). (5)나오미가 보아스를 축복한다(룻 2:19). (6)나오미가 보아스를 축복한다(룻 2:20). (7)보아스가 룻을 축복한다(룻 3:10). (8)장로들이 보아스를 축복한다(룻 4:12). (9)여인들이 여호와를 축복한다(룻 4:14). (10)여인들이 오벳을 축복한다(룻 4:14-15).

7. Hubbard, *Book of Ruth*, 70.

1. Robert L. Hubbard Jr., *The Book of Ruth*, New International Commentary on the Old Testament (Grand Rapids: Eerdmans, 1988), 171.

2. "두려움을 달래 주시고"는 나의 번역이다. 다음 책을 참조하라. Frederic W. Bush, Ruth, Esther, Word Biblical Commentary (Nashville, TN: Thomas Nelson, 1996), 124.

3. Hubbard, *Book of Ruth*, 169.

4. Daniel I. Block, Judges, Ruth, The New American Commentary (Nashville, TN: Broadman & Holman, 1999), 665.

5. Hubbard, Book of Ruth, 171.

6. www.astheworldsleeps.org/node/4910. 2012년 8월 16일 접속.

7. 예수의 삶에 나타나는 이 주제를 자세히 고찰한 책으로 다음을 참조하라. Paul E. Miller, *Love Walked among Us: Learning to Love Like Jesus* (Colorado Springs: NavPress, 2001), 13장. (『우리 사이를 거닐던 사랑』 CUP)

8. 선교사로 이집트에 살았던 스티브 재미슨(Steve Jamison) 박사가 기록한 내용이다.

9. Block, *Judges, Ruth*, 667.

10. 같은 책, 659.

14 │ 사랑은 공동체를 창조한다

1. 이 통찰은 코트니 스니드(Courtney Sneed)에게서 얻은 것이다.

2. R. R. Reno, "Postmodern Irony and Petronian Humanism," Mars Hill Audio Resources Essay, vol. 67 (2004년 3-4월): 6-7.

3. 1세기 유대교의 네 가지 주요 분파(바리새파, 사두개파, 열심당, 에세네파) 중 에세네파는 최근 들어 학자들의 가장 많은 주목을 받았다. 쿰란은 에세네파의 일종의 "대학교"였던 것으로 보인다. 예수를 에세네파로 보는 사람은 없지만, 그분의 가르침은 공동체와 청빈을 강조하던 에세네파와 조화를 이룬다. 에세네파는 1세기의 집단들 중 예수께서 비판하지 않으신 유일한 집단이기도 하다. 예루살렘의 동쪽으로 나그네를 위한 에세네파의 공동 주택이 세 군데에 있었는데, 가난한 이들의 집이라는 뜻의 베다니도 그중 하나였다. 마리아와 마르다와 나사로가 베다니에 살았다. 이들은 셋 다 독신이었는데, 이는 에세네파 문화를 벗어나서는 굉장히 보기 드문 경우였다. 베다니의 어느 저녁식사 자리에서 유다가 "어찌하여……가난한 자들에게 주지 아니하였느냐"라고 한 말은 그곳이 에세네파의 마을인 것과 잘 맞아 든다. Brian J. Capper, "Essene Community Houses and Jesus' Early Community," *Jesus and Archaeology*, James Charlesworth 편집 (Grand Rapids: Eerdmans, 2006), 472-502.

15 │ 사랑은 부활을 부른다

1. Robert L. Hubbard Jr., *The Book of Ruth*, New International Commentary on the Old Testament (Grand Rapids: Eerdmans, 1988), 179. 룻이 아침 6시에 떠나 저녁까지 밭에서 일한 뒤 곡식을 떨고 나서 성읍으로 돌아갔다면, 집에 들어선 시각은 밤 10

시쯤 되었을 것이다. 식료품비가 생활비의 90퍼센트였을 테니, 한 에바면 사실상 룻의 두 주 이상의 생활비로 충분했을 것이다.

2. Daniel I. Block, *Judges, Ruth*, The New American Commentary (Nashville, TN: Broadman & Holman, 1999), 671. 질문이 반복되고 뒤섞여 있는 것으로 보아 그녀가 놀랐음을 알 수 있다.

3. Frederic W. Bush, *Ruth, Esther*, Word Biblical Commentary (Nashville, TN: Thomas Nelson, 1996), 141.

4. 나오미는 룻 2:20에 "그가 살아 있는 자와 죽은 자에게 헤세드를 베풀기를 그치지 아니하도다"(나의 번역)라고 했는데, 여기서 '그'는 보아스인가 아니면 여호와인가? 헤세드를 계속 베푼 주체는 누구인가? 보아스일 수도 있고 하나님일 수도 있다. 리비 그로브즈는 (2010년 11월 17일에 나에게 보내온 서신에서) 이렇게 설명했다. "나오미의 말을 히브리어로 보면, 기분 좋게 애매한 면이 있다. '그'가 누구를 가리키는지 불확실하다. 헤세드를 베푼 주인공은 보아스인가? 아니면 여호와인가? 둘 다일 수 있다. 하나님이 보아스를 통해 헤세드를 베푸셨음을 보여주는 말일 수 있다."

5. Hubbard, *Book of Ruth*, 187.

6. Donald Rauber, "Literary Values in the Bible: The Book of Ruth," *Journal of Biblical Literature* 89, no. 1 (1970): 32-33.

7. Robert Alter, *The Art of Biblical Narrative* (New York: Basic Books, 2011), 158.

8. Stephen Marche, "Is Facebook Making Us Lonely?" *The Atlantic*, 2012년 5월, 69.

16 | 사랑은 배수의 진을 친다

1. Daniel I. Block, *Judges, Ruth*, The New American Commentary (Nashville, TN: Broadman & Holman, 1999), 674.

2. 같은 책. 다음 성경 구절들을 참조하라. 레위기 25:25-30, 47-55, 민수기 5:8, 35:12,19-27, 욥기 19:25, 시편 119:154, 예레미야 50:34.

17 | 생각하며 사랑하라

1. Shlomo Bunimovitz & Avraham Faust, "Ideology in Stone: Understanding the Four-

Room House," *Biblical Archaeology Review* 28, no. 4 (2002년 7-8월): 32-41.

2. Daniel I. Block, *Judges, Ruth*, The New American Commentary (Nashville, TN: Broadman & Holman, 1999), 686.

3. Robert L. Hubbard Jr., *The Book of Ruth*, New International Commentary on the Old Testament (Grand Rapids: Eerdmans, 1988), 209.

4. "가장 좋은 옷"으로 옮긴 역본들도 있으나, 룻이 입은 의복(시믈라)은 담요로도 쓸 수 있던 겉옷일 뿐이었다. 이스라엘 사람이 가난한 자의 시믈라를 전당 잡으면, 해지기 전에 돌려보내 옷 주인을 춥지 않게 해야 했다(출 22:26-27). 성경에서 나오미의 이 말과 가장 가까운 표현은 사무엘하 12:20에 나온다. 다윗은 아이가 죽은 것을 알고 "몸을 씻고 향유를 바르고 시믈라를 갈아입었다"(나의 번역). 상중에는 사람들이 몸을 씻거나 기름을 바르지 않았다(삼하 14:2). 나오미의 말은 아마도 룻에게 남편에 대해 탈상을 하라는 뜻이었을 것이다.

5. Hubbard, *Book of Ruth*, 207.

6. Frederic W. Bush, *Ruth, Esther*, Word Biblical Commentary (Nashville, TN: Thomas Nelson, 1996), 164. 에스겔 16:8을 참조하라. "옷자락을 펴서 덮는" 일은 지금도 일부 아랍 문화에서 시행되고 있다.

7. 같은 책, 180.

8. 같은 책, 55.

18 | 질서가 잘 잡힌 사랑

1. Cynthia Ozick, *Metaphor and Memory* (New York: Vantage, 1991), 261.

2. Robert L. Hubbard Jr., *The Book of Ruth*, New International Commentary on the Old Testament (Grand Rapids: Eerdmans, 1988), 207.

3. Daniel I. Block, *Judges, Ruth*, The New American Commentary (Nashville, TN: Broadman & Holman, 1999), 694.

4. 같은 책, 694-95.

5. D. Ulrich, "Ruth 4: Person," *Dictionary of the Old Testament: Widsom, Poetry and Writings*, Tremper Longman III & Peter Enns 편집 (Downers Grove, IL: IVP Academic, 2008), 702.

6. Daniel I. Block, "Book of Ruth 1," *Dictionary of the Old Testament*, Longman & Enns, 683.

7. Frederic W. Bush, *Ruth, Esther*, Word Biblical Commentary (Nashville, TN: Thomas Nelson, 1996), 182.

8. Michael Austin, "Achieving Happiness: Advice from Augustine," http://www.psychologytoday.com/blog/ethics-everyone/201106/achieving-happiness-advice-augustine. 2012년 7월 20일 접속.

9. George M. Marsden, *A Short Life of Jonathan Edwards* (Grand Rapids: Eerdmans, 2008), 78. (『조나단 에드워즈와 그의 시대』복 있는 사람)

10. C. S. Lewis, *Letters of C. S. Lewis*, W. H. Lewis 편집 (New York: Harcourt Brace Jovanovich, 1966), 248.

11. Bush, *Ruth, Esther*, 182.

19 | 사랑의 여정에서 하나님을 발견하라

1. Robert L. Hubbard Jr., *The Book of Ruth*, New International Commentary on the Old Testament (Grand Rapids: Eerdmans, 1988), 72.

2. 같은 책, 70.

3. Emily Dickinson, "Tell All the Truth, but Tell It Slant," www.canopicpublishing.com/poets/dickinsonTruth.htm. 2013년 2월 19일 접속.

4. Benjamin B. Warfield, *The Person and Work of Christ* (Philadelphia: Presbyterian and Reformed, 1950), 574.

5. 더 자세한 설명은 다음 논문을 참조하라. Dr. Felix Asiedu, "The Example of a Woman: Sexual Renunciation and Augustine's Conversion to Christianity in 386," http://www9.georgetown.edu/faculty/jod/augustine/felix.htm. 2012년 7월 25일 접속. 당시의 상황은 내가 묘사한 것보다 더 복잡했다. 교회는 로마 문화의 만연한 성문란에 맞닥뜨려 있었다. 폼페이의 문고리들은 남근 모양이었다. 심지어 야만인들(예컨대 스키타이인)도 로마의 포르노에 충격을 받았다. 하나님의 지혜 가운데 이런 제도적 타락의 위력을 꺾는 유일한 길은 "단칼에 끊고" 성적 금욕을 받아들이는 것이었을 수도 있다. 중세 교회가 그랬듯이 말이다. 아울러 아우구스티누스는 독신을 받아들여야

한다는 거센 문화적 압력을 받았다. 결혼을 폄훼하고 독신을 칭송하던 것이 당시 교회의 분위기였고, 그의 사제였던 암브로시우스(Ambrosius) 주교의 교회도 예외가 아니었다. 이집트의 독신 수사였던 성 안토니우스(St. Antonius)는 4세기의 "록 스타"였다.

20 | 지혜로 추구하는 사랑

1. Frederic W. Bush, *Ruth, Esther*, Word Biblical Commentary (Nashville, TN: Thomas Nelson, 1996), 196-215. 이 거래에는 불확실한 부분이 많이 있다. 우리가 고대 이스라엘의 풍습을 모르기 때문이다. 예컨대 우리는 고엘과 계대결혼(繼代結婚, 죽은 남편의 형이나 동생이 남은 과부와 결혼하는 관습—옮긴이)의 관계를 모른다. 하지만 분명히 아는 부분은 다음과 같다. (1)고대 이스라엘에서 모든 땅은 하나님의 것이었고, 집안의 땅을 씨족 바깥으로 영구히 팔 수 없었다. (2)고엘은 집안의 땅을 무를 수 있었다. (3)보아스도 고엘의 권리를 행사하여 나오미의 땅을 물렀다. (4)다 알 수는 없지만 계대결혼과 땅은 서로 관련이 있었다.

2. Bush, *Ruth, Esther*, 229-32. 부시는 아무개가 동네의 바보라는 개념을 일축한다. 하지만 내 생각에는 증거가 그쪽으로 기운다. (1)화자는 일부러 보아스의 "예리함"을 강조해 왔는데, 이는 아무개와 극명한 대조를 이룬다. (2)화자가 아무개의 입을 빌려 부정적 발언을 한 이유도 이 관점으로 설명된다. (3)또한 이 관점으로 보면, 아무개의 특징이 일관성을 띤다. 그는 성경에서 말하는 미련한 자다. 우둔함과 성급함과 탐욕을 완비한 그는 보아스의 "예리함"과 조심성과 너그러움과 완벽한 대조를 이룬다. 아울러 보아스가 룻에 대한 정보를 선뜻 밝히지 않은 이유도 아무개에 대한 이러한 관점으로 설명된다. 이것을 나에게 이만큼 만족스럽게 설명해 준 저자는 없다. 보아스가 아무개에게 룻을 부양해야 할 **도덕적** 도리를 일깨우고 있다는 부시의 설명(232, 244-45)은 우리가 알고 있는 마을 생활과 맞지 않는다. 그것이라면 협상이 시작되는 순간부터 이미 자명했을 것이다. 또한 부시의 설명은 계대결혼에 대한 일련의 추론에 근거하고 있다. 그러나 계대결혼과 고엘과 땅 사이의 상호작용 내지 구속력을 우리는 알 길이 없다.

3. 이 부분은 여태까지 어떤 문헌에서도 본 적이 없는 새로운 제안이다. 이런 관점으로 보면 (1)본문에 암시된 아무개의 성격, (2)일반적인 협상 전략, (3)보아스가 "룻"이라는 패를 처음부터 내놓지 않은 점 등이 잘 설명된다. 이 세 가지 관측을 모두 만족시켜 주

는 설명을 나는 보지 못했다. 학자들은 문학적 단서들에 집중하는 경향이 있으므로 자칫 협상 원리 같은 것들을 간과할 수 있다.

4. Cynthia Ozick, *Metaphor and Memory* (New York: Vintage, 1991), 262-63.

21 │ 사랑이 개가를 부른다

1. 성경 본문에 다말이 가나안 사람일 수 있다는 단서가 여러 번 나온다. 유다는 (가나안 땅으로) "내려가서" 머물렀다. 거기서 가나안 친구 히라를 만났고 가나안 여자와 결혼했다. 나중에 (이스라엘 땅으로) "올라가서" 양털을 깎은 것으로 보아 그는 계속 가나안 땅에 살았던 것으로 보인다. 그가 "올라왔다"는 말을 듣고 다말도 따라갔다. 이 모두는 다말이 가나안 사람임을 암시해 준다. 다음 책을 참조하라. Robert Alter, *The Five Books of Moses: A Translation with Commentary* (New York: Norton, 2004), 214-20.

2. 계대결혼에 대해서는 우리가 모르는 부분이 많이 있으나, 다말의 이야기를 보면 계대결혼이 명실상부한 의무였음을 알 수 있다. 즉 유다와 다말은 사실상 결혼한 사이였고, 그래서 둘의 성관계도 적절한 것이었다. 다만 다말은 유다에게 속임수를 써서 억지로 책임을 지게 만드는 수밖에 없었다. 구약에서 속임수는 사랑과 의의 한 도구였다. 예컨대 다윗도 자신과 타인들의 목숨을 악으로부터 보호하기 위해 때로 속임수를 썼다.

3. Katherine Doob Sakenfeld, *Interpretation: A Bible Commentary for Preaching and Teaching: Ruth* (Louisville, KY: John Knox, 1999), 79.

4. 스티브 재미슨 박사와 나눈 대화. 그는 켄 베일리(Ken Bailey) 박사와 함께 이집트에 살았으며, 나이 든 아랍 여자들이 아기에게 젖을 먹이는 모습을 직접 목격했다.

22 │ 사랑의 유산

1. Robert L. Hubbard Jr., *The Book of Ruth*, New International Commentary on the Old Testament (Grand Rapids: Eerdmans, 1988), 70.

2. 같은 책, 275.

3. Daniel I. Block, *Judges, Ruth*, The New American Commentary (Nashville, TN: Broadman & Holman, 1999), 729.

4. Katherine Doob Sakenfeld, *Interpretation: A Bible Commentary for Preaching and Teaching: Ruth* (Louisville, KY: John Knox, 1999), 83.

5. Cynthia Ozick, *Metaphor and Memory* (New York: Vintage, 1991), 264.

6. Hubbard, *Book of Ruth*, 277.

7. 룻기의 저작 연대를 정확히 알아내기는 어렵다. 룻기의 히브리어는 주로 표준 성경 히브리어다. 즉 포로 시대 이전이다. 하지만 후기 성경 히브리어의 흔적도 보인다. 다윗과 솔로몬 시대는 룻기가 건국 이야기로 가장 유익한 역할을 했을 시기다. 또 그때는 히브리 문학의 황금기였다고 할 수 있다. 룻기는 다윗과 관련하여 두 가지 곤란한 의문에 답해 준다. 하나는 다윗이 무명인이라는 점이었고(다윗은 어떤 혈통, 어떤 집안 출신인가? 도대체 어떤 사람인가?), 또 하나는 그의 조상이 모압 사람이라는 소문이었다(증조할머니가 모압 여자라는데 어떻게 그가 왕이 될 수 있는가? 그는 순혈 이스라엘 사람이 아니다!).

8. Daniel I. Block, "Book of Ruth 1," *Dictionary of the Old Testament: Widsom, Poetry and Writings*, Tremper Longman III & Peter Enns 편집 (Downers Grove, IL: IVP Academic, 2008), 682.

23 | 사랑은 영원하다

1. Benjamin B. Warfield, *The Person and Work of Christ* (Philadelphia: Presbyterian and Reformed, 1950), 574.

참고문헌

Alter, Robert. *The Art of Biblical Narrative*. New York: Basic Books, 2011. (『성서의 이 야기 기술』 아모르문디)

_____. *The Five Books of Moses: A Translation with Commentary*. New York: Norton, 2004.

Asiedu, Felix. "The Example of a Woman: Sexual Renunciation and Augustine's Conversion to Christianity in 386." Accessed July 25, 2012. http://www9. georgetown.edu/faculty/jod/augustine/felix.htm.

Austin, Michael. "Achieving Happiness: Advice from Augustine." Accessed July 20, 2012. http://www.psychologytoday.com/blog/ethics-everyone/201106/achieving-happiness-advice-augustine.

Berlin, Adele. "The Book of Ruth." *Biblical Archaeology Review*. www.bib-arch/ online-exclusives/ruth-1.asp.

Block, Daniel I. "Book of Ruth 1." In *Dictionary of the Old Testament: Wisdom, Poetry and Writings*, edited by Tremper Longman III and Peter Enns. Downers Grove, IL: IVP Academic, 2008.

_____. *Judges, Ruth*. The New American Commentary. Nashville, TN: Broadman & Holman, 1999.

Bolick, Kate. "All the Single Ladies." *The Atlantic*, November 2011.

Bonhoeffer, Dietrich. *Letters and Papers from Prison*. New York: Touchstone, 1997.

Brooks, David. "It's Not About You." *New York Times*, May 30, 2011. Section A, 23.

Bunimovitz, Shlomo, and Avraham Faust. "Ideology in Stone: Understanding the Four-Room House." *Biblical Archaeology Review* 28, no. 4 (July/August 2002): 32-41.

Bush, Frederic W. *Ruth, Esther*. Word Biblical Commentary. Nashville, TN: Thomas Nelson, 1996.

Cahill, Thomas. *Desire of the Everlasting Hills*. New York: Doubleday, 1999.

Capper, Brian J. "Essene Community Houses and Jesus' Early Community." In *Jesus and Archaeology*, edited by James Charlesworth, 472-502. Grand Rapids: Eerdmans, 2006.

Chesterton, G. K. *Orthodoxy*. New York: Doubleday, 1959. (『정통』 상상북스)

Coutu, Diane. "Putting Leaders on the Couch: A Conversation with Manfred F. R. Kets de Vries." *Harvard Business Review* 82, no. 1 (2004): 64-71.

Daviau, P. M. Michele, and Paul-Eugene Dion. "Moab Comes to Life." *Biblical Archaeology Review* 28, no. 1 (January/February 2002): 38-49, 63.

Dickinson, Emily. "Tell All the Truth, But Tell It Slant." Accessed February 19, 2013. http://www.canopicpublishing.com/poets/dickinsonTruth.htm.

Green, Douglas J. "Ruth Lectures." Class notes on the book of Ruth, a course taught at Westminster Theological Seminary.

Heraclitus. *Fragments: The Collected Wisdom of Heraclitus*. Translated by Brooks Haxton. New York: Viking, 2001.

Homan, Michael. "Did the Israelites Drink Beer?" *Biblical Archaeology Review* 36, no. 5 (September/October 2010): 48-56.

Hubbard, Robert L., Jr. *The Book of Ruth*. New International Commentary on the Old Testament. Grand Rapids: Eerdmans, 1988.

Irvin, B. P. "Ruth 3: History of Interpretation." In *Dictionary of the Old Testament: Wisdom, Poetry and Writings*, edited by Tremper Longman III and Peter Enns. Downers Grove, IL: IVP Academic, 2008.

Jay, Meg. "The Downside of Cohabiting before Marriage," *New York Times*, April 14, 2012. Section SR, 4.

Jenni, E., ed. *Theologisches Handworterbuch zum Alten Testament*. Vol. 2. Munich: Kaiser, 1976.

Keller, Tim. "Absolutism: Don't We All Have to Find Truth for Ourselves?" Sermon delivered at Redeemer Presbyterian Church, New York, October 8, 2006.

_____. "The Insider and the Outsider Encounter Jesus." Lecture delivered at the Oxford Inter-Collegiate Christian Union, Oxford University, February 8, 2012.

Lewis, C. S. *The Four Loves*. New York: Harcourt, Brace, 1988. (『네 가지 사랑』홍성사)

_____. *Letters of C. S. Lewis*. Edited by W. H. Lewis. New York: Harcourt Brace Jovanovich, 1966.

_____. *The Screwtape Letters*. New York: HarperCollins, 1996. (『스크루테이프의 편지』 홍성사)

_____. *Surprised by Joy*. New York: Harcourt Brace Jovanovich, 1966. (『예기치 못한 기쁨』홍성사)

Marche, Stephen. "Is Facebook Making Us Lonely?" *The Atlantic*, May 2012.

Marsden, George M. *A Short Life of Jonathan Edwards*. Grand Rapids: Eerdmans, 2008. (『조나단 에드워즈와 그의 시대』복 있는 사람)

Miller, Paul E. *Love Walked among Us: Learning to Love Like Jesus*. Colorado Springs: NavPress, 2001. (『우리 사이를 거닐던 사랑』CUP)

Ozick, Cynthia. "Ruth." In *Metaphor and Memory*. New York: Vantage, 1991.

Putnam, Fred. *A New Grammar of Biblical Hebrew*. Sheffield, UK: Sheffield Phoenix, 2010.

Rauber, Donald. "Literary Values in the Bible: The Book of Ruth." *Journal of Biblical Literature* 89, no. 1 (1970): 27-37.

Reno, R. R. "Postmodern Irony and Petronian Humanism." Mars Hill Audio Resources Essay. Vol. 67. March/April 2004.

Sakenfeld, Katharine Doob. *Interpretation: A Bible Commentary for Preaching and Teaching: Ruth*. Louisville, KY: John Knox, 1999.

Schwartz, Benjamin. "The Hitch." *The Atlantic*, March 2012.

Stott, John. *The Cross of Christ*. Downers Grove, IL: InterVarsity, 1986. (『그리스도의 십자가』 IVP)

Trible, Phyllis. "A Human Comedy." In *God and the Rhetoric of Sexuality*, 166-99. Philadelphia: Fortress, 1978.

_____. "Ruth 4: Person." In *Dictionary of the Old Testament: Wisdom, Poetry and Writings*, edited by Tremper Longman III and Peter Enns. Downers Grove, IL: IVP Academic, 2008.

Warfield, Benjamin B. *The Person and Work of Christ*. Philadelphia: Presbyterian and Reformed, 1950.

찾아보기